# TRUST & INSPIRE
## HOW TRULY GREAT LEADERS UNLEASH GREATNESS IN OTHERS

# 信任和激励

真正伟大的领导者如何释放他人的潜力

[美] 史蒂芬·M. R. 柯维 Stephen M. R. Covey 著

中国青年出版社
CHINA YOUTH PRESS

## 图书在版编目（CIP）数据

信任和激励：真正伟大的领导者如何释放他人的潜力/（美）史蒂芬·M. R. 柯维著；彭相珍译. —北京：中国青年出版社，2023.4
书名原文：Trust and Inspire: How Truly Great Leaders Unleash Greatness in Others
ISBN 978-7-5153-6882-5

Ⅰ.①信… Ⅱ.①史…②彭… Ⅲ.①企业领导学-通俗读物 Ⅳ.①F272.91-49
中国版本图书馆 CIP 数据核字（2022）第252688号

Trust and Inspire: How Truly Great Leaders Unleash Greatness in Others by Stephen M. R. Covey
Copyright © 2022 by CoveyLink, LLC
Simplified Chinese Translation copyright © 2023 by China Youth Press
All rights reserved.

## 信任和激励：
## 真正伟大的领导者如何释放他人的潜力

作　　者：［美］史蒂芬·M. R. 柯维
译　　者：彭相珍
责任编辑：肖　佳
文字编辑：步欣旻
美术编辑：佟雪莹
出　　版：中国青年出版社
发　　行：北京中青文文化传媒有限公司
电　　话：010-65511272 / 65516873
公司网址：www.cyb.com.cn
购书网址：zqwts.tmall.com
印　　刷：大厂回族自治县益利印刷有限公司
版　　次：2023年4月第1版
印　　次：2023年4月第1次印刷
开　　本：880×1230　1/32
字　　数：270千字
印　　张：12.25
京权图字：01-2022-1588
书　　号：ISBN 978-7-5153-6882-5
定　　价：59.90元

### 版权声明

未经出版人事先书面许可，对本出版物的任何部分不得以任何方式或途径复制或传播，包括但不限于复印、录制、录音，或通过任何数据库、在线信息、数字化产品或可检索的系统。

中青版图书，版权所有，盗版必究

献给

我的母亲和父亲

桑德拉·柯维和史蒂芬·R. 柯维

感谢你们亲身示范

成为信任和激励型父母与领导者意味着什么

# 赞言　　　　　　　　　　来自首席执行官

转向一种新的领导风格，一种与新的职场相关的领导风格，从未像现在这样重要。现代领导者需要在信任的基础上管理，为团队提供超乎预期的自由。史蒂芬·M. R. 柯维，这位信任领域的领袖思想家，为领导者以及有志于成为领导者的人撰写了一部富有洞察力的指南。

——萨提亚·纳德拉（Satya Nadella）

微软公司董事长兼首席执行官

领导者的在他们领导和服务的人的许可下开展工作。因此，领导者有责任帮助他们实现成功。这不仅仅体现为让他们取得更好的业绩，还体现为让他们成长为更优秀的人——带着目标去工作。信任和激励是一种强大的领导他人的方法，这一方法就在于业绩和目标的交叉处。

——英德拉·努伊（Indra Nooyi）

百事公司前董事长兼首席执行官

多年来，我一直告诉人们，我最喜欢的书是《信任的速度》(The Speed of Trust)。但在阅读《信任和激励》后，我不得不说自己现在最喜欢的书有两本。

——袁征（Eric Yuan）

视频会议软件提供商Zoom创始人兼首席执行官

我们从未像现在这样如此需要一种能面向未来的领导力。在我们的未来，基于信任和激励的领导力是所有领导者——而不仅仅是那些伟大领袖必备的技能。其他类型的领导风格将不足以充分地协调目标、催化创新和推动发展，以取得最优的成果。本书以清晰而具有说服力的方式论述了获得这种领导力的机遇。对于所有领导者，尤其是胸怀大志的领导者，这是一本必读之作。

——周惠安（Anne Chow）
美国电话电报公司商业部首席执行官

史蒂芬在围绕信任的工作中，迈出了合乎逻辑的下一步，通过增加一个关键要素——激励，为现在和未来的领导者们提供了一张清晰的领导力路线图，这也是作为一名领导者的核心。在蓝多湖公司，当团队成员被给予信任，能够以真实的自我开展工作，得到公司宗旨的激励，将农民作为所做一切工作的核心，并被赋予取得最佳业绩的自主权时，整个团队的参与度和生产效率都达到了最高水平。

——贝丝·福特（Beth Ford）
蓝多湖公司总裁兼首席执行官

在我的有生之年，世界发生了巨变，领导者却因循守旧。领导力的主流规范依然是个人主义、利己主义和无限制的野心。请注意：下一代人根本不会遵循这样的领导方法。变革的时代已经到来。就让这本书为你指明前进的道路，让你能够更好地以服务的心态，领导交到你手上的人员和组织。

——谢莉尔·巴赫菲尔德（Cheryl Bachelder）
派派思路易斯安那厨房前首席执行官
《敢于服务：如何通过服务他人获得卓越业绩》
（Dare to Serve: How to Drive Superior Results by Serving Others）作者

通过本书，史蒂芬·M. R. 柯维将我们带入了领导力的新层次——信任和激励。我从1993年起就认识史蒂芬了，我敢肯定地说，他在书中所写的内容源自他的亲身经历，描述了他遵守或打破自己一直倡导的一些原则的教训与代价。正如他在书中一针见血地指出，成为一个信任和激励型领导者的最大障碍，是我们自认为已经做到了。他给出了一个正确预测：即使领导力领域发生了任何变化，这种变化充其量也只是从专制的领导方式，转变为更亲切、更温和、更开明的。指挥和控制的基本范式依然存在。这本书教给我的最重要一课，是如何"以身作则"地成为一个信任和激励型领导者，而不是"口头说说"。这就要求我们保持谦逊、愿意承担失败的风险并展示自身的不完美。这些领导者的特质能够推动人们实现从成功到伟大的飞跃。

——V. S. 潘迪安（V. S. Pandian）

领导力资源（马来西亚）董事长

史蒂芬·M. R. 柯维出色地锁定了当今领导力面临的核心挑战……从"指挥和控制"的领导模式，转变为更倾向于"信任和激励"的模式。"信任和激励"的模式旨在释放组织中每个人和每个团队的伟大力量。这绝对是一部领导力的杰作。

——道格拉斯·R. 科南特（Douglas R. Conant）

金宝汤公司前总裁兼首席执行官，科南特领导力创始人

畅销书《蓝图》（The Blueprint）作者

### 来自商业思想领袖

这是一本行文优美、引人入胜的著作，充满了激动人心的故事。《信任和激励》一书将作者的个人经历与具备研究依据的见解融为一

体,展示了如何在一个对领导力的需求达到了前所未有高度的世界中领导他人。柯维引用了埃莉诺·罗斯福(Eleanor Roosevelt)的话提醒我们:"一个好的领导者,会激发人们对他(她)的信心;一个伟大的领导者,会激发人们对他们自己的信心。"这句话很有说服力,更妙的是,柯维还提供了如何实现这一目标的操作指南。

——**艾米·埃德蒙森**(Amy C. Edmondson)

哈佛商学院教授,全球50大管理思想家(Thinkers50)榜榜首

《信任和激励》是一本改变领导范式的书,将改变我们的工作和生活。史蒂芬·M. R. 柯维督促我们从"指挥和控制"的领导风格转向"信任和激励"的领导风格。通过尊重他人、释放他人,他向我们展示了如何激励人们成为最好的自己,使人们能够在工作和人际关系中发挥全部潜力。作为《信任的速度》的精彩后续,这本书将使所有领导者受益,并改变任何团队或组织。

——**克里斯汀·波拉斯**(Christine Porath)

乔治敦大学教授,《把握团队》(*Mastering Community*)和

《职场礼仪2.0》(*Mastering Civility*)作者

目标驱动的工作,正迅速成为有意义的创新和可持续的业务绩效的先决条件。你不能通过微观管理让人们完成目标驱动的工作,你也不能驱动他们完成——他们必须得到激励。《信任和激励》提供了一种与人建立联系并连接目标的实用方法。

——**罗莎贝斯·莫斯·坎特**(Rosabeth Moss Kanter)

哈佛商学院教授,全球50大管理思想家终身成就奖获得者

《在大楼之外思考》(*Think Outside the Building*)作者

信任，就是相信人们的核心能力。不仅仅是相信一部分人，也不仅仅是因为人们具有各种各样的资历证书。只要是在这个世界上有一席之地的人，就可以增加世界的价值。这就是我们要相信的东西。

——尼洛弗·麦钱特（Nilofer Merchant）

全球50大管理思想家之一，苹果等公司前技术主管

《唯一的力量》（The Power of Onlyness）作者

如果你是一名商业领袖，那么你一定要购买这本书，并经常翻阅。史蒂芬·M. R. 柯维的《信任和激励》是一个引人入胜的宝库，提供了大量富有远见、发人深省的见解和想法，以及强大的工具，帮助领导者们适应快速变化的复杂未来世界。

——马丁·林斯特龙（Martin Lindstrom）

全球50大管理思想家之一，《纽约时报》（New York Times）畅销书《买》

（Buyology）和《常识工作法》（The Ministry of Common Sense）作者

我们不仅需要颠覆自己，还需要颠覆我们的领导方式。《信任和激励》是对传统的"指挥和控制"型领导方式的终极颠覆，而这正是当今世界迫切需要的变革。当我们以这种全新的方式进行领导时，将首先能够通过培养员工来实现公司的发展。

——惠特尼·约翰逊（Whitney Johnson）

全球50大管理思想家之一，入选领英平台2020年全球影响力人物榜单

畅销书《颠覆式成长》（Disrupt Yourself）作者

**来自医疗保健领域专家及政府和非政府组织领袖**

从"指挥和控制"到"信任和激励"，正是当今领导力所需要的

转变。史蒂芬·M. R. 柯维以一种契合了全新世界需求的变革性方法，有力地阐述了这种新的领导方式。《信任和激励》不仅为同理心、授权和信任提供了新的洞察力，还将激励构建为一种可获得的、可学习的技能——任何人都可以。在当今这个新的工作世界中，错过这本书将是任何领导者的损失。

——比尔·乔治（Bill George）

美敦力公司前董事长兼首席执行官，哈佛商学院高级研究员

《真北》（*True North*）作者

最好的领导者认识到，他们有责任推动自己领导和服务的人实现发展。没有什么比别人真正地相信你，并给你带来获得成功的机会更有激励作用和力量了。《信任和激励》有力地描述这种全新领导力的本质，以及它能带来的合作与创新。但更重要的是，这本书为领导者们如何实现这一目标提供了框架和路线图。

——吉尔·德西蒙（Jill DeSimone）

默克美国肿瘤事业部总裁

我在公共服务领域工作了近30年，包括在联邦政府的所有3个部门工作。我可以肯定地说，最好的公共服务领导者必须本身具备对公众信任的管理意识和对公众利益的承诺。《信任和激励》描述的正是当今政府所需的那种领导力。在这本书中，你会发现一些实用的工具，可以挖掘出深刻的目标感和贡献感，从而推动人们创造有意义的影响，并加强其他人发挥类似作用的能力。这本书很有必要，也很有意义。

——麦克斯·斯蒂尔（Max Stier）

公共服务伙伴关系总裁兼首席执行官

第一次读到《信任的速度》，我就成了史蒂芬·M. R. 柯维的超级粉丝。现在，在《信任和激励》中，他概述了一种获得伟大领导力的变革性方法。每一个领导者、每一个经理人、每一个想要知道如何最好地与他人建立联系的人，都应该读一读这本书！它将是一本关于21世纪领导力的决定性著作。

——**威廉·麦克雷文**（William H. McRaven）
美国四星上将兼特种作战司令部司令（已退役）；得克萨斯大学前校长
《纽约时报》畅销书《叠被子》（Make Your Bed）作者

我非常喜欢阅读《信任和激励》一书，来自史蒂芬·M. R. 柯维的睿智博学之笔，它引人入胜并令人信服。通过严谨的研究数据和生动的例子，史蒂芬阐述了那些我们本能地知道应该向我们最亲近的人传递的东西。信任在人际互动中是神秘的、难以捉摸的，并且是人们渴望得到的。激励是在我们灵魂中点燃的一把火，使我们超越策略甚至理性，采取具有影响力的行动。这部伟大的作品提供了一个框架，让我们可以在生活和工作中的各个领域建立起信任。通过通俗易懂的语言，它将让企业高管和决策者获得创新的钥匙和实现目标的勇气。这是每个人，不管是在商业领域还是在公众生活中都迫切寻求的。

——**迈克尔·黑斯廷斯勋爵**（Lord Dr. Michael Hastings）
英帝国高级勋位获得者（英国上议院议员）
犹他州立大学亨茨曼商学院领导力教授；伦敦大学亚非学院主席
毕马威国际会计公司前全球公民事务负责人

我从事医疗卫生事业，是为了服务和照顾他人。一开始，我是危重症护士，到现在成为总裁兼首席执行官。这段职业生涯令我了解到，将个人作为一个完整的个体来照顾，是治愈疾病、建立真正关系和产生有意义影响的关键。《信任和激励》对于任何想要获得鼓舞的领导者来说都是必需的。他们想要了解关心和激励其团队成员的框架，不仅将员工视为雇员，还要将他们视为完整的人。将他人视为独特的个体和完整的人，真诚地给予关心，不仅不会牺牲组织的绩效，反而会激励个人和组织，使其表现出最高水平。对于任何想要建立真正的信任，并激励他人在个人和职业方面取得卓越成就的人，我强烈推荐这本好书。

——坎迪斯·桑德斯（Candice Saunders）
美国威乐星卫生系统总裁兼首席执行官

格莱珉银行之所以能够取得成功，是因为与传统的银行业务相反，我们对借款人的过去不感兴趣，而是致力于与他们一同建立一个新的未来。我相信所有人都有无限的创造力。正是因为这种信念，我们的银行业务取得了成功。就像种子一样，人们生来就具有成就非凡事业所需的伟大潜力。就像本书所描述的园丁一样，领导者的工作是创造一个环境，让人们内在的伟大种子能够茁壮成长。《信任和激励》有力地展示了如何在不同的场景培育这种成长。

——穆罕默德·尤努斯（Muhammad Yunus）
2006年诺贝尔和平奖得主，格莱珉银行创始人

## 来自教育和育儿领域专家

《信任和激励》是教育的未来。我们当前面临的，或从未设想过的潜在挑战，都要求我们与教师、员工、学生、家庭和社区进行新层次的合作和革新，这是传统的教育系统无法做到的。这本激动人心的书明确指出，解决这些挑战的能力已经存在于我们所领导、服务和教

导的人身上，他们已经准备好接受我们的信任，并准备好接受我们的激励。这本书将帮助你做到这两点。

——凯西·奎罗斯·摩尔（Cathy Quiroz Moore）

美国韦克县公立学校系统教育主管

我们经常忘了，在我们抚养、教导和服务的人的生活中，我们扮演着多么重要的角色。我们有能力帮助他们看到自己身上的潜力，并使他们成为比他们自己或我们想象中的更伟大、更有能力的人。大多数人都想以这种方式进行领导和授权，但根本不知道如何做。《信任和激励》把这一切都阐释出来，每个家长、每个教师以及每个领导者都需要这本书。

——埃丝特·沃西基（Esther Wojcicki）

教育家，记者，育儿专家，畅销书《硅谷超级家长课》

（How to Raise Successful People）作者

对于那些希望更有效地领导他人的人而言，《信任和激励》应该成为全新的操作指南。在这本引人入胜的书中，柯维为我们提供了一个深思熟虑、实用和鼓舞人心的指导原则，用于领导团队、家庭、学校和组织。作为一名在公共教育领域工作了超过25年的领导者和领导力教师，我经常被问道："你会推荐哪一本关于有效领导的书呢？"现在，我会推荐《信任和激励》，它鼓励我们看到他人身上的伟大潜力，为我们这些有幸成为领导者的人，提供了创造信任和激励的路线图。

——坎迪斯·辛格博士（Dr. Candace Singh）

美国福尔布鲁克联合小学学区管理人

《信任和激励》是每位教育工作者的必读之作！史蒂芬·M. R. 柯维鼓励我们重新思考如何在不断变化的世界中做出领导，以及教育新一代学生所需的技能和学校文化。他为我们提供了工具和策略，以释放我们自己身上的伟大，同时也释放他人身上的伟大。

——穆里尔·萨默斯（Muriel Summers）

美国 A. B. 寇姆领导力磁石小学

（唯一一所两次荣获"美国第一磁石小学"称号的学校）前校长

　　作为公共教育的领导者，我不断努力，以确保我们的学校体系在方方面面得到提升，包括学术成就、财政稳定、资本改善和学生安全。虽然这些重点领域都是成功的关键因素，但最重要的也许是建立和改善学校的文化和氛围。在《信任和激励》一书中，史蒂芬·M. R. 柯维出色地传达了这一信念，并强调了建立关系、成为服务型领导者和授权他人的重要性。对于想要专注于培养自己领导风格以及其组织的其他人的学区教育主管、校长和其他学区或学校的利益相关者而言，《信任和激励》是一本必读书。

——安德鲁·霍利亨博士（Dr. Andrew Houlihan）

美国尤宁县公立学校教育主管

　　我永远不会厌倦对真理的追求。在大学时担任四分卫的经历，令我亲身体会到如何通过"指挥和控制"来领导。现在，作为一名大学校长，我每天都被一种虚假的安慰所诱惑，即通过说服，令人们相信我是正确的，并以"合作"的名义，将个人的想法强加于他人。这种捷径可以迅速地解决混乱而繁杂的人际关系。但真理帮助我抵抗住诱惑，我本能地知道信任是有效领导的关键这一真理。然而，直到邀请史蒂芬·M. R. 柯维来到佩珀代因大学主持我任期内的第一次领导力会议，我才真正内化了这个真理。史蒂芬提出的关于建立信任的原则，改变了我们领导团队的基础。这并不夸张，而是事实。对我们来说，通过示范这些原则扩展信任并激励我们学校的管理团队走向卓越的时机已经到来——我们可以由内而外地创造一种信任和激励的文化。史蒂芬·M. R. 柯维在这本书中，再一次为追求真理的组织提供了这种高效的工具包，并带来了真理和通往真理的路径。

——吉姆·加什（Jim Gash）

佩珀代因大学校长

### 来自个人与职业发展领域专家

许多领导者都在寻找一种比"指挥和控制"更令人振奋、更有力量的领导风格，但很少有人清楚该从哪里开始。本书充满了如何让人们做到最好的想法。

——亚当·格兰特（Adam Grant）

《纽约时报》排名第一的畅销书《重新思考》（*Think Again*）作者

TED播客《职业生涯》（*WorkLife*）主持人

柯维论述了职场文化和领导力的可喜变化，即从"胡萝卜加大棒"式的驱动风格，转变为"信任和激励"的风格。虽然转变最近才开始发生，但这种转变反映了人类永恒而真实的需求——因为我们想做，因为我们认为自己能做，因为我们了解他们更伟大的目标。

——安杰拉·达克沃斯（Angela Duckworth）

性格实验室创始人兼首席执行官

《纽约时报》畅销书《坚毅》（*Grit*）作者

史蒂芬·M. R. 柯维的又一巨著！对于任何想要在不断变化的职场中实现成功领导的人来说，《信任和激励》是一本不可错过的实用指南。柯维以令人耳目一新的方式，改变了指挥和控制的结构，提供了使我们所有人都能够随时随地进行领导的实用见解。

——**埃丽卡·德旺**（Erica Dhawan）
《数字肢体语言》（*Digital Body Language*）作者

50年来，人们一直在谈论摆脱"指挥和控制"型领导的必要性，但没有人说出我们应该怎么做。这就是史蒂芬·M. R. 柯维在《信任和激励》一书中大胆而出色的贡献。这不正是我们一直追求的东西吗？50年后，没有人会在谈到"指挥和控制"时不说"信任和激励"。信任和激励将成为管理本身含义的一部分。作为一个伟大的领导者，史蒂芬将通过这本书释放你内在的伟大。

——**格雷戈·麦吉沃恩**（Greg McKeown）
《纽约时报》畅销书《轻松主义》（*Effortless*）作者
播客《什么是根本》（*What's Essential*）主持人

我喜欢《信任和激励》！它是领导力的未来。掌握史蒂芬在本书中所教的东西，你就会转变力量来选择自己的命运——无论是个人生活还是职业发展。它提供了释放自己和他人潜力的秘诀，是史蒂芬迄今为止最好的作品。

——**托尼·罗宾斯**（Tony Robbins）
《纽约时报》畅销书作家榜榜首

深思熟虑、非常实用，且恰逢其时。当我们面对新的工作现实时，史蒂芬的这本新书就成为一本重要读物。当涉及人的表现时，能量和快乐是能够改变结果的重要因素,它们也将改变我们个人、企业和教育的成果。虽然我们都能在某种程度上发掘自身的潜力,但只有当我们与周围的生态系统建立有意义的联系,增强他人的能力,并赋予其更大的韧性时,真正伟大的潜力才会被释放出来。《信任和激励》帮助我们开发与这些能量和快乐相关的可再生资源,为世界带来积极的变化。

——肖恩·埃科尔(Shawn Achor)

《纽约时报》畅销书《大潜能》(Big Potential)

和《快乐竞争力》(The Happiness Advantage)作者

### 来自领导力、学习和人力资源领域专家

我相信《信任和激励》传递了领导者需要了解的信息——无比地恰逢其时!

——凯瑟琳·霍根(Kathleen Hogan)

微软公司首席人事官兼人力资源执行副总裁

要想在新的世界中生存下去,领导者们必须准备好以一种授权、发展和鼓励团队的方式进行领导。《信任和激励》带来了真实的例子和强有力的领导原则,说明了领导者应该如何采取实际步骤,成为团队和组织更优秀的导师和更有效的管理者。这是一本必读的书!

——马歇尔·戈德史密斯(Marshall Goldsmith)

全球50大管理思想家高管教练榜第一,世界上唯一两次荣登榜首的

领导力思想家

人们迫切希望找到的领导者,能够给予他们信任,并激励他们成

为最好的人，而不是对他们进行严厉的控制。史蒂芬的最新著作提供了一个出色的框架，通过简单而有力的领导方式，释放他人的伟大，使人们感到被关心，并愿意全身心地投入到工作中。这是一本引人入胜、发人深省的读物！

——**希瑟·R. 杨格**（Heather R. Younger）

畅销书《关怀式领导的艺术》（*The Art of Caring Leadership*）作者

在当今的经济形势下，公司要么创新，要么灭亡。领导者必须摒弃扼杀创造力、压抑灵魂的"指挥和控制"式领导策略，学习如何信任和激励手下的团队，让他们把工作做到最好，并享受一起工作的乐趣。柯维在这本书中向你展示了具体做法。

——**金·斯科特**（Kim Scott）

《纽约时报》畅销书《绝对坦率》（*Radical Candor*）

和《公正的工作》（*Just Work*）作者

越来越多的职场人士都希望做有意义的工作，希望他们的日常贡献正在使世界（和自己）变得更好。柯维的新书《信任和激励》针对关于领导力的最伟大真理之一，提出了令人信服的论点：领导者应该投资和发展他们所领导的人的潜力。因为当领导者培养其他领导者时，影响力和成功就会出现乘法效应。

——**约翰·C. 麦克斯韦**（John C. Maxwell）

领导力畅销书作家、演讲家及教练

《信任和激励》很重要，它是对传统的"指挥和控制"式和"胡萝卜加大棒"式领导方法的有力驳斥。没有人愿意陷入这些工业时代遗留下来的老旧管理方法中，但直到今天，几乎每个人都在这样做。

《信任和激励》提供了一个实用的框架和流程,让我们自己和他人做到最好。

——**弗朗西斯·弗雷**(Frances Frei)

哈佛商学院教授,《释放员工的潜力》(*Unleashed*)合著者

# 目录 Contents

前言 021

## 第一部分

### 未来的领导力：
### 从指挥和控制，转向信任和激励

第一章　时代在改变，但领导风格未能与时俱进　037

第二章　与现实日渐脱节的指挥和控制型领导　069

第三章　糟糕的领导风格阻碍了良好意图的实现　097

## 第二部分

### 如何成为一个信任和激励型领导者：
### 基本信念与3项管家式领导原则

第四章　信任和激励型领导者的基本信念　113

第五章　管家式领导第1原则：以身作则，或"你是谁"　135

第六章　管家式领导第2原则：给予信任，或"你如何领导"　169

第七章　管家式领导第3原则：
　　　　激励他人，或"与'为什么'关联"　200

第八章　管家式领导协议　236

第九章　信任和激励不应该是什么样的　254

## 第三部分

### 克服成为信任和激励型领导者的5大障碍

第十章　障碍1："它在这里行不通"　　278

第十一章　障碍2：恐惧——"但如果……怎么办"　　287

　　　　　"但如果我失去控制了，怎么办？"

　　　　　"但如果它不起作用，怎么办？"

　　　　　"但如果我以前被欺骗过，怎么办？"

　　　　　"但如果我没有得到荣誉和肯定，怎么办？"

　　　　　"但如果我没有你想象的那么自信，怎么办？"

第十二章　障碍3："我不知道如何放权"　　307

第十三章　障碍4："我才是房间里最聪明的人"　　312

第十四章　障碍5："这就是我"　　327

## 第四部分

### 在新世界中领导的新方式

第十五章　不同场景下的信任和激励：

　　　　　养育子女、教书育人、培训和引导……以及更多领域　339

结语　　367

致谢　　374

# 前言

有史以来,地表温度的最高纪录约为56摄氏度,这个纪录是由位于美国加利福尼亚州的死亡谷于1913年7月10日创造的。

因为过于炎热和干燥,死亡谷内寸草不生,一片荒芜,这里每年的平均降雨量仅为25至50毫米。前不久的统计数据显示,40个月内,这里的总降雨量仅为12毫米左右,难怪它看起来像一片不毛之地。

令人惊讶的是,这一切在2005年春天发生了变化。2004年冬天,没有明显的原因,这里短时间内的降雨量达到了150毫米。当春天到来时,观察者们惊呆了——大片的野花铺满了死亡谷的地面。

也许这个地方并没有死亡,它只是处于休眠状态,在等待合适的条件。事实上,已故英国作家和国际教育顾问肯尼斯·罗宾逊爵士(Sir Kenneth Robinson)曾在一场轰动一时的TED[1]演讲中指出,将它称为"休眠谷"或许更好——这个名称也许不如"死亡谷"那么令人过耳难忘,却更准确。

人类和它很类似。我们每个人的内心都像死亡谷一样,蕴含着伟大的力量,尽管有时这股力量就像死亡谷中的野花一样,处于休眠状态。但种子一直都在那里,只是需要合适的条件,才能破土而出,茁壮成长。

就像那150毫米的雨水一样,真正伟大的领导者可以创造出适当的条件,唤醒一个人的潜能。我们建议领导者以园丁的心态看待领导

---

[1] Technology, Entertainment, Design的缩写,即技术、娱乐、设计。

力，并认识到力量就在种子中。领导者要做的，就是创造条件，使一个人能够茁壮成长，就好像土壤、水、空气和阳光使种子能够茁壮成长一样。最终，领导者将看到这个人获得了超乎想象的成长。

我们中有一些人或许很幸运，遇到的领导者发挥了死亡谷中雨水的作用，滋养了遍地的野花。然而也有很多人经历了截然相反的现实。

论及领导方式——无论是在职场、课堂还是家里，我们长期以来一直重复着同样的领导风格。许多领导者依然将他们的角色视为一个机械师，而不是一个园丁。他们首先考虑的是需要完成的工作，并认为领导者的作用就是利用掌握的一切资源和人力来完成手头的任务。

我们将这种领导风格称为"指挥和控制"型风格。

这种领导风格是行之有效的吗？想一想，你觉得它对你有效吗？让我换一个更贴切的问题——这种领导方法，对你有用吗？

大概率是没用的！

事实上，我们大多数人都想要一种不同的方式来领导他人和被他人领导，但截至目前，我们仍只能增量式改进。我们都知道我们想要摆脱的是什么——指挥和控制型领导风格，但尚不清楚需要转向什么风格。

这本书将为你提供答案。

苏格拉底曾说，"智慧始于对术语的定义"。为此，我在本书中为变革的方向提供了一个简单的术语：

信任和激励。

信任和激励是全新的领导方式，其目标是释放人们的才能和潜力，实现真正的授权和激励，而不是试图遏制和控制他们。它要求领导者相信人们能做出正确的事情，并激励他们做出有意义的贡献。

信任和激励强调通过关怀和创造归属感建立人与人之间的联系，从而使我们自己，以及被我们领导的其他人，都能够成功地应对这个不断被颠覆的世界。这就要求我们将人们与崇高的目标联系起来，使他们不仅得到组织领导者的激励，还被他们工作中的目标感、意义感和贡献感所激励。

信任和激励型领导范式的核心，是发自内心地相信人们拥有内在的潜力并能获得伟大的成就，甚至是——且尤其是——当这些潜力尚不为人知的时候。

指挥和控制型领导风格仅强调事情的完成，忽略了完成这些事情的人身上具备的潜在力量。指挥和控制型领导风格强调管理他人之时的效率，试图驱动他人，而不是发自内心地激励他们。它强调自我的利益和彼此的竞争，而不是服务他人和相互关怀。如果所有的驱动方法都失败了，指挥和控制就意味着领导者大声地命令其他人，要求他们严格按照指令去完成自己的任务，但这并不是因为他人想要这么做，而是不得不去做。

简而言之，它强调控制他人，而不是释放人们身上的潜力。

然而，世界早已发生了颠覆性的变化。但为什么依然有很多人在坚持老旧的领导方式呢？在当今的世界中，依然以指挥和控制的模式运作，就像用高尔夫球杆打网球一样。这种工具完全不适合现实，不适合正在进行的游戏。

为此我想邀请你做一个简单的练习：回想一个你认识的人，他（她）可能符合指挥和控制型领导者的描述，不管是老板、经理、管理人员、同事、老师、朋友、教练、父母还是邻居。

现在问问自己，和这个人相处或共事，是什么感觉？

在演讲时，我经常带着观众一起完成这个练习。人们往往会对这个问题带来的本能反应感到惊讶，你现在或许也有同样的体会。一想到那些利用各种规则和限制扼杀你潜力的人，你就会充满挫败感和疲惫感，有时候甚至会感到愤怒和痛苦。

现在，回想你认识的某个人，他（她）可能被描述为一个信任和激励型领导者，他（她）相信你，并为你提供机会和机遇。

问自己同样的问题：与这个人相处或共事是什么感觉？要记住，这种领导者可以令你内心充满感激、兴奋、自信和成就感——哪怕是在多年之后，你依然会产生同样的感觉。

## 当指挥和控制型领导风格发挥作用时

许多年前，我去一家小型家族制造企业进行销售拜访，在那里我见到了该公司的大部分管理人员。我们坐下来后，他们开始解释公司文化中存在的积极因素和消极因素。

在这些高管们来回讨论了几分钟后，一个人大声打断了他们的话，他的语气明显带着气愤："我们能不能实话实说，不要再绕弯子了？我们最大的问题是，管理者是一个控制狂！"该公司的创始人和现任首席执行官——通常被所有人称为"老前辈"的那个人，当时并不在房间里。但他的影响力显而易见。随后，房间里的其他人开始犹豫不决地插话，表示赞同：

"没错，他不肯放手任何事情。"

"他总是在暗中监视我们。"

"他不舍得传授任何东西，但现在已经到了彻底放手的时候了，'小辈'已经做好了准备。"

经过一番打探，我了解到"小辈"是创始人的儿子，也是公司的法定继承人。他自从大学毕业后就一直在公司工作，很受尊重，每个人都觉得是时候让他接管公司了。他们都相信他的领导将使公司更加与时俱进，取得更大成功。他自己也相信这一点，多次告诉自己的父亲："我已经准备好了，爸爸。我可以做到。"

然而，尽管他自己很有信心，团队也不停地劝说，但"老前辈"拒绝放手。

"不被信任的感觉太令人沮丧了，我无法想象'小辈'的感受。"一名团队成员感叹道。

"好吧，如果'老前辈'觉得'小辈'还没有准备好，那么'小辈'自己怎么想，其实并不重要。"另一个人说。

"但是'小辈'觉得自己已经准备好了，"我问道，"你们也都觉得他准备好了吗？""当然！"大家异口同声地说道，"我们都相信他，而且我们知道他会做得很好。"

突然，最早指出老板就是个控制狂的那个人，沮丧地用手猛拍桌子，喊道："我的老天爷啊，'小辈'已经67岁了啊！"

我竭尽全力地掩饰自己听到这个事实时的震惊。

我一直以为，"老前辈"现在五六十岁，而"小辈"三四十岁，并能够理解"老前辈"难以放手的种种顾虑。然而，现在看来，这个"老前辈"很可能已经八九十岁了，还是不能把控制权交给自己已经在公司干了几十年，合格且有能力的儿子，简直令人难以置信。

从整个团队的沮丧情绪来看，显然，"老前辈"的控制欲不仅仅影响到了"小辈"，也影响到了公司的各个方面，包括业绩——公司并没有蓬勃发展，因为"老前辈"的领导风格阻碍了一切，阻碍了公司的成长和进步及员工的发展，甚至是自己的儿子。

与这家公司的"老前辈"一样，大多数指挥和控制型领导者都不是坏人，他们大多品行端正，具有良好的性格和意图，但他们的领导风格往往会妨碍他们良好意图的实现。

即使一个领导者正在朝着积极的、有益的结果努力，但指挥和控制型领导方法也只会导致胁迫、服从、遏制，并最终导致发展的停滞。相较之下，同样致力于实现积极的结果，信任和激励型领导者能够通过承诺、创造，并释放人的天赋和潜能来实现目标。

需要注意的一点是，我们中的大多数人，可能比自认为的要更像前面故事中的"老前辈"。事实上，成为信任和激励型领导者的最大障碍，可能就是我们盲目地认为自己已经成为一个信任和激励型领导者。

## 当信任和激励型领导风格发挥作用时

我个人关于信任和激励的理解，始于小时候跟父亲相处的一个故事。当时，他正试图教我如何打理家中的庭院。一些读者可能已经很熟悉这个故事，它来自《高效能人士的七个习惯》(*The 7 Habits of*

Highly Effective People），我父亲将其称为"绿色和清洁"。

我的父母曾经每周举行一次家庭会议。我和兄弟姐妹会聚集在一起——在我们成为青少年之后，往往是不情愿地聚集在一起——听父母讲述本周的计划或新的家庭活动，或家务琐事。在我7岁那年的一次家庭会议上，父亲问我们谁愿意打理院子。我急切地回答说我愿意。不是因为我关心草坪的样子，只是因为我愿意为父亲做任何事情。

家庭会议后，父亲带我到外面勘察院子，让我了解工作的要求。当时正值初夏，我们家的草坪已经开始泛黄了。"儿子，你的工作是'绿色和清洁'，"父亲说，"让我告诉你绿色是什么样子的——我们去邻居家看看。"我们走过去，欣赏着邻居家草坪上翠绿的小草，"这就是我们所追求的颜色，儿子。"

当我们走回自家的院子时，他说："现在让我告诉你什么是清洁——让我们把院子的一半清理干净。"我们一起捡起了草坪上一半的垃圾和杂物。当我们停下来休息时，父亲指着我们没有清理的那一半说："注意看看，与我们刚刚清理过的地方相比，它是什么样的。"即使对一个7岁的孩子来说，差别也是显而易见的。"我们刚刚做的，就是绿色和清洁。儿子，你的工作是保持院子的绿色和清洁。至于需要怎么做，你自己决定。但如果你需要我的建议，我也可以告诉你应该怎么做。"

我突然意识到，自己还没有思考过到底要怎样才能完成这个目标，"如果是你，你会怎么做呢，爸爸？"我问道。

"我会打开草坪洒水装置！但你可能会想用水桶、软管或洒一整天水,这由你决定。我们所关心的是什么,儿子?"父亲问我。

"绿色和清洁!"我大声喊道。

"绿色是什么样子的?"父亲问。我热切地指着邻居的草坪。"很好。清洁是什么样子的?"我自豪地指着我们刚刚打扫过的地方。

"很好,这就是你的工作,儿子。猜猜你的老板是谁?"父亲问。

"谁?"我问道,并困惑地皱起眉头。

"你呀!"父亲告诉我。听到这个答案,我满意地笑了。

"猜猜你的帮手是谁?"他问。

"谁?"

"我呀!你是我的老板!"

"是吗?"我急切地问道。一想到自己成了负责人,我的脸上偷偷地露出了微笑。

"如果你需要帮助,而我有时间,你只要告诉我怎么做,我就会去做!"父亲笑着说,"你猜谁来负责评价你的工作,孩子?"

这一次,我了然地点点头,指了指自己。

"对,你评价你自己。你认为评价的标准是什么,儿子?"

"绿色和清洁!"我自豪地宣称。

"很好!我给你一两天考虑的时间,然后你再答复我是否想要承担这个责任吧。"父亲说。

到了周六,父亲问我是否还想要做这件事,我说:"我愿意做!"

他握住我的手,有力地摇了摇:"成交!"

但我什么也没做,一连几天都是如此。我并没有打算什么都不做,老实说,我可能就是忘记了,或者邻居家发生了一些更有趣、更刺激的事情,所以我去那边玩儿了。

周二早上,父亲走出前门去上班的时候,夏日的热浪袭来。他看着邻居的院子——绿色的,干净的,刚修剪过的,又看了看我们的院子——黄色的,乱糟糟的,草坪边堆满了垃圾,离他的车不到一米。

父亲愿意放我一马,周六或周日不工作,是合理的。但是周一呢?他后来告诉我,当时他已经想要冲我大喊:"出来!现在就把院子的问题给我解决掉!"

但他也知道,这么做很可能会扼杀我的主动性。他知道,如果他强迫我,我会把院子打扫干净。但第二天他不在家的时候,会发生什么?因此,他咬了咬牙,决定忍住吼我的冲动,等下班回家后再看看院子里的情况。

后来,当他开车回家时,转过弯,我们的院子映入眼帘。它比早上更杂乱、更萎黄,而我正在街对面踢球。

"嘿,儿子!一切进展得怎么样了?"

我向他挥手,回答说:"很好,爸爸!"我的确感觉挺好的,我在踢球!在回答问题时,我根本没想到父亲问的是院子的情况。

我们曾约定,每周在院子里走两圈,这样我就可以让父亲看看院子的情况。他决定履行这个约定。"儿子,院子里的情况如何?"他喊道。

那一刻,我的感觉不太妙了。我犹豫了一下,把足球拿在手里,眼睛心虚地瞟向了别处。"呃……挺好的吧?"我支支吾吾地说道。

父亲什么也没说,进了屋。他深入地思考,提醒自己为什么要做这件事。"重申我的目的：养孩子，而不是养草。"他心想。

晚饭后，他把手放在我的肩膀上，问道："我们不如按照约定在院子里走走，你可以给我看看情况吗？"

我的嘴唇开始颤抖。当我们走到前院时，我已经开始号啕大哭了。"这太难了！"我呜咽着，尽管我没有做任何事情。

父亲轻声说："有什么我可以帮忙的吗，儿子？"

"你愿意吗？"我试探性地问。

"我们的约定是什么？"

"如果你有时间，你会帮助我。"我谨慎地说。

"我现在有时间！"父亲说。

"你有时间？好吧，我马上回来！"我跑进屋里，拿着两个垃圾袋走了出来。我把其中一个递给父亲，我们一起打扫了院子。

那年夏天，我只请求过几次帮助。这是我的工作，我在要求自己负责的过程中，获得了主人翁精神和自豪感。至于父亲，他花时间制定了协议并重申了它。当他看到我的错误时，并没有因此退缩。他一直相信我，并按照约定的方式让我负责。

而我呢？我感到被信任。我感觉得到了一个对我而言非常重要的人——我的父亲——的信任，因此不想让父亲失望。我当时年纪太小，金钱、地位或外表对我来说没什么意义。但父亲的评价和肯定的确是我在乎的东西，所以被他信任对我来说很有激励性。我回应了他对我的信任，负责地打理了院子。它是绿色的，也是清洁的。

虽然院子看起来很棒，但更重要的是，我感觉很棒。我对自己保持院子绿色和清洁的能力充满了信心，并渴望继续这样做。我亲身体验到了被信任的力量。这个7岁时的简单互动,成为我理解领导力的决定性时刻。

> 一个好的领导者,会激发人们对这位领导者的信心;一个伟大的领导者,会激发人们对他们自己的信心。
>
> ——埃莉诺·罗斯福

事实是,我们都希望得到信任,被信任是人类动力中最具激励性的形式。信任自己所领导的人,会使领导者和被领导者都发挥出最好的一面。

信任他人是我们生命中最重要的工作之一。

同样地,人们渴望被激励。激励对我们而言,或许就像是空气之于肺部,没有它我们就无法生存。事实上,"激励"这个词来自拉丁语词根"inspirare",意思是"吸气"。换句话说,"激励"意味着将生命力赋予毫无生气的东西。因此,激励某人就是为他注入生命力。

然而,如今的大多数人获得的激励非常少,已经到了危险的地步。当我们被那些珍贵的时刻所触动时,比如看着一个孩子迈出人生的第一步,或者看到选手在马拉松比赛中冲过终点线,感觉就像呼吸到了新鲜空气。

激励就是将一段经历赋予目的,将一项工作赋予意义。它促使工作者成为创造者,雇员成为同事,供应商成为合作伙伴,团体成为团队。作为领导者,我们的工作是激励周围的人——他们希望得到激励,我们所有人都想要得到激励。我想起了人道主义者和哲学家阿尔伯特·史怀哲博士(Dr. Albert Schweitzer)这句优美的话,"在每个人的生命中,某些时候,我们内心的火焰会熄灭。然后,它会因为我们与另一个人相遇而被重新点燃。我们都应该感谢那些重新点燃我们内心精神(火花)的人"。

当我们激励他人时,我们重新点燃了内心的精神火花,包括他们的和我们自己的。

当我们激励他人时,我们就为他们和我们自己注入了新的生命力、目标和激情。我们提供了一个新的视角,这个视角不仅关于他们的工作和世界,还关于他们本人。由于我们真正看到了他们的伟大之处,他们开始看到自己以前没有考虑过或甚至没有见过的可能性。他们的目光超越了人为的限制。

激励他人是我们生命中最重要的工作之一。

做一个信任和激励型领导者可以得到观察和对待生活的视角,这也是一种存在方式,而不仅仅是在方便时使用的工具。你觉得你领导的人可以而且应该被信任和激励,相信他们可以做出有意义的贡献,并找到目标感。他们自己也有这样的感受。你们都相信,携手合作能够比单打独斗取得好得多的成果。

面对现实吧:指挥和控制型领导风格,对人们真正起过作用吗?它在家庭环境中,产生过效果吗?老师用尺子敲打行为不端的学生,是否真正鼓舞或激发了学生的学习兴趣?当公司使用考勤表或安装员工"监控软件"时,是否能激励员工更加努力地工作?在过去,指挥和控制可能会让孩子、学生和员工服从,但它肯定不会激发创造力、兴奋感、灵感或承诺。今天,它肯定也不可能取得这些积极的成果。

我们从理性上可以理解这个逻辑。然而，尽管我们做了很多努力，现实依然是严峻的：今天的大多数领导者仍然在使用老式的指挥和控制型领导方法。他们不过是进行了些许改进，在表现形式上更加先进和复杂——实施了一种可以被称为"开明的指挥和控制"的领导方法。但他们对人和领导力的基本信念并没有什么改变。有太多的领导者仍然在依赖一个过时的、工业时代的方法，以解决今天的挑战。

你呢？

如果你仍然试图通过遏制他人而不是释放他们的潜力，通过驱动他们而不是激励他们，通过关注竞争和自我利益而不是关心和服务来取得胜利，那么你就是在用高尔夫球杆打网球。

游戏已经改变了。

拿起符合游戏规则的网球拍吧，我将告诉你如何做到这一点。

第一部分

# 未来的领导力：
# 从指挥和控制，转向信任和激励

现在，是时候转变老旧的领导方式了。

几十年来，我们一直沿用着一种老旧的、过时的领导风格——我们对其缝缝补补，以适应不断变化的世界。然而，对这样一个存在根本缺陷的范式进行渐进式的修整，不可能取得预期的效果。世界早已改变，我们的领导方式却停滞不前。因此，是时候创建一种全新的、契合时代需求的领导风格了。

不仅是周遭的世界变了，工作的本质也变了。同样发生改变的，还有工作场所和劳动力群体本身。包容、协调和创新，不再只是嘴上说说的流行词汇，而是各行各业实现当前以及未来成功的必备条件。不断颠覆的商业环境，将持续为快速变化、分布式和多样化的劳动力群体，创造无限的选择和可能性。

全新的劳动力群体要求全新的领导者能够发掘、发展和释放每个人身上的优点及潜力；能够以身作则地示范谦逊和勇气等美德；能够激励他人，使他人心甘情愿地奉献自己的才能和智慧，因为他们想要为伟大的事业做出有意义的贡献。

每个人都能成为这样的领导者。每个人都需要这样的领导者。全世界的每个孩子、每个家庭、每个教室，以及每个同事、每个团队、每个组织、每个行业和每个国家，无一例外。

这种全新的领导方式在任何时代、任何背景和环境、任何行业和角色中都适用。我们能够将其应用于任何需要完成的工作，不管发生什么时间、地点，或人际关系上的变化。

这是一种经久不衰、永不过时的领导风格。

事实上，这就是一种全新的领导方式——信任和激励。

第一章

# 时代在改变，
# 但领导风格未能与时俱进

> 几个世纪以后，当未来的历史学家们从长远的角度来看待我们这个时代的历史时，他们最看重的事物，或许并非技术、互联网或电子商务，而是人类社会中前所未有的深刻变化。有史以来第一次，全球各地的大量人群（数量仍在飞涨）拥有了自主选择权；有史以来第一次，人们需要学会自我管理。而我们身处的社会对此毫无准备。
>
> ——彼得·德鲁克（Peter Drucker）

我曾有幸在父亲去世之前，与他在公开研讨会上同台演讲。每一次演讲，他几乎都会以两个简单但颇具启发性的问题开场：

"如果你认为，在自己身处的组织之中，绝大多数员工拥有的天赋、创造力、聪明才智和能力，远远超出了当前工作的要求，且工作反而限制了他们潜能的发挥，那么请举起手。"

无一例外，现场几乎所有的观众都举起了手。

然后父亲抛出第二个问题："你们中有多少人认为，所在组织中的绝大多数员工正处于巨大的、不断增长的压力之下，被要求以更低的成本达到更高的产出？如果你这么认为，请举手。"

再一次地，现场几乎所有的观众都举起了手。

试想一下，在全球各地的不同城市中，几乎所有人都同意这样一个观点，即大多数组织中的绝大多数人，都面临着巨大的、日益增长的期望——在一个日益复杂的世界中，以更低的成本，产生更大的收益。然而，他们根本不能，或甚至不被允许动用自身大部分的才能和能力，来做到这一点。

让我们暂时搁置这两个问题指向的事实。

> 假如我们有能力去做的事情，等同于我们正在做的事情，那么世界上大多数的问题将迎刃而解。
>
> ——圣雄甘地（Mahatma Gandhi）

要弥补有能力去做的事情和正在做的事情之间的鸿沟，我们就不能继续以过去的方式"管理"他人。我们需要做出改变，让领导力跟上时代的变革。在一个到处充斥着深刻颠覆的世界里，我们不能继续依赖一种过时和无效的管理方式。无论是完成的工作类型（以协作、团队为基础的服务和知识性工作），还是工作地点（不论是在现场的混合办公，还是虚拟的在家办公或在其他地方的远程办公），都要求我们提供一种新的领导方式。再加上劳动力的多样性远超以往，且不同年龄段的员工有着截然不同的期望，一种全新的领导方式成为迫在眉睫的需求。当人们拥有的选择和选项成倍增长，接近于无限的时候，我们就更需要一种能够契合时代变化和需求的全新领导方式。

面对前所未有的选择和不断发生的变化，人们很难被不符合当今世界需求的领导力所打动,甚至是从根本上容忍它的存在。然而,绝大多数人仍在使用引领我们走过工业时代的指挥和控制型风格来领导下属、养育孩子、教育学生和培训他人。

世界早已改变,领导力风格却没有跟上时代变革的步伐。

当我与来自世界各地的人们和领导者共事时,经常看到他们表现出与领导力无法适应时代有关的挫折感和担忧:

我的老板总是监视着我,质疑我做出的决策。公司总是喊着打造积极团队文化的口号,但我没有看到任何实际的行动。如果不能信任我,为什么还要雇用我?

我是一家公司的经理,我知道我的几个直接下属也在从事自由兼职。他们表示,他们喜欢兼职带来的自主性和额外收入,但又需要一份稳定的带薪工作兜底。我觉得他们并没有全身心地投入到公司的工作中。但如果我不能给员工做出升职加薪的许诺,要如何激发他们的归属感和创造力呢?

居家远程办公有很多好处,但同时也令我感到与同事之间的联系减少了。独自办公时,我感觉自己的创造力明显低于平时的水平,也不再对工作充满热情。我要如何弥补这一差距?

我的公司经常谈及多样性和包容性的重要性,但除了嘴上说说之外,他们能否言出必行?我应该如何参与到这些我期待的变化中?

我怎样才能成为一个高效的老板,并留住我的员工?似乎这些新生代并不介意一言不合就离职。

我很喜欢我的工作,但老实说,我并不认为自己的工作有任何重要性。当你感觉自己的工作不重要时,就很难找到(它的)意义。如果这份工作对于身为经理的我而言都无关紧要,又怎么能够指望下属员工找到它的价值和意义呢?

居家远程办公对我的团队来说一直是一件好事,但远程也使得工作的监督和问责变得困难。我该如何处理责任到人的需求,才能够在确保员工负责任的同时,又不会显得不信任他们,或是我正在远程监控他们的言行?

我领导着一个全球性的团队,并经常因团队成员之间的文化差异而感到头疼。事实上,我自己从未去过其他国家。当我个人缺乏文化多样性的经验时,该如何领导和激励具有不同文化背景的人呢?

我因本国的政治状况和缺乏礼仪的程度而感到非常沮丧,并确信这些不好的因素正在渗透到职场文化当中。当我不知道该相信谁或相信什么时,我怎么能带来改变或有所作为呢?

我很焦虑,因为我不知道如何在当前的世界环境中抚养和教育孩子。我觉得他们成长的速度太快了,比我们那一辈人早熟得多。当我自己还对这个世界充满疑问的时候,要怎么教自己的孩子去探索和驾驭这个新的世界呢?

以上所有这些表述均反映了我们对当前世界中面临的挑战的真实担忧。在这本书中,我们将致力于解答这些疑问,并为读者提供引导。你还有什么其他的问题想要补充到上述列表中吗?

我们正在经历的这些巨大变化是被我称为"5种新兴力量"作用的结果。这些变革性的力量正在席卷全球,以前所未有的方式影响着我们的生活和工作。很多人可能会试图逃避或忽视这些变革性的力量,但这些力量不会放过每一个试图止步不前的人。

> 真正的问题,不是我们是否具备改变的能力,而是我们的改变能否赶上时代的变化。
>
> ——安格拉·默克尔(Angela Merkel)

# ❺种新兴力量

## ❶ 世界的本质已经改变

技术创新正在带来非同寻常的变化,不仅变化的数量是空前的,变化的速度或速率也呈现前所未有的态势。此外,这种类型的变化——以颠覆性技术为特征——正在影响每个社会、行业、组织和个人。这些技术创新发生在各个领域,包括生物科学、人工智能、机器学习、自动化、虚拟和增强现实、数字化、纳米技术、物联网、3D打印等等——受影响的领域不胜枚举。此外,在所谓的"第四次工业革命"中,这些变化还在不断汇聚和融合。

除了如此快速的技术颠覆,人类社会还获得了有史以来最丰富多样的知识和信息。斯科特·索罗金(Scott Sorokin)在《美国产业工会联合会》(CIO)杂志上发表的文章指出,在1900年之前,专家们估计,人类的知识每隔一个世纪就会翻一番;到了1982年,专家们估计,人类的知识每13个月就会翻一番;到了40年后的现在,专家们认为,人类的知识每12个小时就会翻一番。这种知识的爆炸性增长,改变了人类看待过去的方式,也使我们对未来有了不同的思考。海量的知识，使人们不再有可能成为所谓的"万事通"[1]，因为需要吸收和了解的知识和技术太多了。相反，每个人都要致力于成为"万学通"，即具备学习，甚至是重新学习的能力，且学习的速度要比以往任何时候都快。

这种知识的溢出效应，加上重大的颠覆性事件——无论是技术领域的颠覆，还是全球疫情带来的颠覆——都已经引发了社会层面的重大变革，并导致一些行业和公司陷入困境。技术创新催生了全新的商业模式，甚至是全新的行业，并为企业和个人敞开了包含无限可能性的大门。仅仅是智能手机的普及，就带来了显著的变革，不仅改变了商业模式，也改变了我们的日常生活方式。我们生活的世界并不是停滞不前的；相反，它蕴含着无数的风险和机遇，不管是个人、企业、家庭还是团体，都必须要不断适应风险，并抓住机遇。

## ❷ 工作的性质已经改变

当今工作的内容和方式已经变得越来越以知识和服务为基础，能够获得即时和同步的信息。工作中的协作性、创新性和创造性比以往任何时候都要高得多。传统的手工工作或工业时代的工作虽仍然重要，但随着人类社会明确地迈入一个新的时代，这些传统工作所占的比重日渐降低。

为此，越来越多的人从事需要更多脑力、更少体力的工作，而那些依赖体力劳动的群体，也需要不断地提升脑力劳动的技能或能力，以适应全新的工作需求。随着世界的本质在技术创新的推动下不断发

---

[1] 斯坦福大学的卡罗尔·德韦克博士（Dr. Carol Dweck）提出的概念。

生变化，这一事实只会变得日益重要。

最重要的是，现在的工作方式对协作性的要求日益提升，这就要求员工能够在灵活的、相互依赖的团队中工作，实现共同创造和创新。

## ❸ 工作场所的性质已经改变

除了工作的内容和方式发生了变化，工作的地点也发生了重大转变。在席卷全球的新冠肺炎疫情暴发之前，居家办公或远程办公的比重就已经在逐渐增长，而疫情的暴发又极大地加速了这种异地办公的趋势。如今，远程办公正在迅速成为一种新常态，尤其是与现场办公实现某种形式的结合或混合的办公模式——这形成了一种真正的分散式办公场所。

在这种灵活的、相互关联的团队中协同工作，大部分时候需要掌握一些虚拟操作的元素；事实上，很多团队完全实现了线上的远程协作，不论是分散在全球各地，还是在邻近的不同地点，团队的成员都可以通过网络技术，在零线下接触的情况下，实现项目的协作。对于特定组织而言，线下的共享工作场所完全没有存在的必要，而对于另一些组织和机构而言，其重要性也正在逐步降低。此外，传统的等级制组织结构正在变得更加扁平化，这将更有效地推动决策，提高响应速度和灵活性。

远程办公带来的好处是，全球各地的员工都能够同步开展工作，不再受到传统办公室的限制。这些全新的工作方式和工作场所已经并将继续推动组织架构和体系的变化，并将对职场文化产生重大影响。

## ❹ 劳动力的性质已经改变

当今企业的员工构成,比以往任何时候都要多样化,囊括了来自不同年代、性别、种族、民族、性取向、宗教、文化、背景、经验和观点的人。我们的目标是为所有人创造一种包容的文化,使团队能够最大限度地发挥多样性的积极作用,使成员之间的差异成为推动发展的最大优势。因为团队成员之间的差异越大,创造和创新的潜力就越大。

劳动力领域发生变化的一个例子,是多代人(有时候甚至多达五代)并肩工作。随着年轻一代(如千禧一代和Z世代)在劳动力中所占的比例越来越大,他们也带来了不同的经验、观点和想法。与老一辈人相比,他们对自己的工作和老板有着不同的期望,这就意味着(工作环境中的)社会契约已经改变。人们想要的东西已经改变,光有薪水是不够的。对他们来说,被领导的方式很重要,知道自己的工作有意义和有价值也很重要。这不仅从本质上改变了劳动力的运作方式,也改变了我们社会和家庭的运作方式。

## ❺ 选择的性质已经改变

技术的进步使作为消费者、团队成员和领导者的我们所拥有的选择从多样化变成了无限化。作为消费者,只要点击一下按钮,就能看到成千上万的选择,包括电视节目、电影、游戏、服装、工具、食品和其他一切商品。我们可以从世界上的任何地方获取任何东西,这样的机会是前所未有的。

但是,最具影响力的选择和选项也许已经在职业和工作机会中涌现了。由于线上工作模式的兴起，人们拥有了更灵活的选择权，能够为居住地以外的公司工作。自由职业者和零工经济的显著增长，也赋予了个体更高的就业灵活性和更多的选择。根据增长趋势，一些专家预测，自由职业者的人数将在2023年超过传统就业者的人数。

在就业变得更灵活、选择变得更多样化的背景之下，对领导者和组织来说，创造一种能够吸引、保留和激励员工的文化显得尤为重要。人们获得了前所未有的选择自己未来生活的能力。

最近，我与一位销售专家的交谈，就印证了这个大趋势。她表示，席卷全球的新冠肺炎疫情改变了她对工作和生活的预期，从今往后，她将选择在最喜欢的地方生活，并不再接受一份经常要求她出差的工作。作为一名一贯表现出色的销售人员，她意识到频繁地出差已经不再是工作的必选模式。全新的工作方式让她看到了前所未有的多样化选择，她可以去做任何想做的事，和任何期望的人一起，待在任何地方。她可以选择与越来越多重视她销售能力的公司合作。她表示，未来她会选择带给她最多信任、信赖、鼓舞和重视的公司。

――――

这5种新兴的变革力量正在当今的世界中发挥作用，无论我们是否观察到甚至是意识到它们的出现。这些变革力量正围绕着我们的工作、学校、家庭和社区。为了在席卷一切的变革中生存，甚至实现茁壮的成长，组织机构和领导者需要快速适应，以赶上周围事物的变化速度。如果我们不能适应，将很可能无法完成这个时代提出的两大史诗般的任务――这两大任务是每个组织在全新的环境中最基本和最关键的需求。

## 这个时代提出的两大史诗般的任务

如今,所有的组织机构都需要完成两个史诗般的任务。第一个任务是有能力创造出一种高度信任的组织文化——这种文化可以吸引、留住、激励和鼓舞最优秀的人才,从而使组织在长期持续的人才争夺战中赢得胜利。换句话说,就是赢得工作场所中的胜利。第二个任务是具备成功合作和创新的能力,以便在一个不断变化的、颠覆性的世界中,保持高度的相关性。换句话说,就是赢得市场中的胜利。正如微软公司首席执行官萨提亚·纳德拉所言:"我们的行业尊重的是推陈出新,而不是循规蹈矩。"

归根结底,如果组织机构无法完成这两个史诗般的任务,将无法在全新的世界中维持成功。

如今,我们手中的智能手机已经比当年帮助宇航员登月的电脑还要强大。然而,在实际应用中,我们依然遵循着老旧的"胡萝卜加大棒"式的策略和技术来管理和激励员工——这些东西作为最先进事物的时期,还是在计算机诞生之前呢!这是多么讽刺的事儿!

管理思想家加里·哈默尔(Gary Hamel)指出,大多数现代管理的基本工具,都是由那些出生在19世纪,即美国内战结束后不久的人发明的。如果一位20世纪60年代的首席执行官乘坐时光机,穿越到现代社会,或许会发现"今天的诸多管理操作,与前一两代人管理企业的方式相比,变动不大"。

世界早已发生变化,而领导风格却停留在过去,止步不前。

前文关于5种新兴力量的论述表明,如果我们希望与时俱进,就需要改变现有的领导方式。赛富时公司的创始人马克·贝尼奥夫（Marc Benioff）将未来描述为"可在任何地方工作，在任何地方生活的环境"，并表示"我们已经生活在这样的未来了"。对于受雇于组织机构或企业的人，或自由职业者和自己创业的企业家而言，这都已经成为一个现实。人们已经可以远程办公，随处而居，这种全新的工作方式和生活状态要求我们提供一种全新的领导方式。想要赢得人才的争夺战，我们就必须与时俱进，跟上世界变化的步伐，并有意识地保持灵活应变的能力——不仅仅体现在技术的更新上，更需要体现在满足员工不断变化的需求和期望上。

如今，采取新的领导方式，对成为高效率的老板、优秀的父母和富有生产力的社会公民来说，具有前所未有的重要性或相关性。那些在过去行之有效的方法已经行不通了。要更好地引领身边的人，我们需要更深入地了解我们身处的不断变化的世界。只有摒弃过去的指挥和控制型领导风格，转而采用一种更相关的、更适合我们这个时代的领导风格——信任和激励型领导风格，我们才能在不断变化的现代社会中实现卓有成效的领导。

信任和激励型领导方式强调发现、谈论、发展和释放人们内心深处的伟大潜力——挖掘人们内在的东西。所有这些东西已经存在于人们的内心深处，我们要做的是将其释放出来，点燃他人内心的火焰，并为他们创造一个发挥潜能、开放包容的良性环境。

人们需要，并且希望立刻获得这样的领导力。最近，世界青年总裁组织开展的一项全球脉动研究得出了如下结论："富有远见的企业领导者，正在从传统的、指挥和控制的领导方式，转向一种全新的、以人为本的领导方式。"这种以人为本的领导方式就是信任和激励,它是现代领导者需要掌握的,也是推动组织和整个社会发展所必需的。全新的领导风格将使我们能够建立团队、合作和创新,也能够吸引顶尖人才。

## 信任和激励型领导者的非凡影响力

有一段时间,科技巨头微软公司不再像从前那样威风凛凛。事实上,它已经开始退步了——其创新几乎停止了,企业文化正处于风雨飘摇之中。它正在失去市场和工作场所中的相关性。

在《名利场》(*Vanity Fair*)杂志上,记者兼作家贝萨尼·麦克林(Bethany McLean)总结了微软公司当时的情况:"在华盛顿州雷德蒙德市以外的世界,人们有着这样一种印象,即微软公司的鼎盛时期已经过去了,这个拥有超过10万名员工的庞然大物,不知道自己是什么,甚至不知道自己想成为什么。"

这听起来可不太妙啊!

不久之后,出生于印度的萨提亚·纳德拉出现了,他在2014年接替史蒂夫·鲍尔默(Steve Ballmer),成为微软公司的首席执行官。由于微软公司正面临困境,没有人羡慕纳德拉。事实上,在《快公司》(*Fast Company*)杂志的一篇文章中,哈利·麦克拉肯(Harry McCracken)直言不讳地指出:"纳德拉接手的微软公司在华尔街和硅谷看来正变得无足轻重。"市场的反应似乎也证实了这一说法。2014年,苹果公司和谷歌公司都在蓬勃发展,市场估值均打破了历史纪录,而微软公司的股价却大幅下跌,然后陷入停滞的低迷状态。这是因为整个互联网行业已经从微软公司擅长的台式电脑转向智能手机,随着Windows操作系统在智能手机上的市场份额下降到不足4%,微软公司很快就被竞争对手远远甩开。此外,微软公司的顶尖人才流失严重,它不再被认为是一个很酷的工作场所。从各个方面来看,微软公司的前景都很惨淡。

一个根本性的问题是微软公司当时的企业文化。当时,有一位漫画家将微软公司的组织结构图描绘成一个金字塔:在这个金字塔的每一个层级,都有一只手伸出来,用枪直接指着上一层的位置。其含义很明显:晋升就是一场战争。整个互联网行业都认为,在当时的微软公司中,"赢"的唯一方法就是打败那些领先于你的人。

纳德拉迅速评估了正在发生的事情,以及这些事情如何严重地影响了微软公司的可持续性。在他的回忆录《刷新:重新发现商业与未来》(*Hit Refresh*)中,纳德拉描述了那个你争我夺的时期:"在当时的微软公司,创新正在被官僚主义所取代;团队合作正在被内部争斗所取代。我们已经远远被对手甩开。"

出任微软公司的首席执行官后,改变公司的文化成为纳德拉的首要目标。为什么?因为作为一个信任和激励型领导者,纳德拉充分了解当前时代提出的第一个史诗般的任务:要想成功,企业就必须通过吸引、留住、激励和鼓舞最优秀的人才,赢得工作场所中的胜利。

纳德拉低调地上任了,他深思熟虑,没有趾高气扬或狂妄自大,很快就以身作则,在微软公司中塑造了一种信任和激励型领导风格,并最终改变了公司畸形的企业文化。他在工作中展示了他所追求的行为——低调谦逊、富有同理心、真实可靠、专注个人成长、提倡创造性和团队协作。他倡导的领导范式体现了信任和激励他人的一个方面——通过"成长型思维",不仅追求自己的成长,也激励员工的成长,鼓励员工释放潜能,使他们成为微软公司成功的原动力。他成功地改变了微软公司残酷的竞争文化,也彻底改变了公司的发展历程。

其结果是什么?纳德拉获得了下属员工的关心和钦佩。一项员工调查显示,纳德拉作为微软公司首席执行官获得的支持率为92%。对于一家拥有十几万员工的公司来说,这是一项相当了不起的成就。

最重要的是,在人才市场上,微软公司再次被视为一个适宜的、令人向往的工作场所。

但纳德拉并没有止步于此。他正在致力于推动微软公司完成当前时代要求的第二个史诗般的任务,即合作和创新,以确保微软公司赢得市场。纳德拉评估了微软公司的使命和战略,并对其进行了改革,以增强团队合作,丰富企业的多样性。他激励员工追求更高的目标,并相信他们会尽其所能实现这些目标。在纳德拉的引领之下,员工们开始在内部进行合作,并开始在新技术和新市场中再次进行创新。

最后取得的成就是有目共睹的:在纳德拉成为微软公司的首席执行官时,微软公司的市值约为3000亿美元,现在已经超过了2万亿美元,是有史以来第二家获得如此高估值的公司。这是一个出乎大多数人意料的奇迹转变。

短短数年之前,微软公司还被认为是一家过时的企业,现在却成为世界上的云计算巨头。这无异于一次伟大的重塑。从根本上说,这要归功于微软公司新上任首席执行官鼓舞人心的领导风格——这种领导风格能够释放下属的潜力,并促使其他一切(成就)成为可能。

> 成为领导者是你拥有的一项特权。你的工作是帮助员工最大限度地发挥他们自身的潜力。这事实上也是员工对你的期望。
>
> ——萨提亚·纳德拉
> 微软公司首席执行官

最近,一位教师告诉我,在她工作的某几年中,曾有两位校长依次上任,而这两位校长给人的感觉形成了鲜明的对比。第一位校长的管理风格我们可以称之为"和善的"指挥和控制。这位校长很能干、人很好,也很尊重人,但他不信任下属的教师。一旦出现了家长投诉的情况,他就会直接把教师推出来承担责任,并且总是当面说一套,背后做一套。

毫无疑问,在这样的领导者麾下,教师和教职员工感受到的是精疲力竭、枯燥无趣的组织文化,学校的离职率也飙升。许多老师甚至没能熬到学年结束就中途离职,哪怕他们还没有找好下家。

第二年,学校来了一位新校长。她是一名信任和激励型领导者,从上任的第一天起就展示出对教师群体的信任,并认可下属的辛勤工作。她与教师、教职员工和学生们建立起亲密的关系,关心他们的学习、工作和生活,并秉持开放和透明的工作态度,让学校里的每一个人都感觉到教育与自己息息相关,通过教育的伟大力量实现更高的目标。

尽管学校里没有发生任何其他的变化:复印机依然几乎每天都坏一次,预算也比以往更紧张,但教师、教职员工,甚至是学生和家长的体验都发生了巨大的改变,学校里的每个人都感到精力充沛、兴奋不已。人们开始创新与合作，并为学校提供了很棒的实施和管理方案。离职率大幅下降，教职工们愿意留下来，因为他们感觉到了领导者的信任。新校长建立的这种基于信任关系的管理模式，正在潜移默化地影响整个校园文化。

新上任的校长重新点燃了当初激励教师们站上讲台的那一份热情。学生们也比以往学得更多、学得更好，他们在课堂上的积极活跃和达到历史新高的考试成绩均充分证明了这一点。

## 指挥和控制型领导与信任和激励型领导

也许，理解为何信任和激励型领导更符合、更适应当前时代要求的最佳方法，就是将其与传统的指挥和控制型领导（甚至是它的升级版"开明的指挥和控制型领导"）进行对比研究。

指挥和控制型领导在地位和权力的范式下运作，相对应地，信任和激励型领导是在人和潜力的范式下运作的。二者在育儿方面的差异或许最为明显。指挥和控制型父母总是事无巨细地控制到细节处——他们害怕放手和失去控制，随时随地监视孩子的一举一动。信任和激励型父母则是放手型的领导者——在孩子尝试各种可能性的时候，他们信任孩子并支持孩子的成长。同样的道理适用于企业组织的管理，对于大多数指挥和控制型领导者来说，最大的挑战是学会放手。

指挥和控制型领导者或许能够得到下属的服从，但也只有服从，无法获得来自他们的主动贡献。尽管在企业管理中，下级对上级的服从是必要条件，但这是远远不够的。

反过来看,信任和激励型领导者追求员工发自内心的承诺——这样的承诺往往来自员工自发产生的工作热情。主动承诺与被动服从有着天壤之别,前者能够带来更高水平的敬业度、创新和激励,同时创造更显著的成果。

| 指挥和控制 | 信任和激励 |
| --- | --- |
| 服从 | 承诺 |
| 交易性 | 变革性 |
| 效率 | 效能 |
| 墨守成规、增量式改善 | 变革、创新 |
| 固定型思维 | 成长型思维 |
| 职能孤岛之间的协调 | 灵活、互相关联的团队之间的协作 |
| 控制、遏制 | 释放、发挥 |
| 驱动 | 激励 |
| 管理人员和事物 | 管理事物、领导人员 |

指挥和控制型领导是交易性的——员工与领导者达成交易、按需完成工作、避免不良行为,并迅速完成任务,全程只讲究效率。而信任和激励型领导是变革性的,它强调人际关系的建立,注重员工自身能力的发展,注重对员工的赋能、赋权和扶持。讽刺的是,这种领导方式不仅具有更高的可持续性,事实上在完成任务上也更高效。我们需要牢记的一点是,当领导的对象是人时,快就是慢、慢就是快。

多年来,我一直在整理这两种主要的领导风格之间的差异,对比清单中的内容也越来越多。在这里,我想强调一些在我看来会使二者之间的差异更加清晰的对比。随着我们对信任和激励型领导方式的了解逐渐增多,我将在每一章的结尾处提供一份全新的对比总结清单。

在思考二者之间的差异时,不妨代入自己的生活场景。你在什么时候体验过指挥和控制?什么时候体验过信任和激励?也许更重要的是,想一想你为自己服务的对象——你的同事、客户、学生和孩子,创造了哪一种类型的体验?

## 管理事物、领导人员

在继续探讨新内容之前,让我们对前文表格最后一栏的对比内容进行更深入的挖掘:当你想到一个管理者时,脑海中首先浮现的是什么?

现在,假设我再要求你想象一个领导者,你的脑海里浮现的是什么?想到的事情或人物是否存在不同?

或许,当我要求你对"被管理"和"被领导"这两种感觉进行比较时,二者之前的区别将变得更加清晰。

几十年前,管理和领导之间的区别就开始被界定了。这要追溯到哈佛商学院教授亚伯拉罕·扎莱兹尼克(Abraham Zaleznik)提出的一个问题:"管理者和领导者,他们之间有区别吗?"这种划分在彼得·德鲁克、约翰·科特(John Kotter)、沃伦·本尼斯(Warren Bennis)、埃米尼亚·伊瓦拉(Herminia Ibarra)和更多在现代社会具有影响力的思想家的研究中得到了延续。然而,尽管我们在重叠和区分这两个概念方面取得了诸多进展,但现实是,在当今社会，人们仍习惯性地交替使用这两个术语。

我是伟大管理的忠实信徒，但也相信我们需要同样伟大的领导。尽管管理和领导都是至关重要的，但我们生活在一个管理过度而领导不足的世界中。事实上，当今的大多数团队、家庭和组织，都存在管理过度和领导不足的问题。为什么呢？因为二者在一个重要的维度上存在着严重差距，无论是在定义上，还是在实际应用之中。这个重要的维度就是人和事的对比。

很多时候，处于领导地位的人，通常被我们称为管理者。虽然很多人都能自如地说出"苏珊是我的管理者"这样的话，但如果换个说法，变成"苏珊是负责管理我的人"，感觉就会大不相同。没有人会在求职面试时说"我叫亚伦，我会做得很好，但我真的需要被人管理"。

"管理"的定义，是"运用一定的技巧来处理"，这个词来自拉丁语"manus"，意思是"手"，以及意大利语"maneggiare"，意思是"驾驭马匹或处理工具"。没有人愿意被他人处理，更不用说承认自己的确需要被掌握一定技能的人处理——这不仅不人性化，还会令人感觉被彻底地控制了。这个概念把员工看作一个物体或东西，而不是一个有身体、心灵、思想和精神的完整的人。

许多事物都需要被管理，甚至是被有技巧地管理。一个例子是技术，它需要被有效地利用和管理，以此来帮助我们解决问题和提高效率；时间表也需要被管理、协调和调整，以推动事情顺利地完成；财务也需要被管理，以便跟踪和调整收入、税收、支出、工资和投资；库存、流程、系统、结构、供应链都需要被管理。但所有这些都是资源、工具、物品——也就是事物。事物都有其用途，通常是某种被用来完成任务的工具。但是，由于事物没有自主权或选择权，它们需要被很好地管理，才能产生功效或价值。

我们需要善于管理事物的领导者。

但问题是，那些具有指挥和控制型思维模式的领导者，通常以管理事物的方式来管理人员。对效率的持续关注，常常导致他们用对待机器的方式，来对待活生生的人。

当你试图像管理事物一样管理人员的时候，你就否认了人类个体所拥有的品质，但正是这些品质带来了真正的、独特的价值，使人们能够以创造性的、富有成效的方式解决问题和做出决定，甚至可能是你自己无法达到的高度。与事物相反，人可以被激励，可以表现出同理心，拥有自主权和选择权。事实上，当人们心甘情愿地、充满激情地给予、参与并释放这种自主权时，他们的最大价值就会出现。

同样，以指挥和控制为核心运作的管理思维在处理事物时非常有效，但在应用于人时无法有效地发挥作用，这是因为没有人希望被他人管理或处理。这种管理方法在当今世界已经不再行得通了（如果它曾经有效的话）。如果我们对待员工的方式就好像他们是可以被控制的，或者是可替换的工具或部件，可以被随心所欲地调整或交换，那么就不可能留住他们。我们可以管理资源，可以管理系统，可以管理过程和程序，但不可能有效地管理人员。

尽管对人的管理并不总是糟糕的，但也很少能够做到很好。人们可能表现得足够好，但表现和潜力之间有多大的差距呢？控制人们，然后不断地告诉他们应该去做什么，或许是毁灭他们的工作动力或热情的最佳方法。这不仅仅会剥夺人们的权力,还会扼杀他们的主动性。

回忆一下那个关于跳蚤的寓言吧:当跳蚤一开始被放在一个罐子里时,它们会直接跳出罐子。但如果在罐子上加一个盖子,跳蚤试图跳出罐子时就会撞到盖子。随着时间的推移,跳蚤就学会了控制跳起的高度,以避免撞到盖子。最终,在盖子被拿掉时,尽管这些跳蚤依然完全有能力跳出罐子,但它们之前习得的条件反射已经阻止它们这么做。

在许多方面,指挥和控制型领导就相当于在培养人类的这种条件反射。当我们像管理无生命的事物那样管理人员时,或许就无意间扼杀了其潜力。

相较之下,信任和激励型领导风格中固有的灵活性、信任感和自主性,能够充分地鼓励并激励人们。它将使被领导的人看到并发展自己的能力和潜力,相信自身的价值,感到充满动力,并能够采取主动——换句话说,虽然他们不希望被管理,但绝对希望被领导。

以信任和激励的思维进行管理和领导,意味着你既要管理事物,又要领导人员。你需要高效率地管理事物、系统和流程(成为一个伟大的管理者),但也需要有效地领导人员(成为一个伟大的领导者)。明白二者之间的区别是缩小人员的业绩表现和其潜力之间差距的关键。正如我已故的同事布莱恩·李(Blaine Lee)经常提醒我的那样:"意义不在于事物,而在于人。"

## 外部驱动与内在激励

在对比指挥和控制型领导风格与信任和激励型领导风格时,我还想强调一个关键区别——外部驱动与内在激励之间的区别。

尽管我们在如何看待和对待他人方面取得了长足的进步,但我们依然很少关注如何激励他们。并不是因为我们不想激励对方,而是因为要知道如何真正地与人建立联系,或如何挖掘出能点燃一个人火焰的东西,并不总是那么容易。我们也可能错误地认为,只有充满魅力的人,才能激励他人。

于是,我们把如何从外部驱动他人看成是一门科学。我们如何驱动团队达到它们的销售目标?我们如何驱动孩子在学校表现得更好?我们如何驱动自己去减肥,或完成一个项目?"驱动"这个概念背后普遍存在的一个默认前提,是我们必须要被"驱使着"去完成一个目标或一件事情。

有趣的是,几乎所有驱动人们的方法,都可以被归纳为两个非常基本的元素:胡萝卜和大棒。胡萝卜提供奖励;大棒则利用可能带来的负面后果进行威慑。要么获得收益,要么承受痛苦。需要明确的是,胡萝卜加大棒的驱动方式,通常属于指挥和控制型领导风格。这种方法的目的是操纵一个人的正常个性,以实现我们设定的目标。

在现实生活中,驱动他人并不全然是坏事。事实上,它有时候还能够帮助取得积极的成果。我们都喜欢被驱动的感觉,但驱动本身存在局限性。驱动所能带来的益处远远达不到我们希望从自己和他人身上获得的最高需求。

在工业时代，胡萝卜加大棒的做法相当有效，当时的人们主要关注生存和稳定，以满足马斯洛需求层次中的较低层次。这种方法也非常适合工业时代需要完成的工作类型。

在道格拉斯·麦格雷戈（Douglas McGregor）和威廉·奥奇（William Ouchi）等人研究的基础上，作家丹尼尔·平克（Daniel Pink）在他的重要著作《驱动力》（Drive）中解释说，所有形式的胡萝卜加大棒，都是外在的驱动力——是我们自身之外的事物在督促我们做事。他提出了一个令人信服的理念，即要解决我们今天所面临的问题，我们必须从外在的驱动转向内在的激励，把重点放在马斯洛需求层次的上层：归属感、自尊和自我实现，以及马斯洛后来补充的自我超越。这一理念旨在让人们释放出自己内在的、固有的"驱动力"，而不是由他人驱动。正如平克所说，"人类有一种与生俱来的内在驱动力，它是自动的、自主的并相互联系的。而当这种驱动力被释放出来时，人们会取得更伟大的成就，生活得更丰富多彩"。

激励就是帮助人们找到他们内在的动力，即他们内心的火花，并将其点燃，使之成为真正的兴奋和激情的火焰。去激励而不是强制要求；为对方带来生命力，而不是去遏制他人并熄灭他们内心的火花。

虽然前文论述的5种新兴力量已经表明，工作、工作场所和劳动力在全新的数字时代已经发生了重大的变化，但现实是，我们在激励和驱动他人这一方面并没有太大改变。许多（即使不是大多数的）组织机构仍然主要依赖胡萝卜加大棒的奖惩制度进行管理，大多数学校也是如此。而且，可能没有人比父母更擅长胡萝卜加大棒的做法了。

> 当你被一些伟大的目标和一些非凡的计划所激励时,你所有的想法都会打破原有的束缚。你的思维不再受限,你的意识向各个方向扩展,你将发现自己身处一个全新的、伟大的、奇妙的世界。
>
> ——《巴坦加里的瑜伽经》
>
> (The Yoga Sutras of Patanjali)

究其根本而言,胡萝卜加大棒是交易性的:如果你做了X,那么你就会得到Y;如果你表现好,你会得到奖励;如果你表现不好,你会受到惩罚;如果你交了作业,你会得到一个好成绩;如果你没有完成规定的业绩指标,你会被开除;如果你打扫房间,你会得到零用钱。这意味着,没有奖励或惩罚,即外部刺激因素,人们往往就会停止期望中的行为。

最后,谈谈指挥和控制型领导的最终表现吧!我们指挥他人采取行动,然后试图控制结果。被指挥的人不需要思考,不需要考虑(问题),也不需要个人的发展。而且在指挥者不在现场的情况下,被指挥的人要么不知道该怎么做,要么对所做的事漠不关心,这不可能推动真正的变革。

指挥和控制型领导喜欢胡萝卜加大棒的策略,既因为他们很熟悉这套方法,也因为这套方法行之有效,至少看上去能够帮助他们实现既定的目标。在要求他人完成一项特定的任务,或实现一定的销售业绩时,胡萝卜加大棒几乎总是奏效的。它可以是富有成效的,甚至可以取得令人惊叹的结果。但这与教老鼠在迷宫中找到方向,或教狗坐下等条件反射式训练没有本质区别。正如平克所指出的："奖励是否具有驱动作用？答案是肯定的，它的确会驱动人们追逐更多的奖励。"

外在的利益驱动能够促使人获得短期内的成功，但从长远来看，这种方法被证明是有缺陷的，甚至是有害的。为什么？因为这会导致严重的依赖性。人们会因此形成条件反射，而非实现个人发展；会陷入行动主义，而非发挥自主性。这也就是为何胡萝卜加大棒式管理方法经常被抨击为"大傻瓜式动机理论"。

所以你想想，为什么高中和大学阶段的作弊现象越来越严重？这是因为全社会对取得好成绩和进入一所好大学的重视，促使学生（有时候甚至还有家长）在课后作业、课程论文和标准化考试中作弊。甚至在入学申请中，作弊现象也屡禁不止。在最近的一项研究中，86%的受访学生承认，他们在学校里有过某种形式的作弊行为，其中54%的人表示，他们认为作弊是可以接受的，甚至一部分人认为作弊是取得成功的必要条件。

现在，我们来谈谈驱动的反作用！很多学生在外界的驱动之下去追求学位，但也有一些学生受到内心的激励，去追求教育。二者之间存在天壤之别，无论是选择的道路，还是获得的结果。我们不仅仅需要拥有知识和学位的毕业生，还需要接受过良好教育、拥有智慧和激情，并愿意做出有意义的贡献的人。

当我们激励他人时，他们可能会获得目标感和兴奋感，相信自己的工作很重要。更重要的是，他们会认为自己的存在有价值和有意义。他们不想失败，因为他们在项目中投入了心血和时间，而不仅仅是害怕因失败而遭受惩罚。在交付成果时，他们会获得一种成就感，这种成就感带来的意义和满足感远远超出了外在的奖励（所带来的）。主人翁精神和自豪感会进一步激发他们的创造力和创新的欲望，从而实现更好的结果。这将给人们带来长期的成功，提升他们的幸福感，满足他们的全方位需求。

当遭遇问题时，管理者通常会疑惑地问："为什么我的员工缺乏积极性？"他们一边指责员工的懈怠，一边开始制定（外部）驱动员工的策略。电视情景喜剧《办公室》(*The Office*)中就有这样一个有趣的例子：经理安迪·伯纳德（Andy Bernard）需要完成季度销售指标，于是他试图想出一些丰厚的奖励，以此驱动员工。最后，他想到了一个莫名其妙的方法，即如果员工实现了销售目标，就让他们决定在他的背上文上什么文身。这显然只能作为一个短期的激励方案，甚至连他自己也意识到了这个方案的不可持续性，毕竟他背上能够文身的空间有限。

与其问"为什么我的员工缺乏积极性"，不如问自己一个更好的问题："我怎样才能更好地激励被我领导的人？"

太多时候，我们只关注表面上的变化——一个新的奖励制度（比如提供奖金），或是一个新的惩罚制度（比如要求犯规的孩子站到墙角反思自己）。两者都不一定是坏事，但都不能改变个体内在的动机和动力。它们都不能让他人自发地想要变得很好，都没有起到激励的作用。我们现在已经生活在一个全新的世界，未来的几代人更关心的是激情（精神层面的满足感），而不是物质层面的奖励，所以我们最好摒弃流于表面的变革，而应该专注于真实的激励，为人际关系、团队协作和组织机构的发展注入活力。

> 只有两种方法可以影响人类的行为：操纵，或激励。
>
> ——西蒙·斯涅克（Simon Sinek）
> 《从"为什么"开始：乔布斯让Apple红遍世界的黄金圈法则》
> （Start With Why）作者

当我们与他人建立联系，并使他们感觉到自己与目标关联时，就能够有意识地激励他们。我永远不会忘记当英德拉·努伊担任百事公司董事长兼首席执行官时，我与她进行的一次影响深远的谈话。通过一种被她称为"目的性绩效"的全方位领导方法，她成功地将百事公司的员工与工作中的目的、意义和贡献联系起来，从而实现了真正的激励。但真正打动我的是，她还与员工建立了个人联系，发自内心地关心他们，以此来激励他们。

英德拉跟我分享了一个故事：有一次她回到印度探望家人的时候，发现当别人称赞她的母亲把女儿培养成如此成功的领导者时，她的母亲感到特别自豪。英德拉注意到，别人赞美的重点，并非英德拉成了一名首席执行官，而是英德拉的母亲（和她已故的父亲）将她抚养长大。"他们告诉我的母亲，'你在养育女儿这方面非常成功，她成了一名首席执行官，我们要赞美你'。但没人赞美我。"

这段经历让英德拉意识到，百事公司内部各个层级领导者的父母，也应该得到同样的赞美。和母亲在一起的这段经历启发了英德拉，自此之后，她每年都会给百事公司高管的父母写多达400封的私人信件。在信中，她感谢这些父母为养育如此优秀和有能力的儿子和女儿所做的伟大工作。

高管们和他们的父母都被英德拉真诚的信件打动了。他们也受到了激励，感到被重视，被视为完整的人，而不仅仅是一台只会工作的机器。在英德拉手下工作的一位高管曾感叹道："老天爷，这堪称发生在我父母身上的最好的事情，也是发生在我身上的最好的事情。"

如果你的上司也给你的父母或配偶（或甚至是你的孩子）写了一封这样的信，你会有什么感觉？知道有人关心我们并认可我们的工作，对于有成就感和满足感的人生来说至关重要，因为这是对我们整个人的尊重。不仅如此，我们还获得了激励。

## 自我反思

没有什么能比指挥和控制更快地导致依赖性，也没有什么能比信任和激励更快地推动或点燃人们内心的火焰。我们可以驱动他人去采取行动，也可以通过激励，使对方做出更好的表现。所以，不妨反思一下自我，问问自己下面的问题：

- 作为领导者，我是否通过（外部）驱动的方式，得到下属的服从、配合和逐渐的改进？还是通过激励的方式，鼓励他们作出承诺、团队协作和进行创新性的变革？
- 作为家长，我是否总是以说教、事无巨细地控制等方式教育孩子？还是选择与他们坦诚地沟通，引导他们，相信他们自己能做出明智的选择？
- 作为教师，我是否强制要求学生提交课后作业？还是以激励的方式，鼓励他们自主学习，真正地学到有用的知识？

不管你身处什么职位、扮演什么角色，都能够付出信任并充分激励他人。如果你能够将领导视为一种管理职责，并将被领导者视为独立而完整的人，就能够成为当今世界中最成功的那类领导者之一。

如果你仍然试图通过驱动他人，而不是激励他们来赢得胜利，你就是在用高尔夫球杆打网球，最终只能徒劳无功。请记住，游戏的规则，已经改变。

## 你可以选择成为领导者

你们中的一些人在翻阅这本书时可能会想：嗯，开篇还是挺有趣的，但我不是领导者，也不担任任何领导职位，所以可能这本书讲的东西不适合我。那你就想错了，亲爱的朋友！这本书绝对适合你，因为你就是一个领导者。是否领导他人，是一种选择，而不由某个具体的职位决定。很多时候，那些最具影响力的领导者，反而没有任何正式的头衔或领导职位。

想想圣雄甘地，他从未正式进入政府或担任任何领导职位，但依然被大多数人视为现代印度之父，因为他的领导拥有无与伦比的影响力——所有这些，不需要具体的头衔来证明。

一位名叫马拉拉·优素福·扎伊（Malala Yousafzai）的巴基斯坦女学生，为力争妇女的权利站出来反对塔利班，并激发了全球对女孩和妇女教育事业的支持。她的成就，使她在14岁时就获得了诺贝尔和平奖，成为有史以来最年轻的获奖者。这种伟大的领导力，同样不需要头衔来证明。

我有一个朋友叫佩德罗·梅迪纳（Pedro Medina），是哥伦比亚共和国的一名商人。在1999年，哥伦比亚被认为是全球最危险的地方之一，整个国家随处可见绑架、恐怖主义行为、贩毒集团和各种各样的社会问题。在当地一所大学任教时，梅迪纳问自己的学生，有多少人打算在毕业后留在哥伦比亚，只有少数人举手。

这个结果让他很痛心，他问那些没有举手的学生："你们为什么想要离开？"学生们回答说："我们已经对这个国家彻底绝望了，你能告诉我们，为什么我们应该留下来吗？"

这个问题困扰了他很久。最终他找到了一些非常有说服力的理由，此后不久，他成立了一个名为"我相信哥伦比亚"的组织。

这是一个基层倡议组织，其主要目的是——并将继续是——提升民众对哥伦比亚的信任和信心，首先发动国内的民众，然后是海外的民众。它向哥伦比亚人宣传国家的成就、潜力和资源，并利用这些"建立一个公平的、有竞争力和包容性的国家"。自成立以来，该组织已经接触并激励了身在26个国家、157个城市的数十万名哥伦比亚人。

梅迪纳组织了一场强大的社会运动，但所有这些都没有头衔。他并没有处于任何要求他创建这一组织的职位。但是，他的努力不但在基层取得了成效，而且在各个层面，包括国家层面，都引发了重大的结构和制度变革。在梅迪纳开始他的倡议3年后，阿尔瓦罗·乌里韦（Alvaro Uribe）受到"我相信哥伦比亚"组织及其激发的众多类似倡议的影响，以梅迪纳提出的"恢复信任"为纲领，当选国家总统。乌里韦也是一个多世纪以来首位实现了连任的哥伦比亚总统。

尽管前路依旧漫漫，但哥伦比亚在恢复人们对它的安全、投资和社会凝聚力的信任方面，取得了巨大的进步——所有这些正是梅迪纳想要影响的事物，实现它们并不需要头衔或正式职位。

不论你是全职家长、经验丰富的管理人员、毫无经验的实习生、社区组织者，还是首席财务官，都可以进行领导。你不需要"监督别人"或处于某种角色或情况下才能成为一个领导者。作家基思·法拉奇（Keith Ferrazzi）提出了"没有权威的领导"。在这种情况下，团队成员将"共同提升"自己和他人，共担团队的领导者角色，即使他们不是正式的团队领导者。你可以成为身边任何人和每个人的领导者，可以发挥个人的影响力，成为一个信任和激励型领导者——哪怕你只负责领导自己，并且领导力只体现在你如何引领自己的生活之中。

在阅读后面章节中关于信任和激励的解决方案时，请牢记，所有这些解决方案都是为你准备的，不管你身处什么职位，扮演什么角色。你会发现，我们在本书中提供了各行各业、各个领域的具体案例，包括商业、教育、医疗保健、政府、军队、非营利组织、体育、社区和家庭等等，即使某个例子的具体内容与你没有直接关系，但总体原则总是适用的。通过应用基本的原则，你将能够成为更适应当今世界的领导者，甚至是信任和激励型领导者。当人们得到来自他人的信任和激励时，他们会积极主动地迎难而上，发展自身能力，并回报他人给予的信任和激励。他们将充分发挥自身的潜力，找到自己的声音，并帮助他人也同样做到。

被信任和激励，将激发我们所有人最好的一面，释放我们内在的伟大。

| 指挥和控制 | 信任和激励 |
| --- | --- |
| 来自外部 | 内部固有的 |
| 命令 | 激励 |
| 遏制 | 注入生命力 |
| 条件反射式 | 自我成长式 |
| 行为主义 | 积极主动 |
| 领导者只是一个职位 | 成为领导者是一个选择 |

# 第二章

## 与现实日渐脱节的指挥和控制型领导

在这个动荡的时代,我们不需要更多的指挥和控制;我们需要更好的手段,来凝聚每个人的智慧,以解决层出不穷的挑战和危机。

——**玛格丽特·慧特利**(Margaret Wheatley)

《领导力与新科学》(*Leadership and the New Science*)作者

"没有什么比成功更容易失败。"

我一直以来都很喜欢这句话,但如果你不太理解它的含义,不妨容许我稍作解释。这一观点通常被认为是由记录了人类文明兴衰的历史学家阿诺德·汤因比(Arnold Toynbee)提出的。他认为,当社会面临挑战时,人们会以创造力和创新来应对,找到成功解决这些挑战的办法。随着时间的推移,挑战的性质不可避免地发生了变化,但社会往往依然用旧方法来应对新的挑战。曾经成功地化解问题的方法,在应对全新的挑战时根本起不到任何作用,因此就有了"没有什么比成功更容易失败"这一说法。

使用过去行之有效的对策来解决新问题,是一种自然的选择,尤其是在这种对策屡试不爽的情况下。然而，正如第一章"5种新兴力量"所揭示的那样，随着工作性质的变化，我们需要运用全新的方法来解决新出现的挑战或问题。

沃伦·巴菲特（Warren Buffett）简洁地描述了我们面临的抉择："如果你发现自己在一条一直漏水的船上，那么与其绞尽脑汁地修补，不如干脆换一条船。"

当下的情况是，我们已经过了通过修补就可以继续前进的阶段了，我们现在更需要一艘新船，即一种全新的领导方式。

换句话说，这是一个空前变化的新世界，在过去帮助我们扬帆起航的旧船，不管如何修补，注定会沉没。为此，我们需要改弦易辙，转向一种全新的领导风格，一种契合新时代的需求，并具有史无前例重要性的领导风格。今日的挑战，已经无法利用昨日的方法予以解决。如果我们一意孤行，那么只会一再地发现，"没有什么比成功更容易失败"。

## "没有什么比成功更容易失败"案例展示

百视达的经历，就是"没有什么比成功更容易失败"的一个简单印证。在其巅峰时期（2000年左右），百视达成就卓越：它拥有约84 000名员工，开设了多达9000家的门店，创造了近60亿美元的收入，为全球各地的6500万客户提供服务。

当时，所有想要在家观影的客户，都会从百视达的门店租赁光盘。但不久之后，颠覆性技术开始出现，顾客不再需要前往门店租赁光碟，而是可以通过一家名为奈飞公司的新创公司发至他们邮箱的

DVD在线观影。面对新技术的颠覆，百视达的响应速度过慢，错失诸多自救良机，先是拒绝了收购奈飞公司的机会，后来又拒绝了与奈飞公司的合作。

接下来是流媒体电影领域。奈飞公司采用了一种全新的商业模式，先是给用户提供了邮件订阅服务，后来转变为流媒体服务，且不收取任何滞纳金。面对这一新的挑战，百视达再一次反应迟钝。它害怕推出新的服务，试图通过旗下的9000多家门店捍卫过去成功的电影租赁商业模式，并舍不得放弃在客户没有按时归还光碟时收取的滞纳金。

但当百视达最终不得不面对这些变化，并试图采取不同的做法自救时，已经为时过晚。

现在，百视达只残存了一家门店，位于美国俄勒冈州的本德。毫不夸张地说，这家门店已经成为一个缅怀过去的遗址。奈飞公司引领了数字流媒体革命，保持了其作为市场主导者的地位。尽管有层出不穷的技术变革和来自新竞争对手的挑战，但直至目前，奈飞公司已经比竞争对手更早地进行了自我颠覆，并且一次又一次地做到了这点。换言之，每当挑战发生变化，奈飞公司的应对方法也随之改变。

我们在领导他人时也需要这么做。指挥和控制型领导方式已经与现实脱节并失效了，已经沦为过时的东西。我们需要一种全新的领导方式，一种契合时代变化和需求的领导方式。

正如前文所述，在当今的生活和世界中，涌现了5种新兴力量，伴随而来的是我们必须完成的两大任务：取得工作场所中的胜利，并赢得市场。

下面,我将从对比两种领导风格(指挥和控制以及信任和激励)的角度,分别探讨这两大使命的意义和履行方法。

## ❶ 通过激发高度信任的企业文化,取得工作场所中的胜利

吸引、留住、激励和鼓舞优秀人才最有效的方式,是通过文化潜移默化地浸润。这一直都是事实,但在当今社会,人们可以在任何地方生活和工作,拥有无限的选择。在这种情况下,文化对人的吸引力就变得尤为重要。

几年前,与东海岸一所大学的新兴商学院院长共事的经历,令我毕生难忘。他向我分享了一个惨痛的教训——该大学的指挥和控制型文化,最终极大地损害了学校吸引和留住人才的能力。

当时,他们正试图招聘一位超级明星教授。为了吸引这位教授来他们学校,他们提供了很多有利条件。这位教授正巧想要搬家到学校所在的地区,而商学院也使尽了浑身解数,试图让他相信商学院就是最好的选择。在该教授前来参观学校时,他们隆重地铺设了红地毯,还安排了他与学校的重要教师和领导会面,向他展现了入职该学院以后的无限可能。这一次的到访给教授留下了很好的印象,他告诉院长,他很有可能同意入职商学院。

但是,在这位教授报销访问商学院的相关费用时,院长遭遇了一个难题。这个教授提交了带有收据的费用清单,但没有附上纸质的机票。按照学校的规定,必须提交纸质机票才能够报销差旅费。院长只能很不好意思地给教授打电话,告知对方需要提交收据加纸质机票才能够报销。教授解释说,他使用了手机上的电子登机服务,甚至从来

没有拿到过纸质机票。院长尴尬地解释说，学校的差旅制度规定，如果没有纸质机票，就无法报销往返的费用。教授惊呆了，最终放弃了入职的决定。

商学院这一通操作事实上传递了自相矛盾的信息——他们对教授的热情接待表示了"我们迫切地需要你并且希望你能够加入，我们学校是最佳的选择"；但他们在机票报销上的僵化操作又传递了这样的信息：我们并不信任你（我们也不信任本校的任何员工）。

或许是因为曾经有人钻了空子，滥用了费用报销制度，导致学校最终制定了这个僵化的报销规定。但正如大部分指挥和控制型策略那样，这实际上是在用少数人的错误惩罚大多数。更糟糕的是，就连院长也无权根据合理的判断来推翻这一不合理的规定。这种制度层面的信任缺失，不但使他们失去了一位优秀的未来教授，而且随着这件憾事的传播，也损害了学院在现有教职员工中的声誉。

相比之下，信任和激励型文化是吸引顶尖人才的终极磁铁，因为一个充满了信任和自由的环境和文化，必定会吸引很多人才。在这种环境和文化中，人们能够感受到目标感、意义感和贡献感，并因此获得激励。大多数用人单位都能够提供体面的薪资、福利和其他常规津贴，但能力卓越者往往更倾向于在给予了他们信任和自主权的单位工作。高能力人才有很多选择的机会，但他们往往只会被那些能够发现、谈论、发展和释放他们潜力的组织深深吸引，并且在这些地方，他们才能够获得足够的信任和激励，由此做出改变。

在与全球各地的领导人合作的过程中，我经常听到他们提出的一个问题是：如何与千禧一代的员工合作？答案很简单，就是充分地信任他们。借用前文的说法，我想这么回答这个问题：千禧一代不希望被管理，而希望被领导；他们希望得到启发，希望被给予信任。

然而，或许出乎意料的是，不仅仅是千禧一代的员工有这样的期望，每一代人都是如此！卓越职场研究所的数据显示，拥有高信任度企业文化的公司，留下千禧一代员工的可能性比普通公司高22倍，留下X一代员工的可能性比普通公司高16倍，留下婴儿潮一代员工的可能性比普通公司高13倍。这就印证了一个事实：不管是哪一代人，都积极地对信任型企业做出响应，这也说明信任是一种更好的领导方式。

当员工获得信任和激励时，他们就会倾向于留下来；而如果没有，他们就会倾向于跳槽，寻找一个更适合自己的地方。

因此，我想与大家分享一个我个人很喜欢的表述：敬业的员工之所以留下来，是为了贡献和付出；消极怠工的员工之所以留下来，是为了索取和获得。

对提高员工的积极性来说，信任就是迄今为止的最佳驱动力。自动化数据处理研究所最近的一项研究表明，信任排在驱动因素中的第一位。当员工能够信任他们的直接领导时，其全身心投入的可能性会增加14倍。紧随其后的驱动因素是成为团队的一员，但它仅能够使员工全身心投入的可能性增加2.6倍，与信任因素相去甚远。

太多时候，许多正在努力提高员工积极性的领导者，依然沿袭了根植于指挥和控制的领导范式。这的确是一种管理人员的有效方法，但在提升积极性方面就不尽如人意。如果我们无法调动员工的积极性，那么吸引和留住他们的意义何在？

信任是最能够激发员工积极性的做法。不妨以你自己为例,当你得到信任时,你的工作热情和积极性会产生什么样的变化?而当你不被信任时,又是什么样的情况?

除了全身心投入之外,还有更高的层次吗?是的,那就是被激励!事实上,我认为被激励就是新形式的全身心投入。贝恩咨询公司最近的一项研究表明,到目前为止,最有生产力的员工正是受到激励的员工,他们的生产力比敬业型员工高出56%,比懈怠型员工高出125%!

因此,激励不仅会大幅提高绩效,还会大大提升员工的幸福感。激励将全方位地提升一个人,而不仅仅在职场环境下发挥作用。当人们受到鼓舞和激励时,他们会更快乐,其产出也会提高。随着员工体验的极大改善,员工净推荐值(eNPS)也会增加。

同样的事情也发生在家庭中。当家庭成员在他们的生活环境中受到激励时,其满足感就会增加。

## ❷通过合作和创新,取得市场中的胜利

由于5种新兴力量的出现,以及对企业与时俱进的持续性需求,各组织都将重点放在协作和创新上。企业需要突破和创新,方可持续竞争、创造价值,并在不断变化的市场中保持与时俱进。

不幸的是,指挥和控制型领导风格会导致恐惧,而恐惧将扼杀所有的合作与创新,因为人们会因恐惧而退缩。创新带来的潜在风险将使员工裹足不前:如果失败了或犯错了,该怎么办?在指挥和控制的环境中,创新是一个可怕的想法。而合作的想法也是如此:如果

合作的对象不值得信任怎么办?

在指挥和控制中工作的人无法真正合作,因为合作代表着风险、信任和透明度。相反,他们只是相互妥协;在某些最理想的情况下,他们才能选择合作。相较之下,信任和激励所创造的条件,可以让人们开展更高层次的、真正的、创造性的合作,所有的参与者都会自愿地付出和分享。

总之,你不可能用指挥和控制的方式来胁迫员工开展真正的合作。我曾见过一些领导者试图这样做,但如果人们无法信任彼此或信任领导者,或者觉得自己没有得到信任,他们就不会合作。他们会有所保留,只产出必要的东西。

人们经常使用"协作"这个词,但实际上真正想要表达的意思是"共识"。人们开始意识到,力图达成"合作"的会议,最终真正实现的不过是低信任度的"协作"。这种形式的"协作"让人筋疲力尽,导致工作进展缓慢,而且成本高昂。我们需要的是高信任度的合作,这与共识截然不同。相较之下,合作可能意味着,你只有在真正必要的时候才会参与进来,因为你充分信任自己的合作方。在合理的范围内,你会充分地授权对方。此外,你和团队的其他成员,可以自由地承担经过谨慎估算的风险。

在指挥和控制中,任何创新都只是象征性的,并且进展缓慢。这是一种因循守旧的模式。它本身并没有错,但浪费了很多本可以获得的价值,这是因为人们必须在限制性的条件下和规定的方法中工作,所以真实的表现和潜力之间存在巨大差距。在这种风格之下,没有人愿意冒着风险去做一些跳出常规的事情。

指挥和控制的文化也不会带来持续的创造力、洞察力和突破。创新专家罗伯特·波特·林奇（Robert Porter Lynch）断言，在信任的环境中，创新会因为差异的存在而蓬勃发展。这些差异的对比越大，创新的潜力就越大。

创新是一项团队运动。在指挥和控制的环境中，差异往往会引起怀疑甚至分裂。相比之下，在信任和激励的文化中，差异成为创造力、协同效应和创新的主要来源。创新在多样性的作用下蓬勃发展，甚至源于多样性。

此外，为了确保创新的持续性，人们必须要勇于承担风险、勇于犯错，并从错误中学习。在创新的过程中，他们必须要快速失败，在失败中进步，且接受经常性的失败，然后加快学习和创新的速度。如果人们没有感觉到获得信任，觉得没有人支持他们的试错行为，创新就无从谈起。归根结底，如果我们没有给予他人失败的机会，创新就不会发生。

来自著名的LRN咨询公司的相关数据是令人震惊的。它显示，与低信任度文化相比，处在高信任度文化中的员工愿意承担附带责任的风险的可能性要高出32倍；创新的可能性要高出11倍；实现更高绩效的可能性要高出6倍。而信任，是推动所有这些成就的根本原因。

> 我们承担风险，知道风险有时会导致失败。但不允许失败的发生，也就扼杀了成功的可能性。
>
> ——蒂姆·库克（Tim Cook）
> 苹果公司首席执行官

创造力也同样源于激励。当人们的潜力得到释放，并拥有目标时，他们就受到了激励。这些都是信任和激励型文化的标志。同样，创造力和创新蓬勃发展所需的其他条件，如公开分享想法、愿意承担风险和犯错、整个团队能够进行创造性协作，以及不在意谁得到了荣誉等等，也是信任和激励型文化的典型特征。3M、美捷步、奈飞公司和Zoom等伟大的创新企业所建立的文化，已成为持续合作和创新的源泉。

举个例子吧。我有幸认识了袁征（视频会议软件提供商Zoom创始人兼首席执行官）并与之共事，他身上体现的卓越领导力，展现出了第二个史诗般的任务——合作和创新，以赢得市场。

袁征在很小的时候就开始了创新型思考。创造如今风靡全球的Zoom的想法，早在他17岁时就已产生。当时，他在自己的祖国——中国——读大学一年级，想要去看看女朋友雪莉，他必须要坐上十几个小时的火车。长时间的旅途不仅耗费时间，更令人疲惫不堪，袁征希望有一种更容易的方式可以"见到"女朋友。在他构思如何实现这个目标时，远程视频通话的种子就埋下了（5年后，袁征与雪莉结婚了，结束了长达5年的异地苦恋）。

1995年，袁征在日本参加了一个技术会议，从事技术行业的梦想被再次点燃。尽管英语水平不高，袁征还是在1997年决定移民，从中国前往硅谷寻梦。这需要的不仅仅是创新的思维，也需要极大的魄力和毅力。在随后的一年半里，他的签证申请被拒绝了8次，但他没有气馁，想尽办法来满足各种要求，最终，第9次申请通过了。

转眼间，10年过去了。时任思科公司Webex部门负责人的袁征，仍然在思考如何解决异地苦恋触发的问题。他向思科公司的管理层提议，开发一个可以在智能手机上便捷使用的视频会议系统，但管理层不为所动。于是，袁征在2011年6月离开了思科公司，自主创业，只为实现自己的梦想。2012年8月，Zoom推出了产品的第一个版本。Zoom最终在市场上取得了胜利，尤其是在新冠肺炎疫情暴发期间及之后，每月有超过1300万的人在使用Zoom的技术和服务。仅在2020年，Zoom的移动应用程序就被下载了4.85亿次。

Zoom发展背后的创新本身就是一个传奇，但更引人注目的是袁征在信任领域做出的卓越贡献。他信任自己的员工，反过来，他也得到了员工的信任。事实上，他最近在玻璃门（美国一个做匿名企业点评与职位搜索的职场社区）上被评为全美最适合一起共事的首席执行官。他获得了高达99%的员工支持率，这几乎是一个闻所未闻的超高比例。

但这还不是全部：袁征的影响力已经超出了自己的公司。他被《时代》(Time)杂志评为"2020年度商业人物"，还入选了《时代》杂志"全球100位最具影响力人物"。

信任已经渗透到袁征创新型领导力的每一个方面。他以对速度的承诺而闻名，称其为创业公司的"秘密武器"。但他也表示，要获得速度，关键的因素是信任。"没有信任，我们就没有速度，"他坚称，"有了信任，我们就能快速行动。这就是为什么信任是决定胜败的终极因素。"

袁征激励手下的员工做到快速、紧跟时代、协作和创新，但不要以为他忘记了为社会做贡献这一激励因素。仅举几个例子，在新冠肺炎疫情暴发之初，Zoom为K-12[1]学校提供了免费的视频会议，以帮助教师满足学生的远程教育需求。而在节假日，它取消了对免费账户的40分钟使用时长的限制，这样全球各地的家庭用户就可以不受隔离政策或旅行限制的影响，在云端共度美好的家庭时光——这充分证明了袁征提倡的合作精神和对做正确事情的承诺。

## 这些难道不是老生常谈吗

你可能会说，这不都是老生常谈吗？是的，没错。多年来，指挥和控制型领导风格越来越与现实脱节，领导者们早已对此心知肚明。但最有趣的是，尽管理智层面我们已经掌握了所有必备的知识，但稍稍开明的指挥和控制型领导风格，仍然主导着大多数的企业组织，并且在很大程度上，仍然是普遍适用的管理规范。

最近，在与一些杰出的专家和思想领袖一起参加有关领导力的会议时，我清楚地看到了这一点。参与讨论的不仅仅是那些参会者，在场的大多数听众本身也是领导力方面的专家。这种大咖云集的场面令我有点受宠若惊，我很高兴能够作为专家组成员出席，但也很想确保自己提供的是有价值的贡献和观点。回顾多年的从业经验，无论是作为领导者，还是作为被领导者，我都强烈地感觉到，自己可以分享的最重要信息，就是我们需要区分管理事物的范式和管理人员的范式。

在会议期间，我试图通过探讨一些领导力领域的基本要素来强调上述观点，例如"管理事物、领导人员""在事物方面追求效率，在人员方面追求效能"，以及"我们生活在一个管理过度、领导不足的

---

[1] 国际上对基础教育的统称。

世界中"等等。我清楚地知道,这些并非什么开创性的想法,因为它们并不新颖。但我的确发自内心地相信,缺乏新意并不意味着它们的深刻性有所降低。

然而,出乎意料的是,大多数听众的反应就好像它们都是革命性的全新想法一样。他们积极地做着笔记,并且很多人在会后积极地与我进一步探讨。对另一部分人来说,这些想法更多起到了提醒而非启示的作用。但对我来说,只要能看到自己分享的信息的确对人们产生了影响,就足够令人兴奋了。

会议结束后,一位与会者告诉我:"对我来说,我们在这次会议上学到的所有观点和内容都可以归结为你介绍的一个想法,即我们处于一种管理过度、领导不足的状态。剩下的内容则可以归结为你所选择的风格——到底是对事物和人员的管理,还是对事物的管理和对人员的领导。"

这段经历强化了我所知道的一个事实:尽管我们知道这些事情,甚至讨论了这些事情,但我们还没有开始做这些事情。如果我们做到了,那么以这些方式运作的领导人和组织将作为常态出现,而不是例外。

虽然我们已经取得了一些进展,但还算不上多。

每当我向听众解释自己对"指挥和控制型"领导的理解时,他们几乎能立即明白我的意思,达成一致的理解和认同。之所以能够立即"理解"这个词背后的含义和概念,是因为它在日常生活中无处不在。这就是为什么我们在听到"信任和激励型"领导力时,会感觉醍醐灌顶。如果我们已经践行了这种领导风格,那么在宣扬它的时候,备受启发或顿悟的感觉就不会出现。

指挥和控制型领导有着漫长的历史,它主要分为两大类(尽管大多数时候我们并不能区分二者之间的差异):第一类是专制的指挥和控制型领导,这种领导风格以恐惧为基础,例如,"我能对你做什么";第二类是开明的指挥和控制型领导,这种领导风格是出于交易公平和交换,例如,"我能为你做什么(以及你能为我做什么)"。相较之下,信任和激励型领导是出于激励他人和目标感:我能跟你一起做什么。

在"指挥和控制"持续作为主流领导范式的前提下,已经有了很多相关研究数据。LRN咨询公司的一项开创性研究采集了来自17个国家、超过16 000名员工的数据。这项研究调查了不同组织和个人的行为,以及它们对业绩表现的影响。基于连续研究得到的数据,LRN咨询公司提出了治理、文化和领导力的三种原型,即"盲目服从""知情默许"和"自我治理"。调研的结果显示,"指挥和控制"型领导风格占据了主导地位。

为了达到我们在此探讨的目的,我将"盲目服从"对应为传统的或专制的指挥和控制型领导;"知情默许"对应为开明的指挥和控制型领导,包括已经取得的些微进展;而"自我治理"就包含了我个人提倡的信任和激励型领导。

在接受调查的所有组织机构中,只有8%可以被描述为"自我治理"或"信任和激励型领导"。其他92%的组织机构都遵循了某种类型或形式的"指挥和控制型领导"。这个调查结果符合我与世界各地的组织和领导者合作时掌握的经验。值得庆幸的是,情况也正在逐步向着好的方向转变——只有30%的组织机构采用"专制的指挥和控制型领导"（盲目服从），而其他62%的组织机构已经转向"开明的指挥和控制型领导"（知情默许）。报告的后半部分还描述了信任和激励型（自我治理）组织机构取得的非凡业绩表现。

此外，我个人也针对全球数千名企业领导者进行了调查，其中包括一些世界顶尖公司的领导者。绝大多数的受访者仍表示，在自己的企业或组织中，指挥和控制型领导仍是主流，而非信任和激励型领导。因此，你身处的公司或组织很可能比你想象中的更符合指挥和控制型领导风格，而非特例。

基于与不同行业合作的经验，我发现有两个行业似乎更倾向于采用"信任和激励型"领导风格：技术行业和专业服务行业。LRN咨询公司的研究也证实了这个结论。想要在这两个特定的行业中取得成功，完成前文提到的两个史诗般的时代任务至关重要。这两个任务都要求组织机构建立信任和激励的企业文化，以打赢人才争夺之战。此外，它们还需要协作与创新，这样企业才能够紧跟不断变化的市场，做到与时俱进。

## 只获得了量变，未实现质变

在转变领导风格方面，我们的确取得了进展，甚至不乏重大进展。然而所有这些不过是从专制的指挥和控制型领导，转向开明的指挥和控制型领导——更复杂、更亲切、更温和。领导范式并未发生本质变化。不可否认的是，许多组织机构已经从老旧的胁迫式领导转向了更注重激励的领导方式，迈出了一大步。还有很多组织机构也将人力资源和人才管理纳入了领导范围。但这些变化都只是量变，而不是质变。

即使推动了更好的管理，提出了无数领导力相关的理论，并取得了诸多看似光辉的进展，控制仍然是领导力的核心词。大多数领导者——即使是优秀的、用心良苦的、品格高尚的领导者——都很难放手，将控制权释放给他人。

还记得我曾经讲过的那个故事吗？在一家公司里，"老前辈"很难放手将接力棒传给作为"小辈"的儿子，哪怕儿子已经做好了接班的准备。我最近接触到了另一家处境类似的公司，但事态发展有所不同。这家公司同样是家族企业，由父女二人创建和经营，并面临着新旧交接的情况。然而，在这个案例中，作为前辈的父亲刚60岁出头，女儿则是30岁出头。与前面故事中的"老前辈"一样，父亲采用了传统的指挥和控制型领导风格，是每一项决策的执行者。但女儿的领导风格却不同，她希望将更多的责任下放给值得信任的团队成员，以此来实现对员工的授权。但在父亲的领导之下，指挥和控制型领导风格总是胜出。

当突如其来的健康问题迫使父亲卸任时，年轻的女儿承担起了首席执行官的责任，远远早于所有人的预期。在女儿上任后不久，我前去与这家公司的管理团队开会，心中充满了忐忑与不确定。管理团队会抵制她的新想法和管理风格吗？作为整个会议室里年纪最小、资历最浅的人，她会得到管理团队的信任吗？他们能够形成一个跨职能、高绩效的团队吗？

我很高兴地发现，管理团队和新上任的首席执行官在相互理解、信任和尊重的基础上走到了一起。新任首席执行官承认，她非常需要周围人的丰富经验，并对各种想法和建议持开放态度。作为回报，管理团队的小组成员也愿意倾听她的意见并尝试新事物。随着新任领导者将责任和任务下放，我可以看到一个高信任度的合作团队正在形成。虽然父亲出于健康原因不得不让出控制权，但这恰好给了公司和员工以新的方式改变和成长的机会。新上任的首席执行官避免了事无巨细的管理以及由此带来的过度压力，因为她充分信任经验丰富的员工。这些员工获得了新的机会，并能够以有意义的方式为公司做出贡献。

在这两个案例中，父亲们都不是糟糕的老板。但他们的确以指挥和控制的方式经营公司，最终导致全公司上下都无法充分地发挥潜力。想象一下，如果他们尝试转变领导风格，可能会取得什么样的进步。

在与世界各地的组织机构合作的过程中，我见到一个又一个的领导者渴望做出这种转变，以跨越领导方式的鸿沟。在我可以给出的数百个例子中，以下两个是我最常听到的简单例子：

1. 最近，在一家大型制药公司的年会筹备会议上，公司的领导团队告诉我："我们正试图从所谓的'20世纪90年代的领导风格'（基于对人的管理和控制）向一种新的领导风格转变。我们需要员工以新的形式参与公司的事务并互相合作，而新的领导风格对实现这一目标更有价值。"

2. 与我共事的一位军事承包商的首席执行官告诉我："我们一直在努力将指挥和控制，转变为更高的透明度、更深的合作，以及对员工更多的信任。"

在这样一个动态的、多代人共存的、相互连通的世界中，指挥和控制型领导风格正变得日益脱节。我甚至想说，在过去的大部分时间里，指挥和控制型领导都是无效的，它之所以在文化层面上更容易被接受，并看起来发挥了作用，不过是因为我们的要求较低。但时代已经发生了变化，我们不能简单地做些表面上的修补，以此来掩盖早已过时的领导风格。变革的时代已经来临，从指挥和控制型领导风格向信任和激励型领导风格的转变，不是循序渐进式的微调，而是根本性的颠覆；不是量变，而是质变。

## 为何我们仍在采用指挥和控制型领导风格

我们尚未摆脱工业时代的管理方式，是因为我们管理的范式尚未改变。我们仍然有着错误的理解和概念——我们对人和领导力的看法是扭曲的，没有形成完整和准确的基本信念。为此，循序渐进式的改变不是解决方案；相反，我们需要从根本上改变领导范式，才能够真正改变我们的行为。

这就好像一个人戴错了眼镜，导致视线模糊，无法看清现实的真面目。有时候，我们甚至可能并没有意识到眼镜戴错了，因为长期以来都是如此，我们的眼睛已经适应了失真的状态，习惯了看到事情扭曲的面目，将错误的感知当成现实。如果我们不能够换一副度数适合的新眼镜，就意味着我们将继续以低水平工作，因为这就是我们所知道的一切。所以，是时候换一副看待现实世界的新眼镜了！

了解为什么没有改变，反而可以推动变革的发生。当我们戴上新眼镜时,就对真实的世界有了更清晰的认识。并且,当我们转变思维——我们的领导范式时,改变我们的行为就变得更容易了。

虽然存在数个潜在因素延缓了我们转变指挥和控制型领导风格,但我们需要了解下面3个基本因素,以推动变革的发生。

## ❶ 鱼最后一个发现水

没有人会将当前的时代视为工业时代。事实上,当人们谈论工业时代时,他们通常指的是19世纪末和20世纪初,即一个世纪以前。那么,为什么我们仍然沿用了工业时代的领导方式?我认为,原因在于我们没有意识到自己依然沉浸在工业时代的旧风格中,仍然被困在工业时代的各种遗留事物中。这体现在语言、系统、流程和实践中。

首先是语言。在工业时代,关于工作的许多用语都来自军事术语。我们每天都在使用诸如"集结"或"任务"等词汇,或者将一线员工称为"前线"员工;在雇用人员时,我们称之为"招募";我们要求员工"遵从指令";我们使用"下属""控制范围""指挥系统"和"孤立部门"等词汇。难怪人们在描述军国主义领导时,自然而然地使用"指挥和控制"(这也是一个军事术语)。我们不假思索地使用这些术语和许多其他军事术语,这种语言和思维方式如此根深蒂固地融入了我们的生活,以至于我们经常下意识地忽略这个事实。

所以"鱼最后一个发现水"这句老话恰当地反映了这种现象。我们就是鱼,而指挥和控制是水。如果你能够理解前文分享的术语,并且没有将其与军事联系起来,那么你就是一条刚刚发现了水的存在的鱼。在没有意识到的情况下,我们已经条件反射地采用了指挥和控制的领导方式。

当然，这些年来我们的确取得了一些进展——但这是增量式的、建立在指挥和控制范围内的微调，而非跨越鸿沟式的根本变革。这就是我们一贯效仿和习得的模式，也是多年以来一直在实践的模式，我们甚至没有停下脚步去思考业绩表现和真正潜力之间可能存在的巨大差距。套用奥斯卡·王尔德（Oscar Wilde）的话来说，困在这种模式中，我们知道的是万事万物的价格，却不知道任何东西的价值。

但是，沉浸在某种模式中并不代表着我们就要如此做。一旦我们清楚地意识到自己是如何被工业时代残留的事物所影响的，就可以下意识地选择不同的行为方式。

这时候不妨思考一下自己的"脚本"：在你身处的组织机构中，存在哪些指挥和控制的元素？在你的团队中，情况又是如何？指挥和控制是否是你在家庭中的领导方式？你在学生时代是否经历过指挥和控制？除了语言层面，工业时代的残留还体现在一些其他地方，包括：

- 架构：等级制度、自上而下、管理者和员工、决策者和执行者、上级和下级；
- 体系：强制性排名、年度绩效评估系统、会计制度（将员工视为费用、将机器视为资产）；
- 实践：胡萝卜加大棒式奖惩制度、集中化的预算编制、"三明治"式反馈；
- 风格：指挥和控制、微观管理、推卸责任、监督；
- 范式：（管理）事物的范式和（管理）人员的范式；稀缺心

态的范式和富足心态的范式；外部驱动的范式和内在激励的范式；将领导者视为一个职位的范式和将领导视为一种选择的范式。

## ❷ 知而不行，是为不知

读到此处，你的内心或许在想："我已经谈论这些很多年了！"没错，本书提出的许多观点，事实上已经被讨论了几十年。自科学的管理方法诞生以来，我们在管理思想方面也的确取得了许多进步。人际关系运动大约始于20世纪30年代，并在20世纪50年代和60年代发展到对人力资源的关注。在20世纪80年代和90年代，出现了一场围绕质量、授权和情商的运动，不久后又增加了优势的概念。这种管理思想的革新与发展一直延续到了今天。

然而，尽管我们在管理思想上取得了诸多进步，但对于大多数人、团队、组织和家庭来说，真正的管理变革并没有发生，正如歌德（Goethe）所说，"知而不行，是为不知"。

知识上的大量进步，并没有催生持续的、有意识的实践层面的转变。你或许会觉得，拥有常识并不等于付诸实践，在"我懂了"和"我正在做"之间存在巨大的鸿沟，并不容易跨越。但这恰恰是让我们的思想和行动保持一致的第一步——它使我们的行事风格和意图相符。这意味着真实。如果不解决所知和所为之间的差距，问题就会接踵而来。人们很难去信任那些无法保持"言行一致"的人。

我恰好认识这样一位教育界的领导者，虽然他受过良好的教育，资历也非常高，却不信任他人，也很难鼓舞他人。他是美国西海岸地区一所大型高中的校长,该校位于一个庞大的学区内。他拥有教育领导力博士学位,还教授过其他的领导力课程,致力于培训他人成为更好的领导者。可以说领导力是他的专长,因为他已经花了多年时间研究和教授领导力——当然,这些都是他对自己的定位。他甚至以兼职教授的身份,在大学里教授领导力课程。

讽刺的地方在于,他虽然了解很多领导力方面的知识,却不是一个好的领导者。作为校长,他管理学校的方式介于专制独裁和极度控制之间。他极度不信任他人,对周围的人,无论是办公室工作人员,还是足球队教练,都实行严苛的细节管控。他还同样将高压手段施加到学生身上,导致了学生和家长的不满和反抗。所有的利益相关者——学生、教师、学校管理者、家长——士气都急剧下降,学校的人员流动率飙升,大大超过了所有前任校长管理时的数据。数十名在学校工作多年的老教师,因不堪重负而突然退休、离职,或寻找跳槽到其他学校的机会。

这位校长的问题在于,他没有认识到他的所知和他的所为之间存在着很大的差距。尽管他有着丰富的知识,并接受过专业的领导力培训,并试图理解领导力的原则,但他并不是一个好的领导者。我的同事这样描述他:"从智力和知识上讲,他什么都知道;但从行为和实践的角度来看,他一无所知。"

在"我懂了"和"我正在做"之间,存在着千里之遥。

## ❸ 错误的范式,可能一直存在

打个比方,假设你移居国外,并生活了数年,流利地掌握了当地的语言。有一天，你要将一幅画挂到墙上，却在敲钉子的时候不小心手滑，锤子砸到了拇指上，你觉得自己会脱口而出什么语言？你更有可能用的是自己的母语。

在某种意义上，指挥和控制就是我们的母语。我们很多人就是在这种领导风格之下成长起来的，接受着这方面的训练，按照相关的脚本行事，并十分擅长这么做。指挥和控制，往往是我们所知道的一切，它是我们在家庭、学校和工作环境中看到的唯一模式。

相较之下，信任和激励是一种后天习得的语言，它不经常出现在日常生活中，不像指挥和控制出现得那么频繁。我们并没有沉浸其中。就像学习一门外语一样，我们需要时间和练习，以及大量的重复，才可能将信任和激励变成一种习惯。在面临巨大压力或困难的时候（例如在前面的例子中，砸到拇指的时候），我们还是会条件反射地用回母语，回归我们最熟悉的模式。

有多少人曾对家庭旅行抱有很大的期望，但在出发两小时后，就因为无法忍受孩子们的争吵和相互嘲弄，从而开启了彻底的指挥和控制模式？强压之下，我们往往会无意识地选择某些我们会自然而然去做的事情，采用最有效的短期解决方案。而对于大多数人来说，指挥和控制就是他们自然而然去做的事。它的本质是"为了达到目的，可以不择手段"，即用效能换取效率。旅行变成了安静的服从，但没有人乐在其中。

我们需要一定的时间才能够适应新模式、转变旧思维，文化的转变也同样需要时间。即使我们学到了更好的方法，在实施时也可能面临阻力——来自那些不买账的人、害怕改变的人、利益将受损的人，或是根本不想改变的老顽固等等。一个不完善的或有缺陷的范式，可能会持续几十年，乃至几个世纪。甚至即使出现了更完善或更完美的范式，旧的范式也依然存在。

历史上的一个经典例子，就是风靡多个世纪的放血疗法。在其盛行的3000多年时间里，放血是医生们最常用的一个治疗方法，这种做法一直持续到19世纪。这个疗法之所以兴起，是因为人们相信，疾病存在于血液之中，所以治疗疾病的唯一方法就是放血。放血疗法始于埃及，被罗马人和希腊人沿用，一直持续到欧洲中世纪。它影响了早期的美国，并在19世纪的欧洲达到顶峰。甚至是乔治·华盛顿（George Washington），也在去世前的几个小时接受了放血治疗。

然而，早在16世纪和17世纪，就已经有越来越多的医生和研究人员驳斥了放血疗法的合理性，一些人甚至已经证明了放血疗法的理论是错误的。然而，在驳斥的观点和论据被提出并分享之后，放血疗法依然风靡了几百年。正如医学研究者克里奇（Kerridge）和劳氏（Lowe）所说，"放血疗法能存在这么久，并不是因为智力或知识的欠缺。它源于社会压力、经济压力和智力压力的动态交互作用——这一过程决定了放血疗法的存续"。

我们领导家庭、公司、团队和学生的方式，往往受到类似压力的影响。即使我们内心知道可能有更好的方法，但在试图满足现代世界提出的诸多需求时，也很难做出改变——尤其是当周围的人都在这么做时。

我的父亲经常提醒我，大多数重大的突破，事实上是打破——也就是说要打破传统的思维方式。信任和激励之所以是一种突破，是因为它打破了传统的指挥和控制型思维模式。虽然某样事物成为社会共识确实需要一定的时间，但只有当个人开始打破传统的方法，并实践全新的做法时，变革才会出现。只有当足够多的人采取行动时，"打破"才会被接受，成为常识和实践。

从某种意义上说，指挥和控制就是现代的放血疗法。令人匪夷所思的是，它一直持续到今天。而信任和激励是能够带来突破性进展的"打破"。

## 从指挥和控制，转向信任和激励

前文论述的几个因素阻碍了我们想要改变的愿望，它们展现了真实的和固有的风险，根植于我们对不知道如何去改变的担忧。然而，我们不应该将它们作为拒绝改变的借口，毕竟风险和回报是相辅相成的。研究表明，作为一个信任和激励型领导者，其获得的回报要远远超出指挥和控制型领导者。

这种回报不仅体现在业绩的大幅提高上，还体现在人们明显变得更加精力充沛和快乐，即拥有更高水平的幸福感上。我见过一些人、家庭和组织，在放弃指挥和控制，拥抱信任和激励后，实现了真正的转变。当然，我也看到仍有一部分人苦苦挣扎，不知为何盲目地坚持指挥和控制，最后既没有实现指挥，也没有实现控制。

鉴于我们不可能解决自己不了解的问题，在已经确定并理解了阻碍我们进行变革的想法和态度之后，我们就可以集中精力解决这些问题了。在后面的内容中，我们将学习如何做到这一点——如何克服那些导致我们盲目坚持指挥和控制的具体障碍。在阅读本书的过程中，你将学会如何摒弃老旧的思维范式，通过变革，转型成为一个信任和激励型领导者。

回想一下你生活中的一名指挥和控制型领导者，如果他（她）转而采用信任和激励型领导风格，会带来什么样的影响？你的世界会产生什么样的变化？如果你真的得到了激励，并获得了足够的信任，你能取得什么样的成就？如果信任和激励成为常态，世界会发生什么变化？你能产生什么样的成果？其他人能产生什么样的成果？去上班会是什么感觉？表现和潜力之间的差距将会如何缩小？

指挥和控制根本无法使你在当今世界取得成功，因为它已经失效了、过时了。信任和激励才是当今世界中全新的、与时俱进的领导方式。

## "每一个飞行员，每一天，都是创新者"

在前文中，我指出了我们经常使用的诸多管理术语，甚至是"指挥和控制"本身，都来自军队。即使在军队这样一个需要明确指挥和强有力控制的部门，许多军事领导人也正在从指挥和控制型领导风格，转向信任和激励型领导风格。

我曾有幸与来自军方各部门的多位高层领导者合作，发现他们是最优秀的领导者之一：他们意识超前、有先见之明，并且了解影响军队和各地人民的新现实。三星中将多萝西·霍格（Dorothy Hogg）就是这样一位领导者。

霍格将军是军人的典范。1984年进入美国空军后，她通过层层晋升，成为一名有影响力的领导者，一路走来获得了许多奖项和赞誉。

现在，她是美国空军的卫生局局长。当我们坐下来交谈时，我立即意识到，她理解我们当前所需的那种领导力——信任和激励——与时代的契合性，特别是在军事环境中。我们的想法是一致的。我对她多次与她的飞行员分享的一个口号感到震惊："每一个飞行员，每一天，都是创新者。"她不仅仅是这样说的，还以身作则地示范了如何做。

她给予了下属极大的信任，鼓励他们跳出固有的思维模式，尝试新事物，进行创造和创新——下属也因此受到了激励和鼓舞。

举个简单的例子，看看她和她的团队如何应对新冠肺炎疫情的挑战。当美国和世界上的大部分地区都陷入疫情困境时，她和她的团队立即专注于想出新的解决方案。他们提出了如何扩大个人防护设备的使用范围；创新了安全消毒N-95口罩的方法，如使用紫外线；实施了开创性的远程工作模式，并开创了运送受感染患者的新方法。他们甚至组建了一个指挥官的工具箱，使领导者能够安全地与他们指挥下的飞行员保持联系并提供帮助。

这些都是比较显著的举措。除此之外，还有很多小细节上的创新。霍格将军继续扩大信任，她所领导的人也继续受到激励和鼓舞。随着世界及其问题的性质不断变化，霍格将军和她的团队将继续动态地应对未知的挑战，在解决这些问题时进行创新，并保持与时俱进的状态。

这也可能发生在你身上，以及你的团队、组织、家庭和社区之中。

一旦变革发生，伟大的成就将随之而来。

| 指挥和控制 | 信任和激励 |
|---|---|
| 工业时代 | 知识型工作者时代 |
| 稳定性 | 变革和颠覆 |
| 知道而不行动 | 知道并采取行动 |
| 知情默许 | 自我治理 |
| 胁迫性 | 说服性 |
| 类似于母语 | 类似于习得的外语 |

# 第三章

# 糟糕的领导风格
# 阻碍了良好意图的实现

良好的意图,加上糟糕的方法,往往导致糟糕的结果。

——**托马斯·爱迪生**(Thomas Edison)

与一家入选《财富》(*Fortune*)杂志50强的大型公司的管理团队共事的经历,令我永生难忘。在针对该公司管理层的调查中,我发现高层领导者对自己的看法与员工对他们的看法之间存在着差距。当我们要求这些高层领导者就自己关心员工的程度进行自我评价时,99%的人都将自己的关心程度评定为最高水平,而当他们的员工被问及"高层领导者是否关心你"时,仅有31%的人表示这些领导者真正关心自己。两者之间存在高达68%的差距!

那么,谁才是正确的——是员工还是领导者?实际上,他们可能都是对的。很可能领导者是真的关心他们的员工——根据我的经验,大多数领导者都是如此。但是,如果领导者的自评和员工的评价之间存在68%的差距,那么就出现了严重的问题。并且最终,每个人都会为此付出代价。

在富兰克林柯维公司,"团队信任指数"(Team Trust Index)

这一工具被用来衡量团队和组织中的信任程度。在使用它进行的数千次调查中，我们发现了一些特定趋势。其中最重要、最惊人的发现，可能就是个人或团队如何看待自己与他人如何看待他们之间存在着差距。人们面临的一个最大问题，就是一个人的意图如何转化为行动和经验（在更多时候，这未能实现）。

我相信亿贝创始人皮埃尔·奥米迪亚（Pierre Omidyar）信奉的一句话——"人性本善"。即使这可能听起来十分天真，但我也的确相信，绝大多数人（虽然不是全部）都心存善意，并关心他人。英德拉·努伊——百事公司前董事长兼首席执行官，一直被视为商界最具影响力的女性之一，曾表示她得到的最好的建议来自她父亲说过的一句话：

永远假设（他人有着）积极的意图。无论他人说了什么，或做了什么，都要假设他们的意图是积极的。你会惊奇地发现，你对待人或事的整体方式发生了极大的改变。

假如大多数人确实心怀善意，那么到底是哪里出了问题？根源在于我们领导的方式和风格，以及我们行事的方式。也就是说，我们的风格阻碍了良好意图的实现。

几乎所有的领导者都被这一问题所困扰。即使在家庭环境中亦是如此——我爱我的孩子胜过世界上的任何事物，然而无数次，因为压力过大，或处于紧张状态，或其他地方出了问题，我会在教育孩子时不自觉地陷入极端的指挥和控制模式。当这种情况发生时，尽管我依然深爱我的孩子,关心他们的成长,但他们体会到的或许是截然相反的感受。在这种情况下,关怀的本意被我的指挥和控制所掩盖。

有一天,我的妻子杰里打扫了我的办公室,令我大吃一惊。对其他人和杰里来说,我的办公室的确是一团糟。但对我个人来说,每样东西都放在了它专有的位置,而且我能第一时间找到——我管这个叫"乱中有序"。杰里卷起袖子,卖力地打扫了整个办公室,她整理了所有的文件、文件夹和纸张,清理了桌面和地面,整个办公室变得一尘不染!

但是你们真的应该看看我进门时的表情——我当时非常沮丧。我什么都找不到了,花了好几个小时,才找到我前一天顺手就能找到的东西。杰里的意图当然是好的,出于对我的爱和体贴,但我并没有因此得到好的体验。不过,我的意图和(行事)风格之间存在的差距更大——这么说吧,我当时的反应并不恰当,至少不符合我对杰里的深切爱意和对她所做劳动的感激。

你对自己的意图和善意心知肚明,但你的(行事)风格与之相符吗?现实情况是,我们大多数人都以自己的意图来评价自己,却以他人的行为来评价他们。问题出现了——别人也是这么做的,即他们以自身的意图评价自己,以我们的行为来评价我们。想要避开(行事)风格和意图不一致的陷阱,我们就需要不时地自我审视,照照"镜子",问自己"我的意图是否得到了妥当的展现"。

当我们的意图与(行事)风格相符时,奇迹就会发生。

## 领导风格源于领导范式

在这里,我想区分一下两种不同的领导"风格"——其中一种被我称为"元风格",或"整体风格";另外一种则是"子风格",或"情境风格"。

指挥和控制型领导风格,以及信任和激励型领导风格,都是整体性的元风格。这两种风格都代表了我们思考和行事的基本心理框架——领导范式,以及指导我们如何看待他人和领导力的基本信念。所有人的领导风格,都处于指挥和控制以及信任和激励之间的某个位置上,而大多数人更偏向于指挥和控制这一边。

子风格是大多数人定义自身的"领导风格"时想到的东西。在互联网上搜索"领导风格",得到的结果可能包括"9种常见的领导风格""7种主要的领导风格"和"8种最常见的领导风格,哪种最适合你"等等。所有这些,实际上都属于我说的"子风格"。子风格的类型丰富多样,包括权威型、交易型、教练型、民主型、自由放任型、远见型等等,每一种子风格在不同的背景和情境下都可以是有效的,为此我并不主张支持或反对其中任何一种。我的观点是,在任何子风格之上,都存在一个整体性的元风格,它来自个体的领导范式。而这种元风格——个人的主要领导方式——要么是信任和激励型,要么是某种形式的指挥和控制型。

不可否认,在进行领导时,具体的情境和背景很重要,但个体的领导范式更重要。因为无论你扮演什么角色、身处何种情境,你的元风格就是你看待世界的主视角。

全新的领导方式，是一种植根于整体范式的总领性风格，建立在亘古不变的人类效能原则之上。当你的元风格是"信任和激励"时，你将以一种更准确、更完整、更与时俱进的心态领导他人。

花点时间考虑以下问题，反思一下你真正想成为什么样的领导者：

- 描述一下你作为一个领导者的意图：你希望别人如何看待你？
- 你的领导风格是否与你的意图一致？为什么一致或为什么不一致？
- 你的团队/同事/家人会认同你的判断吗？为什么认同或为什么不认同？

## 领导风格是一种主动的选择

你可能会想，积习难改，我的领导风格代表着我的个性！如果是这样，我反而建议你现在就准备好学习一种全新的技巧，因为领导风格是一种主动的选择。你可以紧跟时代的节奏，调整你的领导风格，改变你的领导方式。

我的好朋友亚特·巴特尔（Art Barter）就是一个好的榜样，他不仅改变了自己的领导风格和基本领导范式，还成了全新领导方式的代言人。

亚特曾多年在一家全球通信设备公司担任首席执行官。这家公司主要与世界各地的政府组织合作。在职业生涯的早期，亚特采用了典型的指挥和控制型领导风格，在一个竞争激烈且风险极高的环境中工作。

在参加一个领导力相关的会议时,亚特遭遇了强有力的冲击,他的领导思维也由此受到影响。这次经历促使他开始采用"服务型领导",即将传统的权力型领导模式颠倒过来,将领导者的职能从发号施令转变为服务员工。亚特在做出转变的决定时,面临着巨大的风险。彼时,公司的业绩不佳,员工士气低落。亚特没有变本加厉地继续采用以往的领导风格,而是全身心地投入全新的领导风格,并大获全胜。专注于服务型领导,使亚特能够转变他的领导范式,从指挥和控制型领导者,转变为信任和激励型领导者。

在新的领导风格之下,员工的潜力和才能得到了充分的发挥,这也对公司产生了巨大的影响。在短短6年的时间里,公司的利润从1000万美元增加到2亿美元,客户也遍及全球80多个国家。

此后,亚特创办并经营了服务型领导学院,旨在帮助世界各地的领导者做出同样的转变。值得注意的是,亚特并不是在采用服务型领导之际才开始关心他人。他一直都很关心员工,但如今他能够将领导风格与领导意图相匹配,成为一个信任和激励型的服务式领导者,并最终取得了令人称赞的效果。

我们每个人都可以做出类似的转变,都可以改变自己的领导范式,进而推动行为的转变,使我们的领导风格与领导意图相一致。每个人都可以主动选择"信任和激励"元风格。此外,不管我们采用何种子风格,我们都选择了信任和激励或指挥和控制的范式。即使是推崇服务型领导的人,实际上也可能采用开明的指挥和控制型领导范式。一个典型的例子就是,一个谦逊、有爱心,甚至擅长激励员工的正直领导者，依然难以放权或信任他人。

我们所遵循的整体范式可以让相同的行为看起来和感觉起来有所不同，并最终带来截然不同的影响。当我们以信任和激励的范式运作时，周围的人会被我们对他们的信任深深影响。这将在团队、组织和社区中产生积极的涟漪效应。

不管你扮演什么角色，身处何种情境，当你能够以信任和激励而非指挥和控制的视角处理问题时，就能够取得积极的成效。

## 指挥和控制的终极形式，是微观管理

我曾经和一位牧师共事，他就是所谓的终极微观管理者。尽管他可能已经达到了开明的指挥和控制型领导者的顶级水平，但无法继续前进了。他能够以身作则地坚持自己的信仰，是一个善良而慷慨大度的人，甚至将自己描述为一个服务型领导者。

但他不是一个信任和激励型的牧师。为什么？原因很简单——他学不会放手。他无法相信任何人，尽管他自认为是一个值得信任的人，却并不这样看待别人。尽管他用爱和尊重对待他人，但总是不断地猜测他人的决定。这不仅影响了人们对他的感观，也影响了他发挥自身影响力的能力。那些曾经被他的布道激励的人，在遭遇他的否定之后，开始感到沮丧。如果他不进行这样糟糕的微观管理，本可以成为一个伟大的领导者。他的领导风格不断地妨碍着良好意图的实现。虽然人们信任和尊重他，但并没有感受到来自他的信任和尊重。

想象一下，如果这位牧师愿意改变领导范式，哪怕是给予他人一丝信任，他将变得多么强大。他本可以从微观管理者变成宏观领导者。然而，他却陷入了控制一切的欲望中，无法自拔。

无微不至地关心本身并没有错，但始终关注对事讲效率和对人讲效能才是关键。当然，信任和激励型领导者有时候也可能会对流程和程序进行微观管理，但从不会对人进行微观管理。因此我们需要牢记的是，没有人希望被他人管理，他们只希望被领导。

> 人们会自主选择是否追随一个领导者。没有了彼此之间的信任，你最多只能得到他人沉默的服从。
>
> ——**杰西·林·斯托纳**（Jesse Lyn Stoner）
>
> 作家，咨询师

## 元风格之轴

如今的开明的指挥和控制型领导，与黑暗时代❶近乎"原始"的指挥和控制型领导，或随着弗雷德里克·温斯洛·泰勒（Frederick Winslow Taylor）提出科学管理理论而出现的专制的指挥和控制型领导，都有着很大的不同。多年来，指挥和控制型领导已经取得了长足的进步，在许多方面变得更加完善，这就是为什么它是"开明的"。但它仍然与信任和激励型领导相去甚远——二者之间的鸿沟，只有转变范式才可能弥合。然而，一个人的领导风格可能落在元风格之轴的哪一位置，是值得探索的。

一部分人仍然沿用了专制的指挥和控制型领导，他们要求他人绝对服从，并试图控制每一件事情的每个方面；他们有时候缺乏同理心、不关心他人、利益至上，并且只关注利润和效率，而非人员。

---

❶ 是欧洲的一段时期，约公元前12世纪到公元前9世纪。

幸运的是，在迈向信任和激励的道路上，我们已经取得了长足的进步。第一个转变是引入了更多的可信度，将重点放在了诚信和道德上。第二个转变是在人际关系的概念中，注入了更多的仁慈和善意。用农场来打个比方——农民们发现，如果他们在谷仓里播放音乐，奶牛就会产出更多的牛奶。于是企业的管理者们也增加了员工津贴或其他福利，试图让员工们更开心。我们希望员工能够更快乐地工作，但问题是，农民播放音乐的目的，并非让奶牛更快乐。他们在牛棚里播放音乐，是因为他们知道心情愉悦的奶牛会产出更多牛奶，这恰好符合了他们提升牛奶产量的预期。

因此，管理人员在借鉴这个做法时，采用了更为微妙的操作——添加情商元素。他们还从优势和能力的维度，试图将员工作为资产，于是人力资源的概念应运而生。后来，他们还引入了使命陈述和优势陈述等概念。总而言之，所有这一切转变，都是为了实现"开明的"指挥和控制型领导。

采用这种领导方式的人，通常都是善良、有爱心和值得信任的，但他们往往不会信任他人。他们不太擅长真正释放他人的潜力，所以最终遏制了人们的发展；他们驱动他人提升表现，却没有达到激励的效果；他们挖掘人们的长处，但没有挖掘人们的激情。

越来越多的经理人正在根据"5种新兴力量"改善自己的领导风格。尽管他们取得了一些进步，但实际上，大多数人只是沿着开明的指挥和控制型领导的路径，向"更仁慈、更温和"的方向迈进了一步。他们知道人们希望得到不同的对待，他们自己也希望以不同的方式对待他人，但他们仍然无法摆脱指挥和控制的基本范式，且大多数人甚至还没有意识到这一点。

我们选择去信任谁，可能是影响最深远的无意识偏见。无论怀抱多么好的意图，无论掌握了多么精妙的管理科学和方法，只要未能摆脱指挥和控制的范式，我们就永远无法真正地实现飞跃，走向信任和激励。为了跨越这个鸿沟，我们必须拥有信任和激励型领导者的基本信念。我们将在下一章中深入探讨相关信念。

**元风格之轴**

专制的指挥和控制型领导 → 开明的指挥和控制型领导 → → 信任和激励型领导

想要知道自己当前属于什么风格或类型的领导者？不妨花上几分钟，完成下面这个简单的测试。

在下面这个"元风格之轴"上勾选与自我评价相符的数字，然后勾选你心目中别人对你的评价数字（当然，真正有趣的是当别人真的用这个量表给你匿名打分的时候。然后，我们可能会发现，大部分人的自评分数和他评分数之间存在一定的差距）。

| | 指挥和控制型领导 | | | | | | | 信任和激励型领导 | | |
|---|---|---|---|---|---|---|---|---|---|---|
| | 专制的 ←——→ 开明的 ←——→ | | | | | | | | | |
| 自我评价 | 1 | 2 | 3 | 4 | 5 | 6 | 7 | 8 | 9 | 10 |
| 领导者对我的评价 | 1 | 2 | 3 | 4 | 5 | 6 | 7 | 8 | 9 | 10 |
| 同级别同事对我的评价 | 1 | 2 | 3 | 4 | 5 | 6 | 7 | 8 | 9 | 10 |
| 直接下属对我的评价 | 1 | 2 | 3 | 4 | 5 | 6 | 7 | 8 | 9 | 10 |
| 家人对我的评价 | 1 | 2 | 3 | 4 | 5 | 6 | 7 | 8 | 9 | 10 |

## 原则是决定因素

原则是普遍的自然法则，适用于任何时代、任何文化和任何背景。最终决定人的效能的，并不是权力或地位，而是原则。信任和激励符合亘古不变的原则，所以它适用于任何环境和关系、任何时候，以及任何变化。它不仅是最契合当前时代的领导方式，也将是最适合未来时代的领导方式。从某种意义上说，这种"新的领导方式"——信任和激励型领导——其实并不新鲜。相反，无论在哪个时代，它都是并将一直是最有效的领导方式，因为它的根基是最准确、最完整的人和领导力范式。

随着社会的变迁和需求的变化，其他的领导方式终究会失败，或暴露出其缺陷。开明的指挥和控制型领导已经过时了。5大新兴力量正在打开大门，凸显出一直以来最有效的领导方式，不管当前的流行趋势是什么。

如果这种"信任和激励"型领导方式得到更好的理解和利用，历史会有多大的不同？

| 指挥和控制 | 信任和激励 |
| --- | --- |
| 微观管理 | 宏观领导 |
| 领导是一个职位 | 领导是一种选择 |

第二部分

# 如何成为一个信任和激励型领导者：基本信念与3项管家式领导原则

现在，让我们来仔细看看信任和激励型领导者是如何思考以及行动的。在下一章，我们将提供一些实用的建议，帮助大家从指挥和控制型领导者转变为信任和激励型领导者。为此，第二部分的内容旨在提供实操方法，你可以将其视为一份指南。你需要克服的第一个挑战，就是认真审视自己对待他人的方式、自己的领导模式，以及采取的相应行动。在充分了解自我的基础上，遵循本书提供的指导，你将实现成为信任和激励型领导者的重大变革。

## 信任和激励型领导者的基本信念

在上一章中，我们简要地探讨了原则对领导风格的支配作用。信任和激励型领导者的基本信念以永不过时、影响深远的原则为基础。与所有原则一样，这些信念并不令人惊奇。事实上，你可能会发现自己本就认同，或至少想要去认同其中很多信念。信任和激励型领导者不只在思想上认同这些信念，而且一直在身体力行地实践它们，由此让这些信念发挥出强大作用。

我们将在下一章中逐一介绍这些信念。你会发现它们提供了一种如何思考及看待他人和领导力的思维模式。这种范式将在很大程度上指导和完善你的行为，以及你与他人的互动。这些信念之于信任和激励型领导者，就像地心引力之于攀岩者——忽视这些信念将令你身陷险境；而学会与之合作，它们就将为你所用，并带来诸多好处。

## 信任和激励型领导者的3项管家式领导原则

信任和激励型领导者应该秉持的一个基本信念是，领导就是管家式服务。换句话说，领导者就像是管家。扮演管家的角色，是一种巨大的责任，意味着最高水平的信任或被信任。在接到一项任务时，如果我们能够拥有管家思维，就意味着我们感到自己被赋予了一项工作，并受到了对方的全权委托。我喜欢将管家的工作描述为"一份获得了信任的工作"。

本书的总体框架由3项管家式领导原则组成，它们相互配合、相互促进。信任和激励型领导者的3项管家式领导原则是：

**1. 以身作则**——你是谁

**2. 给予信任**——你如何领导

**3. 激励他人**——与"为什么"关联

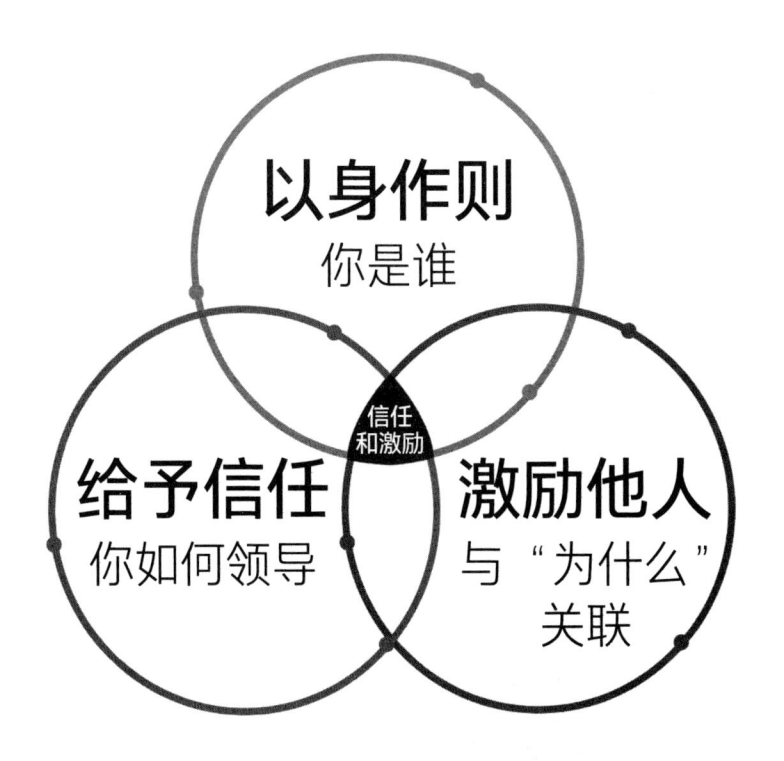

每一项管家式领导原则——以身作则、给予信任和激励他人——都有一个关键的描述短语。"你是谁"指的是领导者的信誉和道德权威,以及当今世界要求领导者必须具备的行为美德。"你如何领导"是指领导者将信任扩展到周围的人身上,并帮助他们成长。"与'为什么'关联"是指领导者如何与人建立联系,并在激励他人时,与既定目标关联起来。

很多领导者都是单维度发展的,他们可能在其中一个方面做得很好,但在其他两个方面表现较差。也有很多好的领导者是二维发展的,他们能够提供相对完整的领导风格或大局观,但依然存在欠缺。现代社会需要的三维领导者,能够同时树立榜样、信任他人并激励他人。

这种方法将极大地丰富你的人生,但更重要的是,它也将极大地丰富被你领导的人的人生。

# 第四章

# 信任和激励型领导者的基本信念

**我给你带来的礼物只有四个字,"我相信你"。**

**——布莱士·帕斯卡(Blaise Pascal)**

第一次去跟出版商讨论这本书的构想时,我做了大量的准备,希望自己阐述这个概念的方式,能展现出它在我心目中的巨大价值。我与我的编辑斯蒂芬妮会面时,她邀请了自己的上司乔纳森一起参会。乔纳森是本书的出版机构的负责人。

我告诉斯蒂芬妮和乔纳森,我想写一本关于当今世界需要的新型领导力的书。我阐述了指挥和控制型领导以及信任和激励型领导之间的区别,向他们展示了开明的指挥和控制型领导是如何作为工业时代的遗留物继续在全球范围内盛行的。

他们两人几乎立即"明白"了我的意思。乔纳森表示,大部分的出版企业依然沿用了指挥和控制型领导体系(老实说,几乎每个与我探讨过这个概念的人,都表示自己身处的行业依然沿用了这一体系)。斯蒂芬妮打断了乔纳森的话,说:"这的确很有趣,因为我同意你的说法,即整个出版行业依然由指挥和控制型领导风格掌控,但是乔纳森,你不是这样的领导者,你是信任和激励型领导者。事实上,你领导的方式、对员工的信任,以及充分授权员工的做法,才是吸引我加入这家公司的真正原因。"

斯蒂芬妮继续描述了她在自己的岗位上,以及在整个公司内体会到的激励文化。她的讲述给了我很大的启发。出版行业是一个处于不断变化的压力之下的行业。其工作性质决定了员工必须具备一定水平的创造力、创新力和灵活性。这就意味着指挥和控制型领导无法适应这种需求,也无法推动行业的有效发展。为此,在撰写本书的这部分内容时,听闻乔纳森被任命为整个出版公司的新任首席执行官,我并不觉得惊讶。我相信,他的任命不仅仅得益于他从业多年以来取得的辉煌业绩,更得益于他实现这些成果的方式(通过卓越的领导力)。

## 信任和激励型领导者的基本信念

像乔纳森这样的信任和激励型领导者脱颖而出。他们给我们的感觉和其他领导者给我们的感觉不一样。被这样的人领导、教导、指导、教养或帮助是令人兴奋和振奋的。他们能够带来截然不同的共事体验,我们很容易就能感受到。

为什么与信任和激励型领导者共事,我们会有不同的感觉?原因是信任和激励型领导者不仅思考的方式不同,行事的方式也有别于传统的领导者。他们对待我们的方式,与我们对话的方式,对我们的期望,以及他们在我们身上看到的东西,都令我们主动想要成为更好的自己。他们会征求我们的意见,并倾听我们说的话。他们为我们描绘了未来的蓝图,使我们渴望成为推动蓝图实现的一分子。所有这些行为都源于信任和激励型领导者秉持的基本信念。

指挥和控制型领导者对人和领导力的看法是狭隘的、限制性的。他们对他人的信念或看法，往往是有限的、不足的、过时的，而且倾向于标签化——他们的行为也与之相符。

相比之下，信任和激励型领导者对人和领导力有着更加广阔的视野。他们的信念根植于人类效能的持久原则，而他们的行动也与这些信念相符。促成他们行为的深层信念，是他们作为完整的人的一部分。

总的来说，这些信念构成了一个更完整、更准确、更相关的范式。这个范式是我们观察和解读世界的透镜。一个准确的范式的力量，在于它能够有效地解释、指导和预测。反过来说，一个不准确或不完整的范式，提供的观察和解读往往是有限的，且具有局限性。

信任和激励型领导者的信念也同样像一个透镜，增强了我们的视野。它们帮助我们聚焦人和事物，使我们以一种全新的方式看待世界。有了这种清晰的视野，我们就能更好地执行、服务、贡献和学习。我们不仅能看到人们真实的样子，还能看到他们身上蕴含的潜力。

而指挥和控制型领导者的信念，就像一副坏掉的眼镜，导致我们以模糊的视野看待世界，对现实产生错误的认知。

每个人都能够通过理解和实践以下这些基本信念，成为信任和激励型领导者：

- 每个人的内在都是伟大的……因此身为领导者，我要做的是释放他们的潜能，而非控制他们；

- 每个人都是完整的个体……因此身为领导者，我要做的是激励他们，而不仅仅是驱动他们；
- 每个人都有充足的资源……因此身为领导者，我要做的是强调关怀，而非竞争；
- 领导意味着管家式服务……因此身为领导者，我要做的是将服务他人放在自身利益之上；
- 持久的影响力，必然是由内而外产生的……因此身为领导者，我要做的是以身作则。

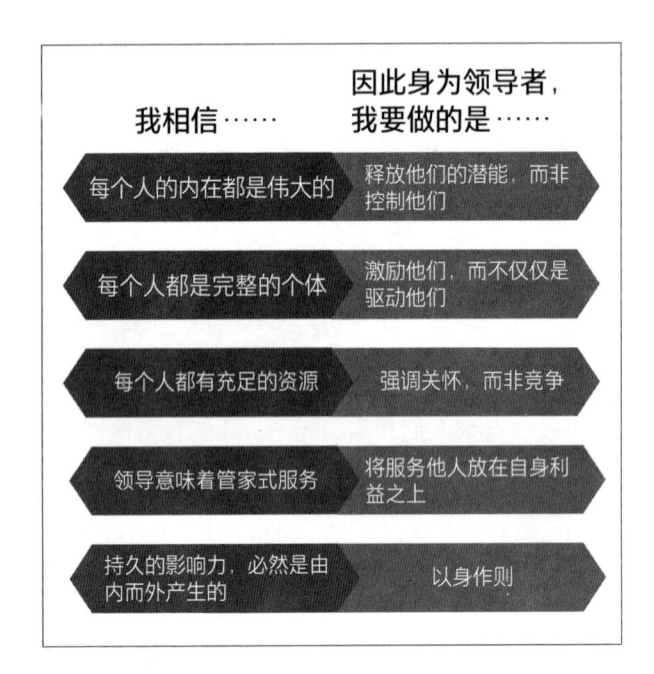

| 我相信…… | 因此身为领导者，我要做的是…… |
|---|---|
| 每个人的内在都是伟大的 | 释放他们的潜能，而非控制他们 |
| 每个人都是完整的个体 | 激励他们，而不仅仅是驱动他们 |
| 每个人都有充足的资源 | 强调关怀，而非竞争 |
| 领导意味着管家式服务 | 将服务他人放在自身利益之上 |
| 持久的影响力，必然是由内而外产生的 | 以身作则 |

## 每个人的内在都是伟大的……因此身为领导者，我要做的是释放他们的潜能，而非控制他们

信任和激励型领导者相信，每个人的内在都是伟大的——团队

的每个成员，班上的每个学生，以及家里的每个孩子都是如此。为此，信任和激励型领导者的目标就是去开发和释放每个人内在的伟大，同时帮助他们发现自身的价值，看到自己身上的潜力。

信任和激励型领导者之所以与众不同，是因为他们将每个人视为伟大成就的源泉，相信每个人都充满了潜力。正因为如此，他们致力于寻求人们身上的伟大之处。他们将整个世界看作一个花园，将自己视为园丁。他们知道，成长的力量来自种子本身。园丁需要为种子的生长创造合适的条件，但种子能够发芽，是因为种子自身拥有生根发芽的能力。园丁可以为一粒种子的生长提供助力，但并不能直接赋予它生长的能力。

正如死亡谷中的野花那样，伟大的事物往往处于休眠状态，静静地等待着在合适的条件下被唤醒。正如生长的能力蕴含于种子自身那样，真正的潜力也蕴含在个体身上。走进一家幼儿园，你会发现每个孩子身上存在着无限的潜力和可能性！牢记这一点，我们就同样能够在成年人身上找到伟大的力量。当我们能够以一种承认个体的内在价值、能力和潜力的范式来看待他们时，就会具备更强烈的意愿，去信任和激励他人。我们能够发自内心地相信他人身上存在的潜力，无论这些潜力是显而易见的，还是隐而未发的！

> 每个人都是天生的天才，但生活的艰辛，会将这些天分消磨殆尽。
>
> ——巴克敏斯特·富勒（Buckminster Fuller）

指挥和控制型领导者恰恰相反，他们看不到人们身上具备的潜力，只看到领导职位带来的权力。无论是身为父母、教练、老师还是老板，存在这种思维的人，都认为自己是正确的，可以创造或决定一切。他们相信，权力就在自己手中。这种类型的人——无论是痴迷于微观管理的老板，还是执着于控制孩子的直升机家长❶，都相信只要被领导的人老老实实地听从他们的吩咐，一切都会变得更简单。他们不可能让出控制权，因为他们只信任自己（或者仅在极少数情况下，信任少数人）。这样的态度可能会带来沉默的顺从，但它同时扼杀了潜力，几乎没有给他人留下成长的空间。

相较之下，当你能够信任并且相信其他人内在的伟大时，就能够带来无限的可能性。想象一下，从信任和激励这个有利的角度出发，你将会采取多么不同的方式教育孩子、与同事互动、与朋友沟通。当你相信他人，并看到他们内在的潜力时，一个充满全新可能性的世界的大门也随之敞开。不管你能掌握多少技能，采取何种策略，都不能取代这种对他人的信念。这一信念是释放无限潜力和取得不同成就的关键。这也是激励他人的关键因素。

尽管相信他人的潜力是信任和激励型领导的基础，但能够有效地传递这种信念也同样重要。信任和激励型领导者会尽己所能地表达对他人价值和潜力的肯定。对于其他人而言，这种信念的传达就是一份十分珍贵的礼物，它就像给他们戴上了一副全新的眼镜，使他们能够看到自己身上的伟大之处。有了这种肯定，他们将对这个世界，以及

---

❶ 直升机家长，是21世纪初期出现的一个口语表达，用来指那些过分关注孩子生活中的经历和问题的父母。他们不管孩子是否真的需要，像直升飞机一样整天盘旋在孩子的身边，时刻等待孩子的召唤。

自己在这个世界上的可能性有一个新的认识，进而提升自信心，增强自我信任度。

以此为基础，信任和激励型领导者致力于充分发掘他人身上的潜力。仅仅是看到这些潜力，甚至是口头承认这些潜力都是远远不够的。真正的领导者，将能够通过发现、谈论和发展这些潜力，充分释放每个人身上的伟大力量。

指挥和控制型领导者往往看不到他人身上的伟大力量，更不用说去谈论和发展这些潜能了。想象一下这种做法将会对个人、团队和文化产生多大的破坏性影响。秉持这种思维的领导者，可能会维持现状，或增量式得到一些改进。但是，这种类型的领导者，充其量只能实现孤立部门之间的协调，无法实现真正的合作和创造性的变革。漠不关心占据主导地位，只能得到不理想的结果和最终的精疲力竭。

相比之下，我永远不会忘记自己与一家外国公共事业巨头的高管团队合作的经历。在那天的会议结束时，该公司的首席执行官站了起来，与自己的直接下属进行了一对一的沟通。他能够准确地喊出每个人的名字，并告诉管理团队的每个成员："我相信你，理由是……"然后，他开始分享对各个团队成员充满信心的具体原因，以及为什么这个成员对他个人以及公司而言都很重要。这种互相信任和尊重的感觉是显而易见的。

如果你知道你的老板、你的父母、你的同事信任你，如果你觉得他们相信你，如果你认识到他们在你身上看到了伟大之处，如果他们随后告诉你和其他人他们对你的感受，你感受到的激励将会增加多少？这将如何提高你对自己的看法？如果你发现自己身上的伟大之处，事情将发生什么样的积极变化？

这个模式实际上是一个简单的、迭代的、良性的向上循环：发现潜力，谈论潜力，发展潜力，然后释放潜力。发现、谈论、发展、释放，这就是信任和激励型领导者激发被领导者最优表现的方法。反过来，这些被信任和激励的人们，也会尽自己所能，有时候甚至是自发和主动地贡献。

当身为领导者的我们能够参与这个向上的循环时，就创造了一种敏捷的文化，不仅能够应对环境和行业中的颠覆，还能够拥抱颠覆创造的机会。最后，我们将实现真正的合作和创造性的变革，因为所有人都得到了充分的释放，付出了最大的努力，并贡献了最佳想法。当你能够与他人携手合作，共同朝着目标努力时，人们就会受到鼓舞和激励，同时也能充分发挥自身的潜力。

为此，不要根据人们的行为来对待他们，而是要以他们身上的潜力为标准。

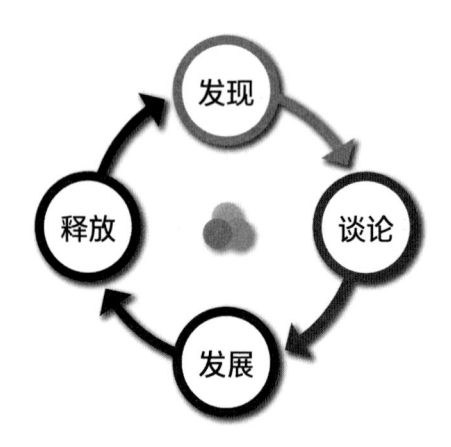

> 以因循守旧的眼光看待他人，他们将故步自封；以发展的眼光看待他人，他们将充分发挥潜力，活出最成功的自我。
>
> ——歌德

## 每个人都是完整的个体……因此身为领导者，我要做的是激励他们，而不仅仅是驱动他们

信任和激励型领导者认识到，一个完整的人是由多个层次构成的。在指挥和控制型组织中，许多人只考虑人们的身体需求，而忽视甚至无视他们的情感、心理或精神需求（或只是口头说说，实际上依然采用不近人情的做法）。在工作中，这意味着领导者只给员工发放工资；在家里，这意味着父母只给孩子食物、住所和衣服。

信任和激励型领导者知道，这是对人性的狭隘看法，对所有人都没有好处。为了让人们发挥最大的潜力，我们必须把他们看作是完整的个体，并据此采取相应的措施。信任和激励型领导者关注构成一个完整的人的四个方面——身体、心灵、心智和精神。换句话说，他们承认并满足身体/经济需求（身体）、情感/社会需求（心灵）、心理/智力需求（心智），以及精神/意义需求（精神）。值得注意的是，满足这些不同需求的顺序也很重要。例如，在学生的身体或情感需求没有得到满足的情况下，你无法帮助他们满足心理需求。

在过去的几十年里，我们一直在逐步改变——但在大多数情况下，我们关于人的基本范式并没有改变。这就是为什么员工依然经常被称为"资产"。即便是类似"人是我们最重要的资产"等充满善意的表述，也从根本上揭示了转变思维方式的必要性。将人视为资产，

就是将他们看作是可以被管理、利用、控制和使用的东西。这种观点使我们只看到一个人身上我们需要或想要的那部分，而不是将人视为完整的个体。

> 如果我们想要构建更丰富的文化和更多彩的价值观，就必须认识到人类的所有潜力领域，从而创造一个不那么僵化的社会结构，以确保每个人的不同天赋都能够在其中找到合适的位置。
>
> ——玛格丽特·米德（Margaret Mead）
> 文化人类学家

拥有这样的思维，教练就永远无法理解为什么一个能力卓越的球员会在比赛中失利；教师也永远无法理解为什么一个聪明的学生会考得一塌糊涂；同样，家长也永远无法理解为什么一个听话的孩子会做出错误的决定。这些糟糕的结果往往并非由我们想象的原因造成。如果我们无法看到一个人身上的伟大之处，那通常是因为我们忽视了存在于这个人生活中的四种需求中的一种或多种。只看到人们身上我们想要的那部分是不可行的，因为人是不可分割的整体。

当人们工作时，他们会带着完整的自我，即使他们努力想要切换到"工作模式"。模式的切换，并不会真正地改变他们身为完整个体的本质。如果一个人切换到工作模式后，就可以抛开七情六欲，那么医护人员就不会因为病人的逝去而感到痛苦了。但是医护人员的确感受到了这种痛苦，这不仅仅是因为他们具备同理心，还因为这种悲伤的经历影响了他们的身体、心灵、心智和精神。

整体地看待他人，而不是将对方视为零散的碎片，这不仅仅是一项优势，也是一种需要。它帮助我们与被领导者建立联系，理解对方。我们不再困惑于人们为什么要这么做，因为我们理解了他们。我们相信，他们能做出的贡献，远远大于他们"被管理"时做出的贡献。我们能够更好地挖掘人们身上隐藏的独特技能和天赋，更好地帮助他们整合生活中的不同方面，在他们需要帮助的领域提供支持，帮助他们全面发展，获得全方位的幸福。

我们关心人们的整体福祉，而不仅仅关心他们能否使个人的需求和生活适应我们的工作安排——在某种所谓的"工作与生活平衡"的模式下。因此，无论是在办公室、在家里，还是在从学校回家的车上，人们都会更加快乐，他们的行为也会带来更好的结果。

相比之下，指挥和控制型领导者要么不知道，要么不关心外部驱动和内在激励之间的区别。他们埋头努力，试图"驱动"人们，采用不同的战术和技巧、激励计划、奖励制度、奖金等等。许多这样的领导者在短期内获得了不错的结果，因此他们认为所有人都感到满意。在他们看来，利益动机就是一切，人们并不想要金钱或利益之外的满足，他们并不渴望更高的目标感，或更多的意义和贡献。

我们可以指挥一个人的身体，但无法指挥一个人的心灵、心智或精神。在指挥和控制模式下，心灵和精神会进入休眠状态，而心智则会想办法绕过限制它的系统。对于一个人的行为，你可以使用外部驱动的方式，但对于一个人的心灵或精神，你只能使用内在激励的方式。外部的驱动力量是不够的，即便这些外部驱动能够让我们立刻获得想要的结果。在这种情况下，我们取得的结果从来都不是最优的，因为外部驱动已被证明会扼杀创新和创意。它可能会导致人们觉得，自己需要不惜一切代价来获得奖励或避免惩罚。这绝对不是激励!

> 终极目标是实现包容并蓄——每个人的声音都会被听到,每个人都带着完整的自我投入工作。
>
> ——朱迪·马克斯(Judy Marks)
> 奥的斯全球公司首席执行官

人们不仅想要,而且需要激励。每个人都渴望回馈社会,渴望有一个目标,渴望拥有成就感。外部驱动无法满足这些需求,只有更深层次的、发自内心的东西,才可能实现这个目标。

关于领导者的风格,我经常听到员工反馈说,"他们的确会驱动我们,但并不会激励我们"。区分二者的不同很有必要。如果你的团队成员这样描述你,或你的家人这样评价你,你会有什么样的感受?

2002年冬奥会提出了一个令人难忘的口号,"点燃心中之火"。这就是激励的作用,它点燃了人们内心已有的东西——他们内在的伟大和激情。信任和激励型领导者不会试图利用外部驱动来刺激员工,而是寻求点燃每个人内心既有的火焰。

每当我应邀在会议上发言、参加会议或与客户组织会面时,我总是希望自己不要被介绍为"励志演说家"。我当然希望人们在听完我的演讲后能够获得驱动力,但我知道这种驱动力只能维持一两个小时,最多一个星期。但是,如果我能够激励他人,那么这把火焰将能够燃烧多年。经常有人在听完我的演讲后告诉我,他们在1983年上过我父亲的课,或是在2010年听过他的演讲。那些经历一直在他们的生命中发挥着作用,激励着他们在生活中做出重大而长期的改变。

在无数被我父亲激励的人中，也包括了我自己。父亲建议我，当应邀去演讲时，最好秉持下面这个原则：

"致力于激励他人，而不是卖弄自己。"

不论担任什么样的领导角色，我们的目标永远都不是使其他人为我们工作，而是激励他们与我们一起工作。作为回报，他们也将通过自身的才能激励我们。

## 每个人都有充足的资源……因此身为领导者，我要做的是强调关怀，而非竞争

在我成长的过程中，吃饭永远像是打仗，你想吃什么东西，就得眼疾手快，因为我们家里有9个孩子。但妈妈的松饼锅，每次只能做8个松饼。算一算，哪怕是爸爸和妈妈都不吃，9个孩子还是需要抢夺8个松饼。也就是说，如果你想吃到松饼，就得打败自己的兄弟姐妹。如果其他人都拿到了，就意味着我没有。

指挥和控制型领导者看待世界的观点与此类似：如果对方得到了，就意味着我得到的变少了；如果对方成功了，就意味着我成功的概率变小了。这种稀缺心态，会导致妒忌，甚至是抗拒合作，更不用说承认他人的成功。它会滋生怨恨、纠纷、不当的竞争和争执，并可能导致我父亲所说的5种转移性情绪癌症：竞争、争吵、抱怨、比较和批评。指挥和控制型领导者不会去发现别人身上的才能或积极属性，除非能够为己所用——并且即便如此，如果其他人的才能超过

自己，这种领导者也会感觉受到了威胁。秉持这种稀缺心态的领导者永远不会满足，因为他们觉得自己必须击败他人，以获得他们所认为的稀缺资源。

相较之下，信任和激励型领导者的领导方式以富足心态为基础。与我们家饭桌上9个人只有8块松饼的情况不同，每个人都有足够的分量。大家可以选择分享松饼，或者干脆多做一些，抑或买一个更大的松饼锅。富足心态之下，另一个人的成功并不会降低我们自己的成功概率。

在市场上与他人进行外部竞争是好事，它往往会激发人们和组织的最佳状态，通常使我们能够改进、创新，并在更高的水平上经营，确保与时俱进。内部竞争则恰恰相反，它往往会激发我们最坏的一面；它大大减少了合作和参与，而且经常导致一种有毒的，甚至是残酷的企业文化。

> 保持竞争对外，合作对内。
>
> ——斯蒂芬妮·弗雷里奇（Stephanie Frerich）
> 我在西蒙与舒斯特的图书编辑

当我们以富足心态经营和管理时，嫉妒心就会消散，人们变得乐于与他人合作，并能够为他人的成功鼓掌。信任和激励型领导者会寻找机会来赞美和提升身边的人的优点，因为他们真正关心他人，也关心他人的发展和福祉。

富足心态就是关心他人，稀缺心态则是只专注于自己，倾向于与他人竞争。

> 实现个人成功的方式，是愿意先帮助别人获得成功。
>
> ——伊雅娜·范赞特（Iyanla Vanzant）
>
> 演讲者，《此时此刻》（*In The Meantime*）作者

稀缺心态使你相信资源只有这么多，所以如果别人得到了，你得到的就会变少。这意味着你需要竞争，其他人也是如此。但是，当你拥有了富足心态时，你就会相信资源是充足的，每个人都可以获得足够的东西，大家可以分享尊重、信任、威望、认可、利润和决策。

富足心态源于内心深处的个人价值感和安全感。只要忠于我们内心的信念，这种富足心态将自然而然地使我们更注重彼此关爱，而不是相互竞争。我们当然希望自己取得成功，但因为我们关爱他人，所以也希望他人能够成功。人际关系不再只是强调相互竞争，而是提倡相互完善，成为一个互补共赢的团队。

> 良好的管理，在很大程度上就是一种"爱"，或者，如果你觉得这个词不是很恰当，也可以用"关怀"。因为适当的管理包含了对人们的关怀，而不是操纵。
>
> ——詹姆斯·奥特里（James Autry）
>
> 作家，《财富》杂志500强公司前高管

## 领导意味着管家式服务……因此身为领导者，我要做的是将服务他人放在自身利益之上

转变行为的一个最快速、效果最持久的方法，就是改变我们的名称，或改变我们的角色（或我们看待自身角色的方式）。这种名称和

角色的直接改变，不仅影响我们现在看待世界的角度，还影响我们想在这个世界中采取什么不同的行动。

当我的第一个孩子出生时，我的整个世界在短短几分钟内发生了变化。我成了一个父亲——我个人的名称和角色立即发生了改变。无论在什么情况下发生名称或角色的变化，相应的转变都会发生。

当我们从"领导意味着管家式服务"这一基本信念出发时，实际上完成了两件事：改变名称，以及改变角色。将领导看成是管家式服务，将更有力、更持久地影响我们的行为。

管家的职责包括领导职位本身所隐含的固有责任。当我们采用了管家范式时，我们就已经被赋予了一项工作，并且获得了完成该工作所需的信任。通过管家视角来看待我们的角色，会激发我们最好的一面，并释放每个人身上的最大潜能，包括我们自己的。

以信任和激励范式行事的人，对一切都秉持了一种管家意识，包括时间、才能、金钱、财产、人际关系和家庭。同样，以这种模式行事的领导者，也对自己作为领导者的角色产生了一种独特的责任感，将自己视为管家——对自己服务和领导的人的成长和福祉负责。

通过将他人视为完整的人，并以富足心态为动力，管家式服务在我们的生活中创造了一种真诚，这种真诚远远超出了单纯的管理技术可以达到的效果，并帮助我们认识到积极互动可能带来的无限可能性。

管家式服务意味着领导者不再是发号施令的老板，而是在接受一份工作时被给予了信任——这份工作要求领导者负起相关责任，为他人服务，以实现更好的结果。当我们进入管家的角色时，改善各项事务就成为我们的目标。管家式服务适用于所有人——无论是管理者、家长、团队成员，还是管理自己生活的个人，都是如此。而对于任何需要领导他人的人来说，管家式服务尤为重要。

> 在一个不断学习和成长的组织中，领导者是设计师、管家和教师。
>
> ——彼得·圣吉（Peter Senge）
>
> 《第五项修炼》（The Fifth Discipline）作者

最重要的是，管家式服务要求领导者将为他人服务置于个人利益之上。利己主义意味着将你自己，以及你的需求放在首位。这一信念会令你觉得，服务他人，尤其是弱者，是别人的事情。然而，将自己视为管家的领导者，认为服务他人是最强大的力量。这并不意味着他们就要忽视自己的需求，而是他们认为，没有必要将自己的需求和想法凌驾于他人的需求和想法之上。因为他们相信，服务他人反过来也会丰富自己的人生。

这就是为什么那些将自己的人生奉献给他人的人，总是会激励我们——不顾危险，冲进着火建筑里的消防员；为了孩子的梦想而牺牲自己梦想的父母；为了病痛缠身的患者而牺牲个人时间的医生。这些人激励着我们，因为他们是超越自我需求的典范。服务于超越自我需求的崇高事业将给我们带来快乐。为他人服务，并关心他人的福祉，也许是人性最崇高的体现——即使这么做似乎不会给我们带来直接的好处。有趣的是，这往往也恰好带来了更好的结果。

领导就意味着管家式服务，领导者就是管家。

> 整个社会的领导层面已经丧失了管家式服务的意识。事实上，作为一个领导者，切不可以自己为中心，领导就是要对自己管理的人负责……这就是管家式领导的意义所在。
>
> ——约翰·塔夫特（John Taft）
>
> 加拿大皇家银行财富管理公司前首席执行官

## 持久的影响力，必然是由内而外产生的……因此身为领导者，我要做的是以身作则

领导力也意味着存在一种有意识的影响——即使领导者不在现场，这种影响力也是持久的。而这种影响力，必然是发自内心产生和维持的。

> 领导力意味着你的存在能够赋能他人，并确保这种影响在你不在场的时候也能持续。
>
> ——弗朗西斯·弗雷博士（Dr. Frances Frei）
>
> 和安妮·莫里斯（Anne Morriss）
>
> 《释放员工的潜力》作者

当一滴水滴入一盆水时，波浪从内部产生，然后向外荡漾，掀起涟漪。对人也是如此。涟漪——持久的影响力——总是始于我们自己。影响力随后扩散到我们的人际关系中，然后扩散到我们的团队和组织中，再然后扩散到我们的利益相关者和外部市场中，最终扩散到整个社会。创造这种由内而外的持久影响力的最佳方式，就是自己先迈出第一步。这就是信任和激励型领导者的做法，他们从自己做起，

迈出第一步，成为榜样和典范。

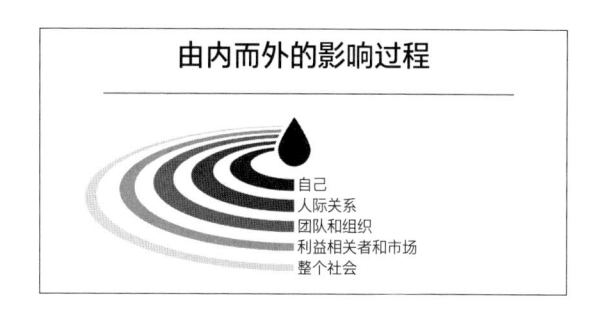

**由内而外的影响过程**

- 自己
- 人际关系
- 团队和组织
- 利益相关者和市场
- 整个社会

几十年来，弗雷德·罗杰斯（Fred Rogers）通过他的儿童电视节目《罗杰斯先生的邻居》（*Mister Rogers' Neighborhood*）成为全世界人民的楷模。他能够通过展示自己的爱和脆弱性，影响和改变许多人的生活。即使隔着电视屏幕，我们也能看到和感受到。

他拥有的一个最佳品质，就是"以身作则"。仅举一例：1969年，美国已经通过了禁止种族隔离的法律，但严重的种族隔离现象依然存在。罗杰斯先生率先"以身作则"，在儿童节目中引入了第一个反复出现的黑人角色——克莱蒙斯警官。但这还不是全部，他又向前迈进了一步：在1969年夏天的一个剧集中，罗杰斯先生邀请克莱蒙斯警官和他一起脱掉鞋袜，把脚放进浅水池消暑。在当时，美国各地的游泳池在很大程度上仍然是隔离的，这在一些人眼中是有争议的。然而，罗杰斯先生通过行动，为在家观看节目的儿童（和他们的父母）树立了种族平等和关爱邻居的榜样。他率先以身作则，成为他人的榜样，由此带来了深刻而持久的影响。

罗杰斯先生确实是一个伟大的例子，但他拥有的平台是大多数普通人所没有的。你可能会发出这样的疑问："当我处于一个指挥和控制型的文化中，而且不是当权者时，我怎样才能成为一个信任和激励型的人呢？"

答案很简单：率先以身作则。我们每个人都是团体的一部分，有时候想要施加影响并非易事，尤其是我们不是正式的领导者时。但如果你想要影响其他人，想改善团队内部的沟通，想改变自己的家庭文化，不要等待别人来做这件事，让自己成为迈出第一步的那个人。

成为第一个做到以下各点的人：

- 聆听
- 承认自己的错误
- 对不在场的人保持忠诚
- 肯定和赞美一个任性的孩子
- 信守承诺
- 敢于承担责任
- 承认自己没有把握
- 承担失败的后果
- 当其他人都在暗箱操作时，保持公开和透明的状态
- 说真话而不是制造假象
- 扩展信任
- 疑罪从无
- 展现尊重
- 分享挫折带来的经验
- 选择富足心态
- 勇于担当

- 明确期望
- 假设他人拥有积极的意图

想要对他人产生持久的影响,你就要率先以身作则,示范正确的行为。

我不禁想起了南非前总统纳尔逊·曼德拉(Nelson Mandela)——也是南非第一位黑人国家元首。曼德拉拥有令人难以置信的洞察力,他理解并践行了这样一个原则:持久的影响力总是由内而外产生作用的,这也是他一贯的行事准则。曼德拉曾说:"如果你不改变自己,就永远不可能对社会产生影响。"

他同时十分清楚领导者率先以身作则的重要性。最发人深省的一个例子就是,在他的就职典礼上,他安排拥护他的人位于过道的一边,而那些曾经看守他的狱卒们(囚禁了他长达27年)——他的敌人,则被安排在了过道的另一边。这个特殊的做法代表了和平与宽恕,也体现了他率先以身作则的领导理念。

> 我们一致同意,为了重塑通用汽车公司,每一个高层领导者都必须首先放低姿态,重塑自己。如果我们无法颠覆自己的领导方式,又怎么能够指望去颠覆整个汽车行业呢?
>
> ——玛丽·巴拉(Mary Barra)
> 通用汽车公司董事长兼首席执行官

## 我们秉持的基本信念决定了我们的领导范式

这些信念的累积效应,创造了一种信任和激励的领导思维——

一个看待世界的广角镜头。构建正确的范式至关重要,因为没有正确的范式,我们就很难采取完整的行动。只有将这些信念内化并付诸实践,我们才能够获得成为信任和激励型领导者所需的力量——谦逊的姿态和一往无前的勇气。我们的行动将以这些信念为指导。为了正直地生活,展示自身的真实性,我们不能以背叛自己信念的方式行事。

如果我们不相信孩子有潜力,就不可能去培养他们发挥全部的潜力;如果我们仅仅将同事当成劳动力,而不是完整的人类,就很难帮助他们发展和成长;如果我们想将一切都留给自己,就很难对世界做出有意义的贡献。

| 指挥和控制 | 信任和激励 |
| --- | --- |
| 机械师 | 园丁 |
| 碎片化的人 | 完整的人(拥有身体、心灵、思想和精神) |
| 稀缺心态 | 富足心态 |
| 利己主义 | 关怀他人 |
| 竞争 | 互补 |

第五章

# 管家式领导第1原则：
# 以身作则，或"你是谁"

孩子们一贯不爱听长辈的说教，却十分擅长模仿长辈的一言一行。

——詹姆斯·鲍德温（James Baldwin）

作家，诗人

**以身作则**
**你是谁**

我曾经与一位领导者合作过，他在新任公司的首席执行官一年后，想要确保他在公司建立了正确的企业文化，并且获得了团队的信任。于是，他决定给全公司的一千多名员工发送一份备忘录，内容如下：

尊敬的公司同仁们：

真正的领导者，不是由公司董事会或股东指定，而是由团队的成员推举。他（她）应该赢得诸位的尊重，取得耀眼的成果，并给团队带来取得成功的信心。

我是股东和董事会选择的领导者，而不是诸位推举的领导者。到5月1日，我在首席执行官的职位上就待满一年了。相信一年的时间足以令诸位想清楚，是否愿意让我继续领导这个伟大的团队。

烦请诸位点击邮件中的链接，告诉我你是否希望我继续担任公司的首席执行官，如果你对我们的业务或我个人的领导有任何意见或建议，烦请一并写下。如果我未能获得全体团队成员的信任（投票），我将辞去首席执行官一职。

这是一项匿名调查，所以请按照自己的真实意愿投票。如果你们选择让我留任，我将非常荣幸，并发挥自己最多的精力和最大的能力领导团队前行。

请在5月12日之前投票，非常感谢！

这次匿名调查获得了超过95%的回复率，这是其他调查很难做到的。而在所有提交的回复中，高达97%的人选择了让他留任。我觉得，哪怕是让我的孩子们给我投票，能获得50%的认可率就已经很不错了！而剩下3%反对他留任的人，也提供了一定的积极反馈，希望他能够在某些方面做出改进。

这个领导者所做的事情堪称壮举。询问自己的下属"你是否仍愿意让我担任你的首席执行官"，是对信任的一种超乎寻常的延伸。为什么他有这么做的决心呢？

因为他展现了身为一个领导者的谦逊和勇气，他是真实的，也有一定的脆弱性——正如他给公司全体员工的邮件中所显示的那样。他表现出了对他人的同理心和理解，同时创造了非凡的业绩记录，所有这些令员工对他的领导充满了信心。而且，他也愿意"率先行动"，简而言之，他做到了以身作则，展示了身为领导者的真实自我！

你认为，在这样的情况下，员工们对于他是否留任会做出什么样的决定？

换成是你，他人对于你的领导会做出何种反应或评价呢？

阿尔贝特·施韦泽（Albert Schweitzer）曾说，"说到影响他人，以身作则不仅仅是主要因素，而且是唯一因素"。你或许并不将自己视为他人的榜样，但不管你喜欢与否，只要你依然活着，你就是他人的榜样。作为一个信任和激励型领导者，以身作则将成为你的首要职责，你身边的人将以你为榜样，向你学习，无论你是亲自出现在他们面前，还是远程领导。但关键问题是，他们学到了什么？或者说，你示范了什么？

以身作则的效果取决于你是什么样的人，你的个人品质决定了你作为领导者的可信度，以及你是否具备道德权威。以身作则的基本信念是，持久的影响力是由内而外产生效果的，且领导者必须率先行动。当领导者拥有了可信度时，就会拥有影响力；同样，当领导者拥有了道德权威时，影响力也会随之而来。因此，发挥领导者榜样力量的关键在于可信度和道德权威。下面，让我们逐一分析。

## 榜样力量源自可信度

想要获得可信度，品格和能力缺一不可。

最近，我带着妻子和女儿一起去爱尔兰旅行。我自告奋勇地想要去租车，带着她们自驾游，领略乡村的美景。母女俩交换了一个警惕的眼神，然后我女儿开口说："爸爸，我们都很爱你，但我们不太相信你的驾驶能力。"显然，她们并不是在怀疑我的品格，而是不相信我的能力！

相信在我们很多人的生活中，都有这样的人，他们本性很好，但就是工作能力很糟糕。对于这样的人，不管他们的品格多么令人钦佩，也依然需要展示足够的能力，才能够获得我们全然的信任。反过来说，你们也有可能见过那种能力超强，但德行有缺的人。虽然你可能会相信他们完成任务的能力，但无法确定他们是否会通过正当的方式完成工作。这样的人或许成就非凡，但在前往成功的途中可能牺牲了他人的利益或违反了组织的价值观。因为不知道跟这样的人合作会遭遇什么样的后果，你不敢全然地托付自己的信任。

不断地展示可信度，不仅有助于他人建立对你的信心，也有助于你建立对自己的信心。事实上，自我信任来自（自身的）信誉。在这个充满颠覆的世界，信誉或可信度是榜样力量的关键。我的朋友兼同事，领导力发展专家巴里·瑞拉福特（Barry Rellaford）曾表示，"领导力并不是一场人气竞赛，而是一场信誉之战"。获得他人的信任比获得他人的喜欢更重要。

## 榜样力量源自道德权威

道德权威不同于随头衔或职位而来的正式权威。当你能够仔细谨慎地操作，并始终如一地以令人振奋的方式行事时，你就能够获得一种道德权威,实现激励他人的目标。

LRN 咨询公司的一项研究表明,道德权威不仅十分重要,还十分必要:87%的受访者表示,当今世界对领导者道德水平的要求,达到了前所未有的高度。受访者还表示,只有7%的领导者的一贯表现能够树立道德权威。尽管大多数领导者的出发点是好的,但这样的结果显然与预期严重不符。拥有领导者、父母、医生、教师或教练这样的头衔,并不意味着你就做得很好。正如 LRN 咨询公司的创始人多夫·塞德曼(Dov Seidman)所说,"职位或头衔带来的正式权威可以被剥夺、赢得或授予,而道德权威必须通过你是谁和你的领导方式来赢得"。

> 我的头衔或许是租借而来……但我的品格属于我自己。
>
> ——**塔桑达·布朗·达克特(Thasunda Brown Duckett)**
>
> 美国教师退休基金会总裁兼首席执行官

所有从事团队运动的运动员都知道这是一个不可否认的事实。因为一个球员不可能因为被任命为球队的队长就自动获得来自其他球员的尊重——想要获得尊重,他(她)必须比其他成员更努力、走得更远、表现得更好。换句话说,就是"走在所有人前面"——只有这样,他(她)才能够激励他人。同样,LRN 咨询公司的研究发现,在一贯表现出高道德水平领导行为的领导者中,有95%的人能够"激发他人尽最大的努力"。

谈到道德权威,我立即想到曾长期担任美国运通公司董事长兼首席执行官的肯尼斯·切诺尔特(Kenneth Chenault)。由于他担任的角色和拥有的头衔，肯尼斯显然在美国运通公司拥有正式的权威，但他真正的影响力，来自他本人。人们对他的信誉和领导力充满信心，因此他根本不需要依靠职位或头衔来发挥影响力。

一个人的名声会传扬开，并会留下深远的影响，肯尼斯·切诺尔特显然就是这样的一个典范。当我在公开场合介绍信任和激励型领导者时，总是会拿肯尼斯作为例子。最触动我的是在演讲结束后发生的事情。在提及肯尼斯的演讲结束后，很多听众会亲自来找我，评价肯尼斯的领导力，分享自己如何受到他的积极影响，并特别肯定了肯尼斯的为人处世——在提及其他领导者的演讲结束后，这种情况可能出现得没有这么频繁。谷歌公司董事长埃里克·施密特（Eric Schmidt）曾表示，肯尼斯"以身作则地示范了我曾见识过的最优秀的领导力"。

肯尼斯得到了员工的普遍尊重，他们对他充满了敬畏之情——不仅仅是因为肯尼斯的智慧和商业才干，还因为他的情商和人品。他麾下的员工，包括那些与他竞争首席执行官职位的人，都很尊敬他，并得到了他的激励——这就是肯尼斯的道德权威和榜样行为带来的积极成效。该公司的副总裁兼总法律顾问路易丝·帕伦特（Louise Parent）在《黑人企业》（*Black Enterprise*）杂志上评论说："他是那种能够让你想要做到最好的人。部分原因是，他以身作则，成为最好的榜样。"

当我们能够做到身教大于言传时，人们将响应我们的呼吁。以身作则，对于激励他人、把工作做到最好，并创造一个积极、包容的文化来说是必不可少的。

> 成为领导者，意味着你被赋予了一项殊荣，而不是得到了一种权力。
>
> ——肯尼斯·切诺尔特
>
> 美国运通公司前董事长兼首席执行官

## 以身作则的巨大影响力

我经历过一个毕生难忘的时刻：在一场篮球比赛中，我出于一时的激愤，站起来对裁判破口大骂，指责他漏判的行为。一低头，看到我的孩子也同样站起来大骂同一个裁判。显然，这时候的我，并没有给孩子树立一个好的榜样。人们或许会听不进良言，但一定会看到你的行为示范。因此，要成为信任和激励型领导者，一个最好的方法就是以身作则地树立榜样，做出你想要看到的行为。这就意味着，在给其他人提供言语上的建议之前，我们自己必须率先行动，做出示范。

> 领导力是一个关于如何做人，而不是如何做事的问题。
>
> ——**弗朗西斯·赫塞尔本**（Frances Hesselbein）
>
> 美国女童子军前首席执行官

当我们有意识地关注自己树立了什么榜样时，就能够增强以身作则的影响力。如果一个团队的领导者无视团队成员的不当言论，就会增强整个团队文化对这种行为的接受度。

以学校为例，每个老师都知道，第一天的课堂将为整个学期奠定基调。如果老师嘲笑学生对问题的回答，就意味着默许班上的其他同学也这么做。如果老师不纠正学生的不当言论或不良行为，事实上就是将这些言论或行为视为可接受的。为此，当学生再次出现类似的问题时，不管他们是否有意识地这样想，都会以自己所见的教师行为为自己的不当行为辩护。例如，"如果约翰逊先生能够打断别人的话，为什么我就不能呢？"约翰逊先生或许明确地对学生提出了行为准则，但如果他自身的行为与所提出的准则不符，那么这些准则将失去意义，他也将不能取信于学生。

古希腊关于影响力的哲学，为有意识的示范行为提供了一种很好的操作步骤和模式。其中最具代表性的3个要素，就是道德要素（Ethos）、情感要素（Pathos）和理性要素（Logos）。道德要素就是指个人的信誉，即人们如何评价你，以及他们是否相信你说的话；情感要素关乎感觉和关系，要求我们能够在情感上与他人和他人的需求产生共鸣；理性要素则关乎逻辑，即你在与他人一起工作时是否理性。

在这里我们要注意的是这3个要素的先后顺序。我们首先要关注的是个人的信誉，然后是个人与他人的关系，最后才是工作中的逻辑和理性。很多领导者常犯的一个错误是，在关注个人的信誉和人际关系之前，先从理性因素着手——试图帮助他人从理性的角度考虑和分析事情。这么做的结果就是，领导者在"告诉"他人应该怎么做，而不是"示范"。这就使领导的过程变成指挥而不是引导。正如古希腊人那样，我们已经了解到，在处理与人有关的事务时，应该倒过来，首先关注个人的可信度和个人与他人的关系。这样，领导者才能起到示范作用。

我们之所以成长为今天的样子，在很大程度上是因为我们周围人的示范和引导，无论是好的还是坏的。我们将他人作为榜样来学习，这就是为什么我们很容易被故事吸引。我们喜欢听他人充满了勇气与奋斗的故事，并想象自己也会这样做。尽管我们常常将知名人士视为榜样，但给我们带来最大影响的，反而是日常生活中出现在我们身边的人——领导者、同事、老师、教练、父母、兄弟姐妹和朋友。即使我们没有充分意识到他们施加的影响，他们的言行也将对我们产生或好或坏的影响。

在我的一生中，我曾将许多人视为榜样，但对我影响最为深远的，是我的父母。他们教导我要乐于奉献、充满爱心、永远心怀希望。尽管他们不是完美的父母（这世上没有谁是完美无缺的），但我信任他们，因为他们一辈子都在努力成为善良优秀的人，成为好的榜样，并教导我也要努力成为这样的人。他们的榜样作用激励了我，即使他们都已离世，这种激励也依然存在。你的经历或许与我的截然不同，但那些能够对我们施加最大影响力的榜样——不论他们是谁——就是每天生活在我们身边的人，而不是遥不可及的人生偶像。这就是摆在我们每个人面前的机会——成为值得他人学习的榜样。

## 信任和激励型领导者要示范什么

虽然需要在很多方面做出示范，我选出了一些对新的领导方式产生最大影响的因素。尽管在下文中，我将这些"行为美德"组成了一对，但每一个单独的行为品德也都是重要的示范内容。之所以将它们两两组合，是因为二者之间互相影响，并且在某些情况下，还可以互相平衡。现在，想一想那些给你带来最大影响和最大激励的领导者，你很可能会发现他们都已示范了下列行为美德：

- 谦逊和勇气
- 真实性和脆弱性
- 同理心和业绩表现

## 谦逊和勇气

谦逊和勇气看似矛盾，却都十分卓越，是我们需要示范的两种尤为重要的品质。

有些人非常谦逊，却缺乏足够的勇气。他们十分重视人际关系的和谐，却在他人犯错时不太愿意纠正对方，或给出批评性的反馈。这可能发生在育儿过程中，当父母足够谦逊时，他们或许会意识到孩子存在问题，却因为太过担忧而无法纠正孩子的错误行为。当然，团队中也可能发生同样的情况。团队的领导者或许足够谦逊，认识到团队已经运作不当，却没有足够的勇气面对团队成员的问题，告诉他们哪里需要改变。这种类型的团队领导者，往往更关注自己是否得到了其他人的喜欢，而不是自己所做的事情是否正确。但最终，所有人都会因为团队领导者缺乏变革的勇气而受到影响。

直面棘手的问题的确需要极大的勇气，尤其是当问题涉及你所爱或所关心之人时。但从长远来看，只有首先能够忠于原则，你才能够更多地表达对他人的忠诚和关怀。

例如，你肯定希望医生告知你真实的病情，而不是只说你想听的话。领导团队也是如此。直面问题的确需要勇气。

> 没有了勇气，我们就不可能坚持践行其他美德，不论是善良、真实、仁慈、慷慨，还是诚实。
>
> ——玛雅·安吉罗（Maya Angelou）

当然，反过来也一样。充满了勇气但缺乏谦逊的指挥和控制型领导者比比皆是。这可能也解释了为什么在你的会议上，总会有那么一个人，即使没有任何有价值的观点，也要坚持发言。这类人毫不惧怕当众发言，并且经常性地寻求关注。他们身上充满了勇气，却缺乏足够的谦逊。

谦逊是所有其他美德的基础，因为它承认了原则的主导地位。谦逊的反义词——骄傲、自负和傲慢——总是让我们相信自己是主宰，于是我们将自负凌驾于原则之上。相反，谦逊的美德教导我们理解并遵守原则，将服务他人置于满足自我利益之上。

缺乏谦逊将导致我们停滞不前，因为谦逊是走向成长的第一步。能够承认自身的失败或向他人道歉，需要很大的意志力。

现代人往往误解了谦逊的定义，将其等同于软弱、柔和、胆怯或被动——与真正的领导力背道而驰。事实上，谦逊是非常强大、坚定、勇敢和积极的——这正是领导力的本质。谦逊的人更关心什么是正确的，而不是自己成为正确的一方；更注重根据好的想法来采取行动，而不是产生好的想法；更强调贡献意识，而不是因做出贡献而得到认可。

在激励他人的效果方面，LRN 咨询公司的一项研究发现，表现出谦逊品质的领导者能够激励同事的可能性是其他领导者的18倍。

表现出谦逊需要勇气，但正是这种展示脆弱性的行为让他人对我们产生了一种亲近感。当我们做出谦逊的行为时，人们将受到激励去付出最大的努力，并效仿我们的行为。

通过保持谦逊的品质，我们向他人展示了信誉的重要性——这将足以改变我们的习惯，确保我们以原则行事，让我们有足够的勇气展示自身的不足。而那些拒绝保持谦逊的人，可能认为自己在展示强悍或力量，但事实上不过是暴露了自身的缺点。

勇气通常被视为一种值得效仿的领导美德，但我们常常忘记了勇气的基础。服务自我的勇气（勇敢地捍卫自身的利益）可能并没有错，但往往不像服务他人的勇气（勇敢地捍卫他人的利益）那么强大。当今世界最需要人们示范的勇气，是做正确的事的勇气——哪怕这意味着重重困难或不被人理解。如果做正确的事情要求我们付出代价，那么这往往是对勇气的终极考验。

另外一种考验出现在没有人知道我们做了正确的事情的时候。在这种情况下，我们还会坚持做正确的事情吗？有勇气去做正确的事——尤其是在困难的情况下，是正直的最崇高体现。

勇气是基于价值观的有意识选择，而恐惧则是基于情绪的本能反应。

思想领袖吉姆·柯林斯（Jim Collins）在其里程碑式的著作《从优秀到卓越》（*Good to Great*）中，对推动优秀公司转变为卓越公司的因素进行了研究。数据显示，领导力是非常重要的因素。真正让柯林斯感到惊讶的，是"把一个优秀公司转变为卓越公司所需的领导力类型"。因为领导公司实现转变的，不是一个自视甚高、高调、自我吹嘘的领导者，而是一个"第5级领导者"——这在他给出的领导者等级中处于最高级。这种领导者的特点是极度谦逊，又具有强烈的职业意志（勇气）。正如柯林斯所说，"第5级领导者均具备双重的品质，他们谦逊而有意志，害羞而无畏……他们更像林肯和苏格拉底，而不是巴顿或恺撒"。谦逊，在勇气的支撑下，将成为一种强大的力量。

当你具备了保持谦逊的勇气和毅力时，人们就会受到激励。当他们认识到你身上的谦逊和勇气时，将不再关注你是否是有身份或地位的人。在电影《勇敢的心》（*Brave Heart*）中，威廉·华莱士（William Wallace）对王位继承人罗伯特·布鲁斯（Robert the Bruce）说："你的王储头衔让你有资格继承这个国家的王位，但人民从不追随头衔，他们只臣服于勇气。"

为了领导他人，我们必须足够谦逊和勇敢，在生活中的每一个领域都做到真实。只有同时保持谦逊和勇气，才能做到真实。它们也共同激励着其他人。

## 真实性和脆弱性

如今，社交媒体和互联网已经为无数人提供了发声的平台，参与人数之众多，达到了前所未有的程度。以前从未被听见的声音开始在不同的生活领域变得有影响力。

这其中有很多积极的发声，但不可否认，一些问题也随之而来。我们或许都曾见过身边的朋友出于好心转发了抨击时事的新闻，并相信这就是真实的。也许我们自己也曾经这么干过！但在一个充斥着种种"假新闻"和社交媒体网红的世界里，真实性十分稀缺。似乎每个人都有自己的意见和观点，每个人都想要兜售某种东西，每个人都想要尽可能地利用各种平台。

这就提出了一个问题：所见即真实吗？

我们总是会被真实性吸引，被那些真实的、脆弱的、不断成长的人所激励，他们不完美但有人性，就像我们自己一样。

真实性意味着真实。如果说诚实意味着我们的话语要符合现实，那么真实性就意味着我们的自身情况应该与我们的话语相符——我们就是自己口中声称的那种人。对于那些被我们领导的人而言，这将极大地影响他们与我们交往的体验。

从真正的意义上讲，真实性就是诚实的最高体现——要求我们完整地、彻底地、诚实地展现真实的自我，没有一丝一毫的伪装或装腔作势。我个人很喜欢美国北卡罗来纳州格言中对真实性的表述：真实必胜虚浮。

反之，不真实意味着人为的或虚假的。回想一下那些你曾接触过的不真实的人。他们是否经常令你觉得事情毫无价值、毫无乐趣？在与他们交谈之后，你经常会感到十分沮丧或完全无法理解他们的动机或意图。他们嘴上或许说了正确的话，但行为却是另一码事。他们的言行不一致，完全无法激励他人。

> 如果领导者没有达到应有的水平，人们会原谅他们。但如果他们没有达到自己所宣称的水平，那么将很难被原谅。
>
> ——黛安·索耶（Diane Sawyer）
>
> 美国广播公司（ABC）新闻主播

## 三重生活：公共生活、私人生活和内心生活

我们都过着三重生活。公共生活就是大家都能看到的生活，即我们在社交媒体上发布的内容、写在个人简历上的内容和我们向世界展示的内容；私人生活就是我们在家里和家人以及最亲密的朋友相处时展示的行为；内心生活则是我们在独处时的想法和行为。想要做到真实，我们就应该致力于确保这三重生活的一致性。

1931年，圣雄甘地前往英国，并在英国下议院发言，希望能够说服英国领导人支持他对印度独立的追求。许多知名人士参加了这次会议，包括英国下议院的议员们。甘地一如既往地身着简朴的服饰，以谦卑的姿态走上演讲台。他持续不断地做了两个小时的演讲，使众人为之着迷。而且这是一场脱稿演讲，甘地连纸质的提示词都没拿。

人们震惊于甘地能够在脱稿的情况下完成如此长时间的即兴演讲。事后，媒体记者们询问甘地的秘书摩诃迪瓦·德赛（Mahadev Desai），甘地是如何做到在不使用任何笔记的情况下完成如此长时间且条理清晰的即兴演讲的。德赛回答说："你们不了解甘地。甘地所说的就是他的真实感受，甘地所做的就是他所说的。他的思想、感受、言论和行为都是一致的，所以他根本不需要任何笔记。而我们或许有时候脑子里想的和心中感受到的东西并不一样，我们有时候说的话也因人而异，我们的行为也会因关注者的不同而发生改变。甘地却不是这样的，所以他根本不需要任何笔记或提示。"

甘地的三重生活如此一致，这使得他实现了最高形式的诚实。甘地的真实性尤为显著，因为他通过一贯的以身作则赢得了这一口碑。在任何时候、任何情况下、与任何人相处时，他都保持了忠于自己的

状态。尽管甘地从未被正式授予任何权力或在政府任职，但他这种关乎真实性的榜样示范，赋予了他超乎常人的信誉和道德权威。

> 我的人生是一个不可分割的整体，所有的活动都是相互关联的……我的生活就是我想要传达的信息。
>
> ——**圣雄甘地**

确保公共生活、私人生活和内心生活的一致，是一项毕生的事业，能够产生巨大的个人力量。当人们知道我们一直都言行一致时，就会信任我们。这就是真正的真实性。

当我的父亲去世时，我仔细思考了应该在他的葬礼上说些什么。我脑海中一直浮现的是，我的父亲在公共场合表现得很好，但私底下表现得更为出色。他是一个非常诚实的人，因为不论何时何地，他都始终如一，并不会因为有外界的关注而换一副面孔。他不需要在特定的情境下，才能切换到他所倡导的"7个习惯"模式——他就是这7个习惯的化身，每天都在践行这些习惯。他是表里如一的。他对待日常与他打交道的人（无论是家人还是同事）的方式，毫不逊色于对待那些有权势的人的方式，甚至要更好。

## 勇于展示自身的脆弱性，是通往真实性的途径

在前文中，我们将真实性定义为"成为你自己宣称的那个人"。而脆弱性，则意味着你充分地敞开内心，让其他人看到真实的你。这就要求我们保持开放和透明的状态。这样做可以创造真正的亲密感。

那些善于展示自身的脆弱性，能够承认自身的错误和不足，并敢

于寻求帮助的领导者，事实上并不软弱——这或许与我们在成长过程中获得的认知恰恰相反。我们需要打破一种观念，即认为领导者从不示弱，领导者躲在虚假面具背后是一种力量。当然，这并不是说我们需要与所有人分享自己内心深处最恐惧或最害怕的东西，而是说我们不应该再继续做一个躲在虚假面具后面的领导者，或所谓的"机械式领导者"——那些只会应付式地管理，从未真情实意投入的领导者。信任和激励型领导者通过打开真实的自我，展示了自身的脆弱性与不足。

> 展示脆弱性不等同于软弱，而是我们获得勇气的最佳方法。
> ——布琳·布朗（Brené Brown）
> 作家，教授

提及脆弱性的力量，一个典型的代表就是最近刚刚从财捷集团退休的前首席执行官布拉德·史密斯（Brad Smith）。正如杰弗里·科恩（Jeffrey Cohn）和斯里尼瓦沙·兰甘（Srinivasa Rangan）在《哈佛商业评论》（*Harvard Business Review*）上发表的一篇关于脆弱性的文章中所述的那样，布拉德告诉公司的董事会成员，他计划开展一项360度的全方位评估，并将评估的结果与董事会、管理团队和公司的全体员工分享。作为公司的首席执行官，他将对他的反馈结果张贴在办公室门口，所有人都能看到。这样做不仅向全公司展示了他正在努力的方向，还展示了他希望承担责任的决心。他成了展示真实性、脆弱性和开放性的典范，树立了不断改进和提升的榜样。他向员工展示了弱点也可以成为力量。毫无疑问，此举提升了员工对他的信任度，同时也极大地激励了员工，让他们想要做出同样的改进。

个人魅力或许能驱动员工，但真正的激励作用，源自领导者的真实性和脆弱性。

敢于展示脆弱性的父母应该是什么样的？很多时候，父母总觉得自己要在孩子面前保持强势，任何时候都要掌握权威。在孩子做错事的时候，很多父母强势地要求孩子道歉，但是你的孩子，是否曾经见过身为父母的你在做错事情后道歉呢？如果孩子没有看到父母示范道歉的做法，没有感受到道歉产生的影响，他们将能够知道如何去做，或者理解道歉带来的力量吗？他们不能。很多时候，孩子们只是学会了嘴上说"对不起"，却没有真正意识到发自内心的歉意带来的力量。有时候，为了维护、增进或发展人际关系，我们需要将"保持正确性"这一需求放在次要位置。当父母向孩子展示自身的脆弱性时，实际上是在向孩子传达这样的信息——相较于身为父母的骄傲或自我，他们（孩子）更重要。

不可否认的是，在展示脆弱性方面，也不可过于极端，否则可能适得其反。事实上，任何行为美德，如果超过了适度的界限，变得极端，都可能反过来成为弱点。例如，如果一个领导者过度展示自身的恐惧和不安全感，就意味着他（她）在展示脆弱性方面过于极端，从而会导致那些希望领导者有远见并思路清晰的人丧失信心。展示脆弱性并不适用于所有情况，这需要我们具备良好的判断力，甚至是明确的界限感。当然，目前更严峻的问题是，我们不是太过脆弱，而是对脆弱性的展示不足。

## "宣告你的意图"……(或者)更好的方法是,"宣告真实的自我"

我的兄弟大卫以他主持工作会议的方式而闻名。会议开始时,他通常会站在白板前说:"让我们写下本次会议的议程。"大家都开始分享自己的计划,大卫则负责把这些议程写到白板上。

所有人都说完之后,大卫会环顾四周,说:"好了,现在让我们把内心隐藏的议程写出来吧!"大家都捧腹大笑,但大卫确实提出了一个值得关注的点,即人们是否总是诚实地表达了自己对会议的预期呢?他们是否透明地展现了自己的工作目标?是否有人希望自己优于其他人或其他部门?

人们对那些似乎拥有"隐藏议程"的人很警惕,但不幸的是,大多数人或组织都有着不宣于口的计划或意图。

哪怕是在人际关系中,人们也往往有着隐藏的意图。当你坐下来与孩子讨论成绩时,你的真实目的是帮助他(她)更好地发展,还是仅仅解决成绩问题?当你与朋友讨论政治观点时,你的真实目的是倾听和理解不同的立场,还是想方设法地反驳对方?保持真实是建立信任关系的关键,而这意味着你需要"宣告你的意图"。

宣告自身的意图,要求你充分地展现自己的想法,给出意图背后的原因。这是一个充分利用脆弱性来体现真实性的伟大实践。

在这方面的一个最好示范当属道格拉斯·科南特,他是纳贝斯克食品公司的前总裁和金宝汤公司的前首席执行官。当道格成为金宝汤公司的首席执行官时,这家公司是全美员工敬业度最低的公司之一,其经营业绩在全球食品公司中也接近倒数。道格拉斯在他的10年任期内领导了公司的转型——将员工敬业度从糟糕的状态拉升到世界顶级水平，其经营业绩也从倒数上升到名列前茅的水平。

这一伟大的转变背后有许多因素，但道格拉斯告诉我，成功的转型在很大程度上得益于他倡导的对"宣告真实的自我"的实践，包括宣告自己的真实意图。他告诉我，每当他在金宝汤公司与即将一起工作的人——通常是员工，但有时甚至是合作伙伴或客户——首次见面时，他总是试图以"宣告真实的自我"开始。这意味着道格拉斯告诉他们自己是谁、对他来说什么是最重要的，以及他如何看待领导职责和工作等。道格拉斯会告诉他们自己为公司和双方的关系设定的目标，不仅解释了相关内容，还专门解释了这些内容背后的原因。

这让那些与道格拉斯交谈的人感到被信任。他们也清楚地知道他是谁、他相信什么，以及他为什么要做他所做的事情。这样一来，人际关系中的"神秘感"得以消除。

示范亲密性和真实性的同时，道格拉斯还展示了自身的脆弱性，这也为他的领导方式奠定了基调。他不仅宣告了自己的意图，还宣告了真实的自我。如果其他人愿意，道格拉斯也欢迎他们做出回应，宣告真实的自我。

想象一下，如果你在下一次员工会议上以"宣告你的意图"开始，在下一次与直接下属的会议上以"宣告真实的自我"开始，在下一次与配偶探讨财务问题时展现出同等程度的真实性和脆弱性，事情将如何改变？你会获得什么样的结果？当你不再需要花心思理解对方的身体语言和潜台词时，能够节省多少宝贵的时间？

当我们能够坦诚地说出自己所作所为背后的真实意图时，就会发现其他人也愿意这样做。事实上，展现自身的真实性和脆弱性能够有力地为团队营造心理安全感。这两种行为美德将大大促进团队信任的建立，而随着理解和信任的增强，整个团队实现伟大成就的能力也将直线上升。

我们很容易将那些能够激励我们的榜样视为超人一般的存在。我们可能会说，"他们当然可以展示脆弱性，毕竟他们已经如此优秀"。但我个人认识的那些乐于展现真实性和脆弱性的人，并不是在功成名就之后才开始这样做。在我看来，展现真实性和脆弱性反而是帮助他们获得成功的重要因素。

在《信任的速度》一书中，我提出了13种具体的"真实性行为"，这些行为能够帮助领导者建立信任。同时我还提供了与它们相对应的"反面行为"和"假冒行为"。在此我不作赘述，但需要强调的是，当许多领导者落入了表面上看起来真实，但实际上并不真实的"流于表面的行为"的陷阱时，就会失去真实性。但是，如果这些领导者能够持之以恒地寻求有关真实性的行为模式，他们就能够有意识地控制自身的行为，最终收获更高水平的信任和成功。

我们所有人，包括我们心目中的"英雄人物"，都时常言行不一，这在大事或小事上都有可能发生。但作为一个领导者，建立信任的最好方法，就是成为我们自己所宣称的那种人，让我们的行动比语言更有说服力。想要激励他人，我们就要努力成为能够鼓舞人心的人。

但这并不意味着我们必须成为完美无缺的存在，而是说我们希望下属员工、同事、亲朋好友和子孙后代如何行事，我们自己也需要努力做到。我们应该努力遵循并忠于永恒的原则。甚至这份努力，也是在做出示范。我们可以示范自己希望看到的行为。

我们无法将自己做不到的事情教给别人，正如我们不能从一个从未去过的地方回来。

## 同理心和业绩表现

同理心和业绩表现，看起来是两种完全独立的美德——在许多方面，它们确实如此。然而，它们之间却有着惊人的相互依存关系。

人类最大的需求之一，就是得到他人的理解。理解之于心灵，就好似氧气之于身体——理解为人们提供了情感和心理上的空气。

在一个日益分裂和两极化的世界里，每个人都在说，但很少有人在听，没有人感到真正被理解。有些人可能会停下来听一听，但大多数人并不是带着理解的目的去听。相反，他们是带着回答的目的去听。单纯地等着回答他人并不是真正的同理心。同理心是理解——理解另一个人的想法、感受、经历和观点。它不是评估或解释，也不是同意或不同意，而仅仅是理解。同理心要求我们能够进入他人的内心，并从对方的角度看问题，而不是只从自己的角度看问题。

多年前，戴安娜王妃展示了一个简单和深刻的有关同理心的例子。在20世纪80年代艾滋病流行期间，许多对艾滋病患者的偏见和误解在全球传播，导致艾滋病患者不仅遭受身体上的痛苦和折磨，还感到被边缘化和被误解。许多人盲目地认为，只要接触了艾滋病患者，就会感染艾滋病。

为了帮助消除这些误解，戴安娜王妃访问了一家收治艾滋病患者的医院。在那里，她有意在镜头前公开地与所有艾滋病患者握手，并确保将握手的过程——身体接触——拍摄下来、记录下来,让全球的观众看到。当时,许多人认为她这样做将使自己置身于风险之中——无论是身体上还是名誉上,但她做了自己认为正确的事情。她不仅是同情心的典范,也是同理心的典范。通过同理心的示范,戴安娜王妃消除了人们关于艾滋病的误解。她以身作则,为全世界树立了典范。

多年前,当我作为柯维领导力中心的新任首席执行官上任时,我们正身陷8个法律纠纷,其中一些纠纷已经拖了好几个月,甚至好几年。它们消耗了我们整个团队(包括我在内)的大量时间和精力。处理这些纠纷既让人筋疲力尽,又让人非常沮丧,因为我觉得我们应该把精力放在客户身上。而且各方之间存在的分歧也令我颇为失望。所以我下定决心,要在两个月内解决全部的纠纷,不能再无期限地拖下去了。

我的基本策略是首先听取各方的意见,以了解他们的观点——他们的"立场"。我希望自己不仅能够复述这些观点,还能够深入地了解,让每一方都感到自己被理解了。我想成为同理心的典范。为此,我付出了代价——这很艰难,因为我并不同意听到的大部分内容。但我的首要目标不是评估,而是移情,所以我一直深度参与整个过程,直到对方感到被我理解了。对理解的真正检验,不是你自认为理解了,而是对方说他们觉得自己被你理解了。

一旦对方感到被理解了,他们就会变得更愿意听取我们的意见,这很了不起。更重要的是,他们会有更强烈的意愿去寻找创造性的、协同的解决方案,以解决争端。我们在2个月内解决了8个法律纠纷中的7个，而第8个案件也只多花了几个月的时间。

虽然真正理解另一个人可能需要时间，但一旦我们做到了这点，就可以快速行动并取得非凡的结果。真正导致事情停滞不前的，是人们没有感觉到被倾听或被理解。再强调一下，在与人打交道时，快就是慢，慢就是快，欲速则不达。

同理心拥有无与伦比的力量。它是一份礼物，不仅因为它能够对他人产生作用，还因为它能提升我们自身的表现。在我父亲提出的7个习惯中，第5个习惯是"知彼解己"。换句话说，我们首先要倾听他人或展示同理心。当首先感到被理解时，大家才可以一起完成更多的工作，而且可以更高效地完成。因此，影响他人的关键是首先要被他人影响。然后，他人就会公开地、创造性地、富有成效地做出回应。这将帮助每个人提升表现。

> （同理心）关乎我们作为人类的一个普遍愿望，即让别人的生活变得更美好。它使你感到自己更宏大，使你感到自己是整个人类的一部分……相比基于自身利益的野心，这是一种更好的雄心壮志。
>
> ——多丽丝·科恩斯·古德温（Doris Kearns Goodwin）
> 历史学家，《林肯与劲敌幕僚》（*Team of Rivals*）作者

同理心是许多（如果不是大多数）人际关系中缺少的一部分，无论是在工作中，还是在家庭中。它也是许多（如果不是大多数）团队和组织中缺少的一部分。它的缺失限制了我们的工作效率和影响力。为此，与他人建立同理心，不仅可以大大增加幸福感，还可以提高所

有参与者的业绩表现。

## 通过交付成果来示范业绩表现

作为信任和激励型领导者,交付成果是我们需要实现的重要行为美德。这不是说以牺牲其他行为美德为代价,而是说将它们结合在一起。事实上,哪怕是拥有其他所有的美德,没有亮眼的业绩表现,也会令领导力大打折扣。

结果很重要,它关系到我们作为领导者的可信度和效能,也关系到我们是否能够按照当今世界的需求,做出合格的表率。取得成果将赋予领导者影响力和自由,给予领导者选择权。身为领导者,如果你想获得灵活性和选择权——自由,就必须要有亮眼的业绩表现。

我永远不会忘记,在担任柯维领导力中心新任首席执行官的第9天,我必须去赢得银行家们的信任。彼时,因为柯维领导力中心被视为存在过大信贷风险,银行家们计划取消柯维领导力中心的信贷额度。当时的我们虽然仍在为客户创造价值,业绩却不够好,没有想出一个好的商业模式,以实现盈利。因此,虽然当时我们正在快速成长,但利润率极低(或没有利润)。我们已经连续11年出现负现金流,没有外部资本,还欠下巨额债务。如果你是财务人员,不妨算算看,我们当时已经要把自己搞垮了。

这种缺乏业绩表现的情况,也导致我们违反了17个银行契约中的10个。银行家们已经变得非常愤怒,他们并不关心我们是否正试图树立良好的行为榜样,也不关心我们是否关心客户。对他们来说,业绩才是最重要的。没有业绩,他们就不信任我们。

幸运的是，我们最终协商出一条前进的道路，其中包括如何达到保持信贷额度所需的业绩指标。随着我们业务的不断改善，并逐月达到业绩指标，银行对我们的信任和信心也在增加。在接下来的几年里，我们达到了所有的指标。在信贷到期时，银行告诉我们，它们不仅想延长我们的信贷期，还计划把信贷额度翻倍！积极的成果改变了持怀疑态度的银行家们。

同样，我记得曾经合作过的一个团队，由于几年来没有产出过任何产品或服务，在公司内部遭遇了重重怀疑。由于缺乏可信的业绩表现，质疑者认为这个团队是由于受偏袒而获得了提拔。我告诉这个团队，改变这种看法的唯一方法，就是做出亮眼的业绩，而且要快。

值得称赞的是，他们在6个月内完成了原计划需要2年才能完成的工作。他们开发的新产品一进入市场，就产生了数百万美元的收益。这是多么大的转变啊！人们现在把这个团队看作是卓越的业绩创造者，这影响了他们之间的每一次互动。

如果我们把其他事情都做得很好，却没有取得成果，那么最终依然是没有说服力的。当然，业绩并不是唯一重要的指标。我们都曾见过这样的领导者，他们不惜违反道德准则，只为了取得成果。他们在这个过程中剥削他人，或者在操作过程中为自己牟取私利，这些都是不可接受的行为。但同样不可接受的是，作为一个正直的人却没有业绩、没有成果。归根结底，我们需要同时做到这两点。

领导力是以一种激发信任的方式获得成果。我们开展工作的方式至关重要。但能否交付成果也同样重要。二者不是非此即彼，而是合二为一的关系。

我们交付成果的能力越强,我们的可信度和影响力就越大;反之,我们取得的成果越少,我们提出的建设性批评就越会被视为抱怨。

同理心和业绩表现可能看起来是奇怪的组合,但二者是相辅相成的。当我们深入倾听别人的意见时,才能真正了解什么事情对他们来说是最重要的。只有这样,我们才能承诺去做这些事情,而履行这些承诺就是创造业绩。

如果对他人——无论是团队成员、合作伙伴还是客户——缺乏同理心,业绩的创造就会显得空洞、肤浅和不完整。同样,虽然同理心对每个人来说都有影响力,但如果没有业绩的支撑,同理心就无法充分发挥其应有的作用。

值得庆幸的是,这两者之间存在着协同作用:强烈的同理心可以推动领导者获得更大的影响力,而这又可以带来更好的业绩表现。身为领导者,我们需要以身作则地示范这两种行为美德,无论是分别展示,还是将二者结合起来呈现。

## 示范行为美德——一个领导者的真实故事

我的朋友谢莉尔·巴赫菲尔德就是一个出色地塑造了行为美德的人。当她接任美国快餐连锁店派派思路易斯安那厨房的首席执行官时,这家公司简直一团糟。这可不是我瞎说的,谢莉尔自己的原话是"就好像走进了一座燃烧的大楼"。

这家公司的首席执行官之位不亚于一个烫手山芋,在短短7年时间内换了4个首席执行官。谢莉尔是第5个,她能够坚持多久,还是个未知数（而且，在她之前的3个候选人都拒绝了这个职位，她才被聘用以填补空缺）。正如她在《敢于服务》（*Dare to Serve*）一书中描述的那样，她上任时，公司的销售额正不断下跌，顾客数量减少。利润已经降至危险的低水平，产品研发停滞不前，公司的股票也从每股34美元的高位下跌到11美元。

业绩下滑导致公司的士气低迷，员工对公司的信任水平和积极性都处于历史最低点。正如谢莉尔所描述的那样，公司与加盟商之间的关系"岌岌可危"。当坐上公司管理层的头把交椅时，谢莉尔还面临着加盟商的"遗产税"（这是我的提法）：它们不信任公司，公司也不信任它们；双方互不信任，也都没有实现蓬勃发展。

时间快进到谢莉尔执掌公司8年以后——财务数据（最容易衡量的硬数据）证明了谢莉尔的能力：每家餐厅的单位销售额增长了45%；餐厅的利润率飙升，按实际美元计算翻了一番；公司的总市场份额从14%增长到了27%。当谢莉尔担任首席执行官的10年任期结束时，公司被餐饮品牌国际公司收购，股票价格从11美元涨到了79美元，多么令人瞩目的成就！

这样的增长和盈利能力也充分地刺激了加盟商。正如谢莉尔所说："加盟商们对经营成果非常满意，它们迅速改造了现有的餐厅，并开始积极地建造新的派派思路易斯安那厨房，都获得了出色的投资回报。"全球范围内，有600多家新餐馆开业。

在总结时，谢莉尔说："在这段时间里，公司成了行业宠儿，成了加盟商、贷款人和投资者的最爱，并且成了创造卓越业绩的最佳案例。派派思路易斯安那厨房扭亏为盈的秘诀是什么？是'我们敢于服务'。"

谢莉尔和她的团队成了信任和激励型领导者。在面对这个毕生最艰巨的挑战时，谢莉尔问自己，如果有一个目标和一套原则，可以指导我们取得行业领先的业绩，会怎么样？

现在，我们不需要再去假设结果，因为结果已经显现。

当成为首席执行官时，谢莉尔正面临着一场艰苦的战斗。她知道这一点，其他人也知道。她后来告诉我，她的首要任务——也是衡量成功的第一标准——是建立与加盟商的信任，树立起领导者率先行动的信念。她要求下属团队思考他们是否成了加盟商可以信任的伙伴。

就这样，谢莉尔开始了她的行动，专注于强化与加盟商的关系。她和团队通过深入倾听和理解加盟商的需求与担忧，展现出了谦逊、勇敢和脆弱。后来她回忆说，在上任的头30天里，"我干的最重要的事情，就是闭上嘴巴，开启聆听之旅"。她会见并听取了加盟商、餐厅总经理和顾客们的意见，请他们告诉她哪里出了问题。她说，答案"通常已经很明显了，每个人都知道是什么出了错，但没有人尝试着手解决问题"。

谢莉尔真诚地倾听并回应，展示了其品格和帮助加盟商取得成功的真挚愿望，最终，她成功地解决了公司的困境。她对每个听到的问题都实施了解决方案，并认识到，除了与总部建立高度信任的关系外，加盟商还需要从她和公司身上看到实实在在的成果。她需要向每个人展示一条前进的道路——她做到了，完美地履行了作为首席执行官的职责。

在整个过程中，她专注于为所有利益相关者的需求服务，尤其是加盟商、员工和客户，而不仅仅是股东。为了证明自己的真实性，她甚至对华尔街说了她曾对董事会说过的话：公司的加盟商，而不是股东，才是她的首要服务对象。作为一家企业的首席执行官，要对投资者和董事会说出这样的话，需要相当大的勇气。最后，她充分满足了所有利益相关者的需求，包括股东在内。

谢莉尔拒绝找借口。她表示，有时承认自己的错误并放弃既定计划并非易事，但犯了错之后及时改正至关重要。有一次，她的团队在没有任何加盟商参与或提供建议的情况下，做出了一个决定，结果事与愿违。当愤怒的加盟商向她提出他们的担忧时，谢莉尔选择了妥协。她通过倾听认识到团队所犯下的错误，并表现出谦逊的态度。她没有找任何借口，坦率地承认了所有的事情，并有勇气去纠正错误。得益于这些化解矛盾、重建信任的努力，公司与加盟商之间的关系在几周内就缓和下来了。

谢莉尔说，大多数人"得出的结论是：取得成果的是聚光灯下的领导者。你是否曾为一个喜欢聚光灯的领导者工作？你是否得到了他（她）很好的服务？我要传达的信念很简单，却不落俗套：如果领导者能够从聚光灯下走出来，敢于为他人服务，就会取得超乎寻常的业绩成果"。

谢莉尔以身作则地践行了所有的行为美德。她表现出谦逊和勇气，成为一个示范真实性和脆弱性的榜样。也许最重要的是，她展示了同理心，倾听每个人的意见；而她的业绩表现也是非常出色的。由于她首先在整个公司内树立了她所希望看到的行为榜样，她的团队和加盟商也紧随其后,效仿她的行为美德。现在,大家都看到了随之而来的傲人成果。

> 领导力不是关乎个人的野心,而是关乎如何激发团队的雄心壮志……领导者必须既要有勇气,大胆地把人们带到一个新的目的地,又要有谦逊的态度,在旅途中无私地服务他人。
>
> ——谢莉尔·巴赫菲尔德
> 派派思路易斯安那厨房前首席执行官

## 我会愿意追随我自己吗

你如何评价自己的示范作用?花一分钟时间,想想自己作为领导者的言行,问自己下面这些问题:

### 如果我是自己的领导者
### (老板/老师/父母/监护人,等等)

|  | 绝不是 | ← → | 某种程度上是 | ← → | 绝对是 |
|---|---|---|---|---|---|
| 我想要追随自己吗? | 1 | 2 | 3 | 4 | 5 |
| 我会信任自己吗? | 1 | 2 | 3 | 4 | 5 |
| 我会受到自己的激励吗? | 1 | 2 | 3 | 4 | 5 |
| 我会选择自己作为领导者吗? | 1 | 2 | 3 | 4 | 5 |

续表

## 如果我是自己的领导者
### （老板/老师/父母/监护人，等等）

当我周围的人（同事/家人/朋友/社区成员）想到一个可信的、有道德权威的人时，他们想到的是我吗？

当他们想到一个谦逊的、有勇气的人时，他们想到的是我吗？

当他们想到一个具有真实性和脆弱性的人时，他们想到的是我吗？

当他们想到一个具有同理心且业务能力突出的典范时，他们想到的是我吗？

当他们想到一个率先以身作则的人时，他们想到的是我吗？

为什么他们会想到我？为什么不会？

---

通过内省，我们有时会发现，自己一直以来的行事方式无法帮助身边的人充分发挥他们最大的潜力。有时甚至可能会发现，自己无意之间成了最不想要成为的人，或者示范了我们所不希望他人表现出来的行为。我们或许认为自己值得信赖，但其他人不一定这么想，这就意味着我们为人处世的风格妨碍了良好意图的实现。

要成为一个信任和激励型领导者，就需要不断地自我评估，因为所有改变都需要从你自身开始。这就像航空公司规定在帮助他人之前先把自己的氧气面罩戴上一样。如果你不从自身着手，就无法有效地帮助身边的人提升表现。

> 我在谈判中学到的一件事是，除非先改变自己，否则我无法改变别人。
>
> ——纳尔逊·曼德拉

"先做人，后做事"，吉姆·柯林斯提出了这样一个明智的建议。你的个人品质的确很重要。你无法伪装成其他的样子，因为人们最终都能够看穿。你试图伪装的时间越长，当人们看穿你的时候，你受到的打击就越严重。对某些人来说，"装到成功为止"可能是一个可以理解的出发点，但随着时间的推移，这是一种不可持续的状态。专注于提高外在技能或尝试新的策略来提高参与度也是不够的，因为技能不能取代品格，策略也不能取代能力。你不必完美，但确实需要尝试追求完美。

作为一个领导者，无论你处于什么职位，都需要牢记：今天就可以开始在前文所述的行为美德上下功夫了，任何一项都可以。

**以身作则**
你是谁

- 谦逊和勇气
- 真实性和脆弱性
- 同理心和以绩效表现

以身作则的部分好处在于，除了你自己，不需要任何其他人的参与。你可以选择做谦逊和勇气的榜样，也可以选择做真实性和脆弱性的榜样，还可以选择做同理心和业绩表现的榜样，这一切都不需要依赖另一个人来完成。每个人都可以是他人的榜样，这取决于你在示范什么。

> 只要我们有足够的勇气去看它，只要我们足够勇敢去成为它，光明就永远存在。
>
> ——阿曼达·戈尔曼（Amanda Gorman）
> 首届美国青年诗人桂冠奖获得者

| 指挥和控制 | 信任和激励 |
| --- | --- |
| 正式授予的权威 | 道德层面的权威 |
| 职位 | 影响力 |
| 你做什么事 | 你是什么样的人 |
| 告知 | 示范 |
| 命令型 | 引导型 |
| 勇气 | 谦逊与勇气 |
| 看起来 | 实际上 |
| 有隐藏意图 | 公开所有的意图 |
| 只提供内容 | 还提供内容背后的原因 |
| 股东 | 所有利益相关者 |

第六章

# 管家式领导第2原则：给予信任，或"你如何领导"

> 请记住，你真正的工作是——如果你是自由的，就需要解放他人；如果你有权力，就需要授权他人。
>
> ——托妮·莫里森（Toni Morrison）

**给予信任**
你如何领导

## 谁信任你

想一想一个信任你的人。在你的生命中，或许有那么一个人，他（她）相信你，也许甚至比你相信你自己更多。他（她）是一个对你表现出信心、给予你机会的人，对你充满信任。

他（她）可以是任何人：你的老板、同事、教练、老师，也可以是父母、家庭成员、神职人员，或者只是一个朋友。这种信任，也许发生在你六七岁的时候,也许发生在你六十七岁的时候。这个人是谁或什么时候给予信任并不重要——每个人的情况都会不同。重要的是记住这个人,记住他(她)的所作所为,以及你的感受。

我永远不会忘记大学毕业之后的第一份工作,以及那个给予我信任的人——约翰·沃尔什(John Walsh),他当时是房地产开发公司——特拉梅尔克罗公司的合伙人。当时,我是被公司的管理合伙人直接聘用的,而不是由传统意义上专门负责招聘的区域合伙人聘用。聘用我的管理合伙人认为,公司里至少有一个(如果不是有几个的话)区域合伙人愿意跟我共事,于是他直接聘用了我。随后,我与公司的许多区域合伙人进行了面试,希望能够找到最适合我的那个区域办事处。

问题是,没人想要我。在长达6周的时间里,13个合伙人面试了我,看看我是否是适合他们的人——然后没有一个人表现出招纳我的兴趣。

当时的我,初出校门,想要找到一份真正的全职工作。在一次又一次的被拒(多达13次)之后,我感到前所未有的沮丧,自信心处于有生以来的最低谷。我几乎可以肯定,当初把我招进来的管理合伙人正在对自己说,"我到底做了什么?我肯定是错得离谱"。

不过,下一个面试我的人是约翰·沃尔什。我感觉自己跟他一见如故。面试结束之后,他对其他合伙人说:"我喜欢史蒂芬,他虽然没有丰富的经验,但我相信他可以在公司里发挥所长,因为我看到了他身上的潜力。我决定在他身上赌一把,把他招进我的团队。"

约翰相信我,胜过我相信自己。他给予了我信任,这种信念和信任对我产生了非常深刻的影响。我不想让约翰失望,因此比以前更加努力勤奋地工作,一心一意地想要做出令他满意的业绩表现。我想要证明他对我的信任是正确的,我想要回报他这一份弥足珍贵的信任。

在这种信任带来的激励下,我能够迎难而上。我确实回报了约翰,成为他可以信赖的人,向他提供令人满意的,甚至是亮眼的业绩。这也彰显了约翰突出的领导能力。

这段经历给我带来了深远的影响。每当我回想起它给我和我的生活带来的巨大转变时,都感到非常震撼。它不仅浇灌了我的自信,还激励我成长,让我做得比想象中的更好。

现在,问问你自己,对你而言,谁在你的生活中扮演了像约翰一样的角色?我猜我们大多数人的生命中都有不止一个这样的人。我就能够想到好几个,他们通过给予信任,激励了我的发展与成长。所以,不妨想一想,在你的生命中,谁毫无保留地相信过你?谁信任并激励了你的发展和成长?

在确定了人选之后,请考虑下面这3个问题:

第一,当时是什么情况?对我和约翰·沃尔什来说,当时的情况是:没有人愿意招纳我,但约翰愿意。

第二,当有人愿意给你一个机会,即信任你时,你的感觉如何?我感到备受鼓舞。我想向那个人表示感谢,想要比任何人都更加努力地工作来回报他(她),因为我想证明他(她)的信任没有被辜负。

第三,它是如何影响你和你的生活的?对我来说,它深刻地改变了我的整个生命轨迹。

那么,对你来说呢?

## 可信度与信任

最近,我在一场会议上进行了发言,与会者是来自150多个国家的企业领导者。在现场来自55个国家(以及线上来自众多其他国家)的听众面前做完演讲之后,我注意到,尽管听众的文化背景各不相同,但贯穿所有的一个共同点就是:信任。每一个社会、组织和家庭,都必须在信任的基础上才可正常运转。事实上,信任使我们的世界运转起来。

作为名词的信任,含义颇为复杂。因为想在讨论开始之前给来自不同国家的听众们一些思考,我在屏幕上放了一张幻灯片,上面写着:

两个值得信任的人在一起工作时,可能相互之间没有信任。

我慢慢地将这句话读出来,然后告诉听众们,他们有5分钟的时间跟围坐在一张桌子上的其他人探讨这句话的意思。我希望他们讨论一下为什么这句话有可能是正确的。然后我走下讲台。

在继续阅读下文之前,我想请你也花点时间思考一下这句话的含义,因为在培训信任关系的多年经验中,我意识到这或许是我学到的最深刻的见解之一。

那么,最触动你的是什么呢?

两个值得信任的人一起工作,但他们之间没有信任——这个问题依然是我在与他人合作时遭遇的一个最大挑战,无论是在团队中、团队之间、组织中、与合作伙伴和客户的相处中，还是在个人层面。

让我们回到前面的故事。在现场听众讨论完毕之后，我又补充了前面那句话：

> 如果双方都不愿意相信对方，两个值得信任的人在一起工作时，可能相互之间没有信任……

当大多数人想到信任时，他们想到的只是可信度。这并不一定是件坏事——或者更确切地说，不是一个糟糕的出发点。毕竟，在合作的一方或双方都不值得信任时，人与人之间就很难建立真正的、有意义的信任。

我再提供一个出乎大多数人意料的见解：大多数指挥和控制型领导者，都是值得信任的人。这是一个事实，尤其是那些开明的指挥和控制型领导者。但问题的重点是：根据我个人的经验，我们面临的最大问题，不是缺乏值得信任的人，而是所有这些值得信任的人，不愿相信其他同样值得信任的人。

我曾与无数可信的、真实的领导者合作，他们十分关心自己的工作和员工，但他们似乎无法给予他人信任，或者给予信任的程度不足，以至于信任根本不能带来任何积极影响。这样的例子不胜枚举。

我被问及最多的关于信任的问题是，"信任是赢来的，还是别人给予的？"许多年轻一代倾向于认为信任是他人给予的，毕竟"如果你不打算信任我，为什么还要雇用我？"相对应的是传统主义者，他们更倾向于将信任视为赢来的东西，并经常以此作为不相信他人的借口。

那么,信任到底是赢来的,还是被给予的?我总是微笑着说:"都是!"

信任既是赢来的,也是被给予的。当然,我不主张相信那些明显不值得信任的人。这是不可持续的,也是不明智的。事实上,我还专门写了一本书,阐述什么叫明智的信任。你必须首先是一个值得信任的人,才有可能赢得信任。然而,仅仅值得信任还不够,你还必须要被他人信任,且信任他人。下面这个简单的公式可以讲清楚其中的逻辑:

值得信任 × 给予信任 = 信任

只有当一个人愿意给予他人信任时,信任的关系才可能建立。当你学会给予他人信任时,满足感、事情的成果和完成的速度就会真正发挥作用。

> 我宁愿冒着两三次失望的风险付出一百次信任,也不愿永远生活在不信任的氛围中。
>
> ——卡尔·科德宝(Carl Freudenberg)
>
> 科德宝集团创始人

## 管家式领导第2原则——给予信任:你如何领导

正如我们在上一章中所讨论的那样,信任和激励型领导者的第1项管家式领导原则,就是成为他人的榜样,而第2项领导原则,就是给予信任。这一原则是关于我们如何领导——是不给予他人信任,还是给予他人信任?

事实上,"信任和激励"中的"信任"一词,意味着"给予信任"。毕竟,作为名词的信任(我们得到的),就是作为动词的信任(我们所做的)的结果。信任的行动——我们如何领导——源自这样一个基本信念:每个人都隐藏着巨大的潜力,作为一个领导者,我们的工作就是释放人们的内在潜力,而不是控制他们的一言一行。通过给予他人信任,我们就能够释放这些内在潜力。但也不能盲目地或不分青红皂白地信任他人,而应该明智地给予信任——带有明确的期望和责任。我们大多数人倾向于认为自己很擅长信任他人,但数据证明我们错了——它明确显示事实并非如此。我和我的团队已经对个人之间、团队内部和整个组织中的信任度进行了超过15年的研究,评估领导者认为自己有多大的可信度,以及其他人对他们的信任度。其中一个问题要求领导者衡量他们自己给予其他人信任的频率,大多数接受调查的领导者认为,他们经常并定期地给予他人信任。

然而,当我们询问与这些领导者共事的人,这些领导者给予信任的频率如何,他们的评价比领导者对自己的评价低了277%。差距将近3倍——这是相当大的!当领导者想说"我很信任他人"时,与他们一起工作的其他人却说"不不,你不是。你以为你是,但实际上不是"。

当你想到那些自认为很信任他人,却没有让你感受到信任的领导者时,可能会深有感触。当然,也存在例外的情况——一部分领导者的确像他们自认为的那样,充分地给予了他人信任。我们希望这种少数的例外能够成为常态。但预期和现实之间的差距必须解决,因为这一差距,这种缺乏信任的状态,将导致与这些领导者共事的人认为，他们的领导者是指挥和控制型领导者。

回到我之前的观点，造成这种趋势的一个主要原因是，大多数人，无论他们自己多么值得信任，都不具备信任他人的能力和技巧，这导致了他们的领导风格妨碍了良好意图的实现。一个领导者——无论自身多么开明和值得信赖——如果学不会经常地、自然地、巧妙地甚至是广泛地给予信任，就永远不会成为一个信任和激励型领导者。

## 给予信任的本质：一种更好的生活方式

给予他人信任，是一种更好的生活方式——在各行各业都是如此。通过信任他人，领导者能够重塑被信任者的能力和信心，能够释放他人的潜力。人们不仅收获了更卓越的业绩表现，还创建了一个更好的文化——蕴含着更多的能量和快乐。事实上，给予信任是伟大领导力的本质，所以领导者的首要任务是激发信任，次要任务是给予（扩展）信任。

信任之所以是一种更好的生活方式，有诸多原因。我认为最有力的证据，是信任对幸福的影响。研究表明，感到被信任的人更快乐、更健康、更长寿。根据加拿大经济学家约翰·赫利韦尔（John Helliwell）的说法，与幸福相关的首要因素——甚至超过收入和健康——是信任关系。事实上，对75%的人来说，工作中最令人紧张的部分是他们的老板！高信任度的关系和团队，比低信任度的关系和团队更令人感到快乐、有趣和享受。

从个人的角度来考虑，对我们大多数人来说，最快乐的关系就是那些彼此信任的关系。没有信任，人际关系只会让人筋疲力尽，而且毫无乐趣。

我想起了《星球大战》（Star Wars）的系列电影《游侠索罗：星球大战外传》（Solo）。在电影中，一群罪犯的非正式领袖托拜厄斯·贝克特，成了年轻的汉·索罗（Han Solo）的导师。其中有一个场景——贝克特建议索罗："你想知道我是如何活到现在的吗？我不相信任何人。你只要想着，每个人最终都会背叛你，这样你就绝对不会失望。"

年轻的汉·索罗回答说："这种生活方式，听起来很孤独啊。"不相信任何人的确是一种非常孤独的生活方式，令人倍感压力、疲惫不堪且感受不到丝毫乐趣。

## 信任的方式：明确期望、实行担责制

当我的第一本书《信任的速度》出版时，将信任视为一种能力——一种每个人可以刻意关注和改进的实际技能的想法，对大多数人来说，是一种思维范式的转变。在那本书中，我提出了一个全面而实用的框架，旨在帮助读者们有意识地增强信任能力。虽然我们很清楚，我们的行为往往会导致我们失去信任——每个人都可能因自己的行为而丧失信任——但我也建议，我们可以通过一些行为来获得信任。

也许那本书最实用的部分，是介绍了成为高信任度领导者和建立高信任度文化所需的具体的、事半功倍的行为。虽然这些行为没有严格的先后顺序，但前12个行为使我们能够在最后的第13个行为，即

"给予信任"中处于有利地位。而想要给予信任和实施信任,最关键的是明确期望和实行担责制。

人们难以广泛地给予信任是有原因的——所以在这里需要明确说明的一点是:信任别人是有风险的(如果没有风险,你就不需要信任)。但是,不信任他人也同样有风险,认识到这一点至关重要。我认为,相较之下,不信任他人的风险往往更大。作为组织和社会的成员,我们已经非常擅长衡量过度信任的代价,却根本不擅长衡量信任不足的成本。

我永远不会忘记一段经历——它让我明白了信任如何迅速而有力地影响一种文化。2019年8月,吉姆·加什(Jim Gash)从佩珀代因大学法学院的副院长晋升为该大学的新校长。就在他上任几天后,吉姆邀请我来与他和他的新团队一起工作。虽然吉姆认识自己团队中的大多数人,但还有一部分人不是很熟悉——至少不是特别了解。

就在吉姆被任命为校长的时候,一个学院的决议引起了紧张的氛围,该学院的院长是迈克尔,他想要跟吉姆谈谈这个情况,并解释自己是如何处理的。迈克尔跟吉姆不熟,也不知道他会如何回应,他做好了向吉姆做解释,让吉姆了解事情前因后果的充分准备,并希望吉姆预留一个小时的会面时间,以便他充分地阐述事情的背景和所有细节。

吉姆当时问迈克尔:"在安排会面时间之前,让我问你几个问题:首先,这个决定是否代表了你和团队的最佳想法?"

"是的,确实如此。"迈克尔回答道。

吉姆接着问道:"整个决策的过程,对各方公平吗?"迈克尔再次回答说"是的"。吉姆接着说:"迈克尔,我相信你。继续执行吧,我们不需要再为这件事额外开会了。"

事实上,吉姆跟迈克尔也不熟,但他从其他同事那里了解到,迈克尔很受尊重,并且口碑一直很好,是一个值得信赖的人。更有趣的是,当吉姆告诉我这个故事时,迈克尔也在场。

我问迈克尔这段经历对他有什么影响,他说这给他带来了无与伦比的激励,他迫不及待地想证明吉姆给予的这种信任是明智的。吉姆决定以信任来开始这段新的共事关系,奠定了他与迈克尔之间,以及与自己的团队成员、教职员工和工作人员之间的基调——信任、开放和合作。迈克尔表示,吉姆对他的信任让他感到被重视,并且从那一刻起,他对吉姆报以同样的信任——即使他们之前没有任何私交。

设想一下,如果吉姆没有给予这份信任,那么迈克尔在与吉姆开会之后,或许会变得更加谨慎,甚至可能会对吉姆持怀疑态度。他们可能需要更长时间才能建立起彼此信任的关系。同时,这可能也会给团队的其他成员带来一个截然不同的基调,因为他们需要花时间去体会与吉姆这个新任领导者在不同情况和场景下的互动关系。总之,一个信任和激励型领导者,总是能够迅速地建立起互相信任的关系。

基于迈克尔的这次经历,想象一下,当再次遭遇问题或棘手的情况时,吉姆的团队成员会如何表现。他们会愿意寻求吉姆的帮助,因为他们知道,如果他们已经竭尽全力,并确保过程的公平公正,那么吉姆一定会相信并支持他们的做法。当你与一个人建立起互相信任的关系时,也许就同时与许多人建立了互相信任的关系。

## 明确期望的重要性

在处理这个事件的过程中,吉姆做得很好的一个方面,就是他对迈克尔的第一反应。吉姆首先澄清了对迈克尔的期望,询问这个决定是否代表了迈克尔自身和团队的最佳想法,是否对所涉各方公平,这种明确性有助于降低信任本身包含的风险。如果吉姆在没有明确期望的情况下接受了迈克尔的想法,那么这种给予信任的做法,可能会被视为不负责任,迈克尔可能会认为吉姆是个好说话的人。

明确期望是基于清晰度、责任和担责制的原则。与之相反的是让期望处于不明确状态,并假设人们已经知道期望是什么,或下意识地不提及期望——这将导致人们无法就期望达成一致的愿景。

有一种看似明确了期望的无效做法,是制造"烟雾弹或假大空的设想",即只是口头上表明了期望,但并不能有效地明确具体的要求,例如结果、截止日期或具体数据等细节。另外一种无效的方式,是提出可能会基于人们的记忆或解释,或者基于当时的权宜之计或方便而变化的情境式期望。

当你明确期望时,你是在预先创建一个关于要达成什么的共同愿景和协议。事先做好明确期望的工作,就可以避免后续的头痛和心痛。相反,如果你在一开始不愿意花时间和精力去明确期望,那么以后一定会遭遇信任问题。

有些人拒绝事先明确期望,理由是他们没有时间这么做。但反过来想想,如果没有在一开始明确期望,导致误解或问题的出现,后面还是要花时间去解决,是不是反而更加浪费时间和精力?

此外，要始终记住，有效地事先明确期望永远是一个双向的过程。双方共同商定的期望，比一方强制规定的期望更有价值。需要有反驳的机会，以确保最终达成的期望是现实的，且从双方的角度来看都可行。这是一个强大的力量源泉，源于理解对方和被对方理解的渴望。当这种力量的来源是身份或地位时，关于期望的合理质疑通常会遭遇"因为这是我规定的"或类似的回应。它们事实上表明的态度是，"我希望你信任我，但我保留对你的信任"。

从客户到同事，从配偶到孩子，每个人都希望得到信任并交付成果。作为领导者，当我们给予信任时，就能够挖掘人们内在的渴望；当我们能够围绕所给予的信任，建立起双方都清晰了解的期望时，就能让每个人都赢得胜利。

最近，跨国公司西门子展示了这一点——在新冠肺炎疫情席卷全球之际，他们发布了被称为"移动办公"的全新远程工作模式。这种"新常态工作模式"策略中有一个要点，即"我们相信西门子的所有员工，赋予他们自主安排工作的权力，这样他们就可以获得最好的结果"。

当一部分公司绞尽脑汁地对无法在办公室受监督的员工采取严厉措施时，西门子采取了截然相反的做法——它选择给予员工更大程度的信任，相信每个人身上的潜力和伟大之处。这一点尤为值得称赞，因为像西门子这样拥有超过40万员工的大型跨国公司，在面临行业颠覆时，往往选择施加更多控制，而不是充分授权和信任。

此外，这个策略中关于信任的明确声明也值得关注。当我们给予他人信任时，与他们交流信任的相关信息很重要，即信任的内容和原因。很多时候，我们给予了身边的人信任，却没有解释清楚。与他人交流我们所给予的信任可以带来巨大的能量。我们需要告诉他人，我们为什么信任他们。我们寻求的结果之一，就是让他人感到被信任。而当人们感受到这种信任时，他们就将被激励。

那么，西门子给予员工信任时，提出了什么样的期望呢？该策略宣称：

> 根据这份即刻生效且永久有效的计划……西门子分布在43个国家，超过125个办公地点的员工，每周有2—3天的时间，可以自由选择在自己工作效率最高的地点办公。

这个表述既传达了给予信任的目标（使员工发挥最大的工作效率），也为员工提供了自主决定的范围。所有这些都是明确的期望，能够降低风险，并使公司充分利用员工的最佳潜力。

同样，通用汽车公司董事长兼首席执行官玛丽·巴拉在描述公司的"适当工作"远程工作策略时，也在表达信任的同时明确了期望："在工作情况允许的前提下，通用汽车公司的员工能够灵活地选择对实现业绩目标产生最大影响力的工作地点。"巴拉同时阐述了这个信任策略背后的原因："当没有来自公司的过度规定性指示时，我们的员工能够做出明智的决定。"

对于想要充分发挥自身才干的年轻员工来说，西门子或通用汽车公司的信任策略会使它们增加多少吸引力？这种信任策略——基于信任和激励型领导者的基本信念——是与众不同的，特别是与一些过度强调核实和监视的企业相比。那些企业的员工即便居家办公，也经常觉得处于"远程微观管理"之下。

## 实行担责制的重要性

实行担责制建立在担责、责任、管家式服务和主人翁精神的原则之上。与之相反的做法，就是逃避责任，例如说"这不是我的错"；而流于表面的担责，则体现为指手画脚，责备别人，说"这是他们的错"。

实行担责制的前提，是明确期望。

实行担责制有两个关键方面，且顺序很重要。作为信任和激励型领导者，我们首先要自己担责，然后再让他人担责。有趣的是，当从领导者的角度考虑担责制时，大多数人往往会倾向于从后者着手。开明的指挥和控制型领导者在发现问题之后，通常会很迅速地表示"我会找人负责！"并为这种做法而感到自豪。但也请不要误解我的意思——要求他人负责的做法的确具备价值，但如果你能够首先自己承担责任，将大幅提升让他人担责时的成效。归根结底，没有责任感的领导者，将无法维持与员工的信任关系。率先主动承担责任，这本身就向他人示范了你希望看到的行为模式，给他人指明了方向。这一行为与真实性和脆弱性完美地结合在一起，并需要一定的谦逊与勇气。当人们——尤其是身居高位的领导者——能够首先自己担责时，就能够鼓励其他人也主动承担起责任。

在婚姻或家庭中也是如此。当一个人能够主动说"对不起，我没控制住自己，花了那笔钱，这不符合我们的约定"或"我不应该对你大喊大叫，因为这是不尊重你的表现"时，这种自我担责的行为将鼓励对方也这么做。另一方面，当有人说"我向你承诺过，我会在那里，而且我做到了"时，这种对自我担责同样向他人表明了他们可以信任你，也将使你给予他们的信任变得更有意义。

如果我们不能首先自己担责，那么让他人担责的有效性将被削弱，且可能被视为不公平、指责或微观管理。请记住信任和激励型领导者的基本信念——持久的影响力是由内而外产生的，因此作为领导者，就是要以身作则。当涉及担责制时，做到这一点尤其重要。

即便如此，想要让他人担责也并不容易。人们通常对自己的表现十分满意，且有时候让他人担责看起来更像是缺乏对他人的信任。

事实上，我经常听到人们说"你会选择相信我，还是会让我担责？"就好像二者处于完全的对立面，非此即彼。但事实并非如此，二者通常是相互依存的关系。实行担责制事实上能够督促人们表现得更好，这就是为什么体育运动要计分。担责制事实上帮助我们了解自己正在做什么，以及应该朝着什么方向努力。毕竟，不知道自己的表现如何，就稀里糊涂地玩完了一款游戏，既没有挑战性也没有乐趣，不是吗？

与明确期望一样，实行担责制的关键，是尽可能制定一个双方都认可的担责流程。我们很容易就能够单方面地为他人制定一个担责流程，但如果双方一起制定担责流程，效率明显要高得多。如果对方没有参与流程的制定，就不会认可流程并做出承诺。你是否曾要求对方为他们并未承诺的事情负责？这将耗费你更多的心力，且将导致双方都精疲力竭。

如果对方参与了担责流程的制定，往往就会愿意做出更多的承诺。共同商定担责流程需要充分的信任，双方的认可是必不可少的前提。假设你承诺每周跟进一个项目，那么每周汇报将被视为兑现承诺。但如果你没有承诺每周跟进项目，那么汇报任务就变成了事无巨细的微观管理。

## 给予信任的原因：帮助他人成长

谈及信任，或许最重要的一个方面，就是为什么要给予信任。任何一个信任和激励型领导者的首要任务，都是培养人才；相比之下，指挥和控制型领导者则强调对人员的控制。

以给予信任的方式来培养员工，显然是一种更好的领导方式。伟大的领导者能够培养人才，而培养人才最好或最快的方式，就是给予信任。这种方法并不代表着软弱。当人们成为更好的自己时，业绩也会提升。

前文讲述的我与约翰·沃尔什的故事，显然就属于这个类型，我相信你也经历过类似的故事。我个人获得过的最佳成长，以及我在他人身上看到过的最显著成长，都来自信任的有效赋予。不管你处于人生的哪个阶段，信任的赋予都将助力你的成长。

现在，回想一下我在本书开头讲述的那个"绿色和清洁"的故事。我的父亲就是一个典型的信任和激励型领导者。想一想，在我忘了打理草坪的时候，他完全可以直接采用指挥和控制的方式，或按照他的话来说——"赢—输"的方式。他本可以收回这项责任，干脆自己完成这个工作。或者，采取更糟糕的做法——也是当今世界中最常见的做法——在微观层面操控我的行为，逼迫我去完成这件事。

但是，我的父亲遵守了他的原则，秉持了"以终为始"的观点。尽管绿色和清洁的院子是他提出的期望，但他更大的期望并不是这个院子，而是我的成长。父亲更关注并致力于挖掘我身上的潜力，更注重我将来会成为什么样的人。正如他当时对我说的那样，他有一个更长远的目标，即"养孩子，而不是养草"。

我感受到了这种信任，受到了它带来的激励，拥抱了它，并由此获得了长足的发展和进步。

年仅7岁的我，已经充分感受到了父亲这种信任和激励型处事风格带来的简单而深远的影响，这些体悟也将伴随我的一生。在整个职业生涯中，我已经看到了不同的人采用信任和激励型的领导风格，激发了他人身上的热情、创造力、主人翁精神和使命感，同样的事情也发生在我自己身上。这是一种行之有效的领导方式，与我们当前面临的新型挑战息息相关。信任他人，将改变领导者看待他人的方式，而获得了信任的人，也将改变回应领导者的方式。简而言之，信任可以创造信任，而信任又将使一切变得不同。领导力咨询公司曾格福克曼的一项研究表明，"将信任与其他所有类型的领导行为结合起来，就能够带来显著的进步"。这项研究调查了超过40万人，研究了16种不同的领导力，并得出结论——在每一种领导力的基础上增加高水平的信任后，员工的平均敬业度提高了23%。

这项研究给出了一个显而易见的结论，即"不论你的优势是什么——是具体的技能还是能力，只要能够提升信任度，这个优势就能得到增强，你的成果也会得到改善"。

信任是成为信任和激励型领导者的一个重要前提，尤其是与指挥和控制型领导者秉持的不信任原则相比。在后一种原则下，"可以信任，但也要验证"这种经常出现的格言，往往更像是"只有验证而没有信任"。

为什么说给予信任是一种更优秀的领导方式？简而言之，是因为给予信任能够给人们带来显著的影响，尤其是能够帮助人们成长。尽管给予信任带来的影响是深远而持久的，但我想特别指出它能够带来的3点益处，它们均与个人的成长相关：

## ❶ 人们将获得更强的应变能力，并表现得更好

如果说对他人实施事无巨细的微观管理，将扼杀他们的创造力和工作积极性（事实确实如此），那么给予信任就能够带来截然相反的效果。当身为领导者的你能够充分地给予信任时，就是在告诉他人，你相信他们的能力，相信他们能够做出合理的决策和良好的判断。当人们被赋予这样的信任和责任时，会尽全力不去辜负期望，会想要证明这种信任是合理的。他们将愿意付出超常的努力，挖掘自己更大的潜力，以获得更多的能量，提高创造力和使命感，并最终获得非凡的成就。即使某些领域已经拥有长期的、被广泛接受的"最佳实践"，信任也同样能够在其中发挥作用。

以传统的企业呼叫中心为例。呼叫中心是工业时代的产物，如果你希望看到呼叫中心依然在现代社会发扬光大，就需要考察它们的主要运作模式——它们中的大多数都采用了高度的指挥和控制模式。大多数的通话依然严重依赖既定的脚本，显得非常机械化，因此可以

很容易地被外包出去。每一次通话都有时长控制，往往精确到秒，以最大限度地提升效率。

与前述行业的规范形成鲜明对比的是在线零售商美捷步。它的客服人员在进行电话服务时通常没有固定的脚本，也没有旨在提升效率的呼叫时长限制。美捷步并没有将电话客服视为成本，而是将其视为建立客户关系、提供令人惊叹的购物体验和提升客户满意度的机会。正如其已故前首席执行官谢家华（Tony Hsieh）所说的那样，"我们没有设定脚本，因为我们相信，美捷步的员工在与客户打交道时，能够做出最佳的判断……我们相信，员工们都想要提供最优质的服务……而他们也的确这样做了"。

这就是信任的最佳典范！因此，美捷步的客服人员整体表现优于同行，他们以实际的行动回报了公司给予的信任。他们不想让信任自己的领导者或客户感到失望，而是希望能够满足对方的预期。由于他们的努力，美捷步赢得了更多忠诚的客户，使这些客户成为回头客，购买更多的产品，并愿意自发地宣传美捷步。这最终使得美捷步成了世界一流客户服务的标杆，获得了行业领先的生产力。

同样，我最近与一家大型全球非政府金融组织的首席执行官和高层领导团队开展了合作。该公司的首席执行官明确表示，为了确保组织能够取得更强劲的发展，给利益相关者带来更多好处，更符合其使命和愿景，他们需要在各个层面"给予更高水平的信任"，并且应该从作为首席执行官的她开始。她将组织实现更快发展、施加更广泛影响力所需的全部力量归结为"信任"，并将其描述为"更高水平的信任"。

我认为她说得很对。尽管依然需要其他助力,但只有通过信任,才有可能在成长和影响力方面都获得转变、倍增和加速。

在关于信任如何转变人生的故事中,我最喜欢的一个来自《布偶秀》(The Muppet Show)的创作者吉姆·汉森(Jim Henson)。在《布偶秀》成为一部成功的喜剧电视连续剧多年后,吉姆与创作团队开始着手筹备第一部《布偶秀》相关电影,并邀请知名作曲人保罗·威廉姆斯(Paul Williams)为电影创作主题曲。

保罗讲述了吉姆给予信任的故事,以及这种信任给他带来了多么巨大的转变:

吉姆是与我共事过的所有人当中,最随和、最信任他人的那个。当我们在我的书房里第一次以团队的形式碰面,探讨电影的基本大纲时,我获得了一份影响终生的珍贵礼物。在送吉姆出门上车时,我告诉他"会向他汇报我与肯尼·阿希尔(Kenny Ascher)为电影创作主题曲的进度",吉姆的回应是,"哦,没必要,保罗。当你们写完曲子,在录音棚录制的时候,我会听到它们的,我相信你们一定可以写出完美的作品"。

在身为作曲人的几十年中,我从未获得如此程度的信任,得到如此多的自由空间。吉姆给予了我们充分的信任,作为回报,我们写出了《舞出彩虹》(The Rainbow Connection)。

获得信任是激发人类创造力的最佳手段,能够激发所有人身上最优秀的一面。

## ❷ 人们将掌握新的能力

身为领导者，我们会自然地倾向于相信那些已经充分展现出能力和水平的人，这通常是明智的信任的一部分。然而，给予信任的一个显著成果是，人们往往会发展出新的能力和技能。

例如，全球在线票务公司 Eventbrite 的首席执行官茱莉亚·哈茨（Julia Hartz）承认，在刚刚接任首席执行官时，她并没有做好准备或认为自己没有足够的能力。她说，"就像一个一直生活在《糖果乐园》（Candy Land）的人，突然之间来到了《电子世界争霸战》（Tron）"。此前的职业生涯并未让她获得担任领先科技公司的首席执行官所需的许多能力。事实上，她从来没有打算在科技行业工作。当然，在进入这个行业之后，她也没有想过成为首席执行官。

茱莉亚在大学学习的专业是广播新闻学，并在职业生涯的早期一直从事有线电视网行业——最先进入了美国MTV公司，之后一路跳槽到美国FX有线电视网。在有线电视网行业工作了5年后，她跳槽到一家新创办的网络公司。她对新职位很感兴趣，但报酬低于跳槽前的薪资。她现在的丈夫、连续创业者凯文·哈茨（Kevin Hartz）建议她跟自己一起创业，创办一家新公司。他们于2006年创办了Eventbrite，并自此一直发展壮大。

自成立以来，Eventbrite 取得了非凡的增长。到2016年，凯文已经担任首席执行官长达10年。心怀真正的企业家精神，凯文准备着手开创一个新项目，于是他提议让茱莉亚接替他担任首席执行官。董事会同意了，并委托她接任首席执行官一职，这一转变超出了茱莉亚的计划或预期。

"当你成为首席执行官时,这个头衔包含的某些东西会完全改变你的心态,"茱莉亚说,"我必须迅速弄清楚如何让自己集中精力、专注于使命,而不是让它代表的重大职责成为我的阻碍,减缓我的发展,或让我停止进步。"

董事会给予她的信任,以及凯文给予她的信任,激励她培养出一种新的能力,以支撑和领导一家市值数十亿美元的公司。她说,凯文"相信我可以做任何事",并说"如果你身边有个不断说'你可以做任何事'的人,你就会开始相信自己有这样的能力"。

董事会和凯文给予茱莉亚的信任又得到了循环,因为她创造了信任和激励的企业文化,并通过充分赋予员工信任,帮助他们培养出全新而非凡的能力。茱莉亚说,"我不想构建支配型文化,不想成为员工交付辉煌成果的阻碍。如果企业想要建立一种可持续的文化,就必须秉持一个强大的理念,确保员工能够接受它,并充分地发挥主观能动性"。

在茱莉亚的领导下,员工拥有了充分的自由。Eventbrite 的企业文化获得了无数赞誉,包括被卓越职场研究所提名为"100个最佳工作场所"之一,以及被玻璃门❶(Glass Door)评选为"员工选择的最佳工作场所"。

充分赋予他人信任、成为信任下属的领导,以及建立信任和激励的文化,是在当今不断变化的世界中培养与时俱进的相关能力所需的重要因素。

---

❶ 美国一家做企业点评与职位搜索的职场社区。在该社区中,可匿名点评公司,包括其工资待遇、职场环境和面试问题等信息。

### ❸ 获得信任的人，将以信任报之

当人们获得信任时，他们会受到激励，并通过回报信任来回馈这份善意，进而创造一个良性的、向上的信任和信心的循环，带来更广泛的信任和信心。值得信赖的人不仅会回报我们给予的信任，还会以此为榜样，将这份信任传递给他人，促进全体人员的成长和绩效的增长。

我最近在密苏里大学的诺瓦克领导学院发表了演讲。该组织以大卫·诺瓦克（David Novak）的名字命名。大卫于1999年成为百胜餐饮集团的首席执行官，该集团旗下品牌有肯德基、必胜客和塔可贝尔（墨西哥快餐品牌名）等。大卫的第一个机会出现在1994年，当时他应邀去振兴肯德基的业务。在大卫上任的时候，肯德基正在苦苦挣扎，尤其是各个加盟商与公司领导层之间已经积累了愤怒、不信任，甚至是怨恨等负面情绪。有几个人奉劝大卫不要接受这个职位，因为这注定会成为他职业生涯的"滑铁卢"。

无论如何，他还是决定接受这份工作，但他知道必须要着手推动变革，并且以改变对待加盟商的方式为切入点。他知道能否取得成功，取决于公司与加盟商之间能否建立信任，而不仅仅取决于公司是否值得信赖。他需要真正信任加盟商，而加盟商也需要相信并感受到这种信任。

他没有将加盟商视为有问题的人，而是选择将他们视为真正的合作伙伴——并且也是如此对待他们的。他向他的团队宣称"我喜欢与加盟商合作！"而当时的现实是，其他人都讨厌与加盟商合作。公司里的许多人都对此非常担忧，并告诉大卫，他的方法永远行不通——问题就出在加盟商身上。

出人意料的是，加盟商积极地响应了这份信任。他们更加努力地工作，并报以同等程度的信任。大卫给予他们的信任，使他们感受到了伙伴关系，这激发了他们更好经营的动力。大卫与他们合作创建了一个由加盟商组成的厨师委员会，研发了新品，并改进了产品供应。加盟商们都很欢迎这一改变，因为在前任领导者的管理下，他们所做的任何创新尝试都被视为不着调或违规操作。他们被严格要求遵守既定的计划。

之前的管理模式有着强烈的指挥和控制型风格，强调合规性。公平地说，合规性对于保持国际特许品牌的一致性来说确实至关重要。但仅靠合规性，并不能带来在当今不断变化的市场环境中成功运营所需的敏捷性。这种方法忽略了团队的创造力。毕竟，这些加盟商都是企业家，他们中的许多人将毕生的积蓄投入到业务的拓展和发展之中！他们选择这个行业，是因为激情与热爱。他们想要获得成功，并且和其他所有人一样，他们希望能够在通往成功的过程中做出有意义的贡献。

大卫给予加盟商信任的做法，极大地振兴了肯德基的业务——一位加盟商发明了肯德基的上校鸡块，这成为自吮指原味鸡以来最成功的产品。此外，通过厨师委员会，他们还开发了另一个非常成功的新产品——鸡肉派。肯德基的业务再次开始增长，并在短短3年内，利润几乎翻了一番。

当被问及如何评价在肯德基所获的成功时，大卫回答说："这一切都始于一个简单的决定：信任加盟商。作为回报，他们也开始信任我和公司。我们一起释放了员工的伟大潜力,由此走向成功。"

在肯德基取得成功之后,大卫随后成为百胜餐饮集团的首席执行官。在他的领导下,公司的收入从40亿美元增长到320亿美元,全球的餐厅数量翻了一番。信任下属员工——并认可他们的成就——帮助大卫建立了一种高信任度的企业文化,促使员工成长并取得显著的业绩成果。大卫告诉我,对他的领导风格的最好总结,就是他的一本书的书名,即"与人同行"(Taking People With You)。

领导力教练马歇尔·戈德史密斯也采用了类似的方式。当他与潜在客户会面时,会预先告诉他们自己的费用标准,但随后会补充说,"当你觉得我达到了你的期望时,才需要付钱给我。如果你认为我的服务不值得,就不需要付钱"。只有基于信任的口头约定,没有任何合同或书面协议。

以信任为主导,马歇尔立即在双方之间建立起一种相互信任的关系。随后,他便能够更好地激励客户,帮助客户成长,以及做出他们想要的改变——因为作为回报,客户也给予了马歇尔充分的信任。他们知道马歇尔希望将他们的利益最大化,而不仅仅是为了赚钱,因此更愿意倾听和信任马歇尔——这两者都是(客户)获得成长和培训关系成功建立的基本要素。

> 去给予更多的信任吧!因为信任是人类的终极货币。
>
> ——**孟鼎铭**(Bill McDermott)
>
> Service Now 首席执行官

## 何时给予信任：开启信任的更好方式

信任始于一个信念，这一信念相信每个人身上都有伟大之处。作为领导者，我们的工作就是去释放这种伟大的潜力。信任也意味着我们需要承认，成长的力量来自种子自身，而不是园丁。就像播种一样，我们无法创造潜力，只是通过创造合适的条件，促进种子自身的茁壮成长，开发那些等待开发的潜力，实现那些可能实现的成就。

信任为成长和发展创造了正确的条件。信任能够唤醒他人，激励他们变得比以前更好，以此点燃人们内心的火焰。除此之外，信任还可以助力团队和组织的发展，以及家庭关系的构建。例如，如果我们让孩子参与家务的分配，他们是否会更愿意承担家务？信任他人，甚至是信任孩子，让他们有机会成长，可以产生比你自己能产生的更好的想法和成果。没有什么比信任更能鼓舞人心了！

当你以信任为出发点时，就能走得更快、更远。由于领导者需要率先行动，不妨将其视为"第一信任者优势"：当我们率先给予信任时，也将成为第一个从中受益的人。这么做还可以改变彼此之间的互动、关系和团队的性质——这通常是人们认可、欣赏和重视的东西。

> 任何人都无需等待就可以开始改善世界，这是多么美妙啊！
>
> ——安妮·弗兰克（Anne Frank）

再次强调，尽管信任他人有风险，但不信任他人往往意味着更大的风险。在后续章节中，我们将谈到成为信任和激励型领导者的常见障碍，将进一步阐述给予信任的方法，即如何在各种情况和环境中，巧妙而适当地给予信任。这将是实现信任的另一种实用方法。

几年前，我的女儿麦金利在执教一所男子高中的排球队时，亲身经历了这一过程。那是她在学校任职的第一年，她还不认识任何学生，所以在开学的第二天进行选拔赛时，她不知道会发生什么。当时，里昂大摇大摆地走进体育馆，他身材瘦长，身高约1.9米，16岁就留着浓密的胡须。他很吵闹，爱说大话，在选拔赛中游手好闲，还有点桀骜不驯。尽管他技术娴熟，球队也需要一个身高1.9米的成员，但因为他在选拔赛中的不当行为，麦金利认为他不适合球队。

当最终的球队名单公布时，里昂很失望地发现自己没有入选。他后来要求与麦金利会面，解释了打球对自己的意义，表示自己愿意比其他人更努力。麦金利由此对他和团队提出了明确的期望。"如果你能同意达成这些期望，我愿意相信你，给你一个机会，"她说，"你能做到吗？"

里昂同意了。那时候，麦金利完全没有想到，里昂最终不仅成为她最好的球员之一，还成为团队中最好的领导者和最受尊敬的成员。里昂抓住了这个机会，提供了亮眼的表现，成了球队的主心骨，提升了他人的成绩，并带领球队度过了艰难的时期。当麦金利在场上和场下需要有人帮忙时，里昂都是不二之选。

里昂还培养出了新的能力。每天练习结束后，他都会在体育馆多待一个小时，锤炼自己的个人技能；他主动为全队记录和分析数据，观看了无数个小时的比赛录像；他协助带领球队获得了地区冠军和有史以来最好的赛季成绩。

里昂不仅回报了麦金利给予的信任，还对他人给予了自己的信任。当一个身高同样1.9米的高一新生紧张地进入选拔赛时，麦金利无需多言。当时已经高三的里昂将他置于自己的羽翼之下，悉心指导并帮助新生获得了技能和信心。

但里昂并没有止步于此，他将这种领导力带到了自己参与的其他运动中，成为学校运动委员会的创始成员之一。在认识麦金利两年之后，里昂成为学校的"年度最佳运动员"——我女儿十分荣幸地为他颁发了奖项。

当我问及此事时，麦金利说："我什么都没做，只是给了里昂一个机会，而他抓住了这个机会。他身上自始至终都有伟大的潜力——我想他自己也知道这一点。他只是需要一个机会让它发光。我无法想象，如果他没有成为团队的一员，他或我的生活会有多么不同。"

里昂成功地应对了生活带给他的挑战，他变得更成熟了、更优秀了，并回报了麦金利赋予的信任，将这份信任传递给更年轻的同学。当然，信任里昂肯定是有风险的，但相较于最后获得的回报，这些风险看起来微不足道。

> 我认为，我们完全可以放心地信任他人，以远超当前的程度。
>
> ——亨利·戴维·梭罗（Henry David Thoreau）

## 行动号召

还记得我们在本章开头所做的练习吗？在这个练习中，你需要考虑一个给予你信任的人，现在我想请你反过来思考这个问题，问问自己：

我可以信任谁？

谁是你生活中或职业生涯中的"里昂"？对谁来说，你能成为麦金利，他（她）能成为里昂？或者像约翰·沃尔什之于我一样，在他（她）的职业生涯中发挥作用？又或者，扮演我的父亲在我生命中的角色？

给予信任
你如何领导
- 实行担责制
- 明确期望
- 帮助他人成长

换句话说，自己率先以身作则。对于哪些人，你可以成为给予信任的人？你会相信他们，对他们有信心，看到他们身上的闪光点，启发和信任他们。永远记住这一点：付出的信任从来不会被浪费，因为它的价值不在于对方的回报，而在于做出信任的决定。

我们的世界需要更多的信任，而不是更少；我们需要更多地信任他人，而不是更少；我们需要更多的信任和激励型领导者，而不是更少。虽然建立信任关系需要两个或两个以上的人，但开启信任只需要一个人——一个愿意以信任领导他人的人。

| 指挥和控制 | 信任和激励 |
| --- | --- |
| 值得信赖的品质 | 值得信赖的品质与付出信任的行动 |
| 成长的力量来自园丁 | 成长的力量在于种子自身 |
| 验证 | 信任 |
| 规定式的期望 | 双方一致认同的期望 |
| 规定式的担责 | 双方一致认同的担责流程 |
| 限制人们的发展 | 助力人们的成长 |

第七章

# 管家式领导第3原则：
# 激励他人，或"与'为什么'关联"

> 伟大的领导者……能够激励他人采取行动。那些能够激励他人的人，会给人们带来一种目标感或归属感……会拥有一批追随者。追随者们采取行动，不是因为受到影响，而是因为获得了激励。
>
> ——西蒙·斯涅克
>
> 《从"为什么"开始：乔布斯让Apple红遍世界的黄金圈法则》作者

**激励他人**
与"为什么"关联

人类历史上最伟大的冰球运动员之一韦恩·格雷茨基（Wayne Gretzky）曾被问及他是如何成为该领域内的顶尖球员的。他回答说，"我会提前滑到冰球将要去的地方，而不是它已经经过的地方"。

毫无疑问，在领导力领域，冰球正朝着激励型领导力的方向滑去。世界已经发生了变化，但我们依然停留在它曾经经过的地方。我们应该朝着变革的方向运动，朝着激励型领导力发展。

在接下来的几年里，我们将看到一场重要的、迫切的变革运动——将激励他人作为一项战略要务。仅仅试图驱动他人，或（以利益）吸引他人，已经远远不够了。

所有人都想要被他人激励。这源于一种信念，即每个人都是完整的个体，由身体、心灵、思想和精神组成。所以领导者的任务，就是由内而外地激励人们，而不仅仅是利用外部的刺激因素调动他们的积极性。这也源于另一种信念：领导就是管家式服务，因此领导者需要将服务他人置于自身利益之上。所有这些信念，加上世界各地的人们获得激励的愿望，使得激励他人成为信任和激励型领导者管家式领导的第3原则，即最后一条原则。

## 人们选择离开，不是因为组织问题，而是上司太糟糕

盖洛普最近的一项研究表明，50%的员工"在职业生涯的某个阶段辞职是因为管理者很糟糕"。不管多么热爱自己的工作，人们都不愿意和一个糟糕的上司共事。

我就是这50%中的一分子。辞职不是因为我不再热爱工作，而是因为上司不再值得我的付出。我猜你们中的很多人也和我一样。同样，尽管调查显示，80%的员工因为工作而倍感压力，但其中的绝大多数（75%）表示，他们在工作中遭遇的最大压力，来自直属上司。

所以说，糟糕的上司不仅会削弱生产力，还会削弱员工的活力和快乐程度。换句话说，他们会破坏员工的幸福感。

这种情况不仅仅发生在职场。研究表明，在学校里，影响学生成绩和成就的最重要因素，是教师。虽然学生可能无法像职场中的人那样选择辞职，但他们可以选择精神层面的"离开"，变得不爱学习、敌对教师，或者逃学成瘾。同样的事情也会发生在家庭环境中，你们身边是否也有这样的人，他们与家人的关系十分紧张，甚至可能因为不愉快的成长经历而选择与家庭彻底断绝联系？

不管在什么情况下，我们都需明白一个道理：金钱、奢侈品或生活方式等"事物"，永远不如人以及人际关系重要。这就是为什么信任和激励的口号是"管理事物，领导人员"。如果人们认为自己没有得到尊重，认为自身的价值和潜力没有得到重视，认为没有得到来自父母、上司或同事的激励，就会陷入人在心不在的状态，或干脆离开。不管留下来可能获得多少福利或便利，对他们而言都不重要——如果与领导者的关系糟糕，人们就不会留下来。哪怕员工被强制留下来，也不会积极主动地投入，他们在精神上和情感上实际已经离开了。

请记住，无论你扮演什么角色，是否有人需要向你汇报工作，你都是一个领导者。身为领导者，你的工作职责不仅仅是留住人，还包括以合理的方式引导他们，让他们有意识地、充满热情地选择留下来，从而实现茁壮的成长，并做出有意义的贡献。你不应该满足于只是将人留在团队、公司或志愿者组织里。

我们该怎么做呢？曾格福克曼对16种不同的领导能力进行了研

究，以确定哪种能力是成为"非凡领导者"的最有力因素。这包括积极主动、支持变革、有效沟通和鼓励创新等等。在16种能力中，明显突出的一种就是激励，即"激励他人，以取得亮眼业绩"的能力。

此外，当直接下属被要求对他们最希望领导者拥有的能力进行排序时，他们将激励能力排在16项能力中的第1位。激励能力不仅被列为人们希望领导者具备的最重要能力，而且远远甩开了其他能力因素，排在首位。正如曾格福克曼的调研报告所说的那样，这是一个"显而易见的首选项"。

这项研究表明，相较于其他任何事物，人们最希望从领导者那里得到激励。然而，多项研究（包括我们自己开展的一项研究）显示，大多数领导者在激励能力方面的得分很低。人们真正想要的和领导者能够给予的之间，存在着惊人的脱节，这最终极大地损害了个人和组织的生产力和幸福感。

> 我们并不是说在领导力方面存在所谓的"万能药"。但领导者激励他人，最接近于我们期望获得的万能解决方案。其有效性和强大的主导地位，再怎么强调也不为过。
>
> ——杰克·曾格（Jack Zenger）和乔·福克曼（Joe Folkman）
>
> 作家兼研究人员

## 每个人都能激励他人

由于媒体数量前所未有地庞大，我们生活在一个"影响者"无处不在的时代。尽管我们有时候愿意沉浸于不费脑筋的娱乐，但往往更会被那些能够激励我们的人或故事吸引，不管是我们喜欢的乐队，钦佩的演员，还是发自内心尊敬的思想领袖。

而到底是什么因素，使得这些人具备了激励他人的能力？是身份地位？性格美貌？幽默感？还是个人魅力？从我们亲身见识到或经历的事物中获得激励是很有趣的，但它也可能令人窒息。尤塞恩·博尔特（Usain Bolt）当然能够激励他人——他奔跑的速度可以达到每小时43公里！史蒂夫·乔布斯（Steve Jobs）当然也能激励他人——他彻底颠覆了6个行业！身为普通人，每天过着平凡的生活，我们很容易就能理解为什么这些人能够激励他人，也很容易会产生这样的困惑："如此平凡的我，要如何才能激励他人？"

这种疑惑背后隐藏了一个问题，即我们习惯性地将激励他人的能力与个人魅力相提并论。很多人相信，要激励他人——成为鼓舞人心的人——你就必须具备"激励性的"品质。社会学家马克斯·韦伯（Max Weber）说，"魅力是一个人的某种特质，凭借这种特质，他与普通人区别开来，并被视为拥有超自然、超人的，或至少是特殊的力量或品质"。

如果说激励意味着魅力，那么只有少数人能够做到——超人或者天赋异禀的人。大多数人并不认为自己是超人或者天赋异禀，我自己也这么认为。为此，我们需要将激励能力与个人魅力区分开来，因为事实就是，每个人都能够激励他人！

不可否认，的确有一部分人既富有个人魅力，又能够激励他人。但同时也存在很多富有个人魅力，却不能激励他人的人。不过，可能会令你感到吃惊的是，我认识更多没有突出的个人魅力，却能够有效激励他人的人。激励你爱上学习的二年级老师，或许并没有过人的魅力或特质，但他能够关心你、理解你。那个激励了你的邻居，或许并不强大或富有，但她信任你、支持你。事实就是，除了那些极富魅力、超乎常人的群体，在我们的日常生活中，还有更多普普通通的人，正在激励着他们的朋友、邻居、同事和家人。

所以说，超乎常人的魅力，并非激励他人的必要条件。你不需要成为一个拥有成千上万粉丝的媒体博主，或具备令人惊叹的美貌，或获得极高的公信力，因为激励本身并不依赖于任何身体或情感层面的品质或属性。相反，你是什么样的人，以及采用什么样的领导方式，才是真正决定你能否激励他人的因素。虽然个人魅力可能会激发动力，但产生激励作用的，只能是真实性。

我们可能会认为自己在这个世界上无足轻重，但或许对于某些人来说，我们就是他们的全世界。

更重要的是，激励他人是一个可以通过学习掌握的技能。

## 与人联系，与目标联系

既然每个人都想获得激励，那么最大的问题就是：我们如何激励他人？

管家式领导的前两个原则——以身作则和给予信任，就是很好的切入点。一个真实的、敢于展示脆弱性的领导者，其以身作则的示范行为，绝对能够激励我们。而那些给予了我们信任的人，也必定能够激励我们。

在"激励他人"这个管家式领导原则中，我们将践行联系原则，即与人联系和与目标联系。当我们能够真正地与人建立联系，令他们感觉我们的确"看到了他们",并对他们产生了真正的兴趣时,就能够激励他们。此外,当人们感到自己能够与目标、意义和贡献建立联系时,他们的一言一行就被赋予了意义,并由此得到激励。

一个信任和激励型领导者需要同时做到这两点:首先,他们需要与身边的人建立真正的联系,深刻理解身边的人对自己的重要性;其次,他们还需要知道如何将目标、意义和贡献与工作的重要性联系起来。

## 与人联系的3个层级:自我联系、人际联系和团队联系

在与身边的人建立联系的过程中,通过关注联系的3个不同层级,我们可以提升激励他人的能力:

**1. 自我联系**

**2. 人际联系**

**3. 团队联系**

建立起这3个层级的联系之后,我们就可以与工作本身建立强有力的联系,并致力于将其与目标感、意义感和贡献感结合起来。

此时,最重要的是要明白,所有类型的工作都可以变得有意义和重要,每个领导者都可以激励他人。下面,我们将从自我联系开始,探索如何与周围的人建立联系。

## ❶ 自我联系：找到自己的"为什么"

在帮助他人与目标建立联系之前，先为自己做这件事。找到自己的"为什么"，既是一个自我发现的过程，也是一个创造的过程。它始于真实的自我评价，因此让我们从诚实的自我反省开始。请向自己提问下列问题：

- 对我来说，什么是重要的？
- 对我来说，谁是重要的？
- 我早上起床的动力是什么？
- 在工作时，什么令我感到快乐？
- 在工作时，什么能够给我带来意义感和目标感？
- 我在什么时候感到最有活力？
- 我为什么要做现在的工作？
- 我的"为什么"，是什么？

每个人的"为什么"都不一样。对你来说，它可能与家庭、工作或人生的总体目标有关。无论是什么，只要你能够发现它，并将其与你心中的"为什么"关联起来，就能够有意识地帮助他人也这么做。他们将感受到你的真实性，并感受到你是有目标的。当你自己都没有感受到激励时，想要去激励他人就更不可能。当你逐渐确定什么对自己而言是真正重要的时，就能够激励他人去做同样的事情。并且，他们会想要以有意义的方式与你建立联系。

> 希望你能在有生之年找到生而为人的意义。
>
> ### ——切罗基族的诞生祝福

几年前，我面临着一个重大的职业抉择。我可以继续在杰出的房地产开发公司——特拉梅尔克罗公司工作，或者接受父亲的邀请，去他一手创立的柯维领导力中心工作。当试图确定哪个是正确的人生选择时，我感到有些困惑，并且不知道目标何在。在一次谈话中，父亲提出了一个简单的问题："你是想要建造房屋，还是塑造人才？"这个问题帮我找到了自己的"为什么"。

这个简单的问题让我想起了自己从事商业的初心——我喜欢培养人才，并想要最大限度地开发人的潜力。这个问题帮助我重新定位了自己的专注点和精力，帮助我认清了对我而言正确的道路是什么。换一个人，这个"为什么"或许就变成了建造房屋，因为这同样是一份能够提升人们生活幸福感的事业，同样是一个极具价值和重要性的"为什么"。关键点在于，每个人的"为什么"都是不同的。找到自己的初心，能让人充满新鲜的活力、激情和兴奋之情。当你自己觉得备受鼓舞时，就能够激励他人，因为激励是可以被传染的。

> 我们每个人都有注定的使命。只要你仍在呼吸，就可以为人类社会做出贡献。你真正的人生使命，就是尽快搞清楚自己的作用——你在整个人类社会中扮演的角色——然后尽己所能地去完成这份只有你能够完成的使命。
>
> ——奥普拉·温弗瑞（Oprah Winfrey）

## ❷ 人际联系：关怀他人

我相信，这世上的资源足够满足所有人。因此，身为领导者，我们的职责是将彼此关爱提升到相互竞争之上。这种信念能够帮助我们树立富足心态，激励我们去关怀他人。指挥和控制的主要动机是自身利益，而信任和激励的主要动机是关怀他人——有些人也会将这种关怀称为"爱"。

人们想要建立彼此之间的联系，这是一个不争的事实。人们想要知道自己被人关心，正如老话所说，"在知道你有多么关心他们之前，人们并不在乎你懂得多少知识"。当你的上司询问起你的家庭，并且是发自内心地关心时，工作对你是不是有了不一样的意义？当你的团队成员记得你在周末要参加一个重要的社区活动，并真诚地祝愿你一切顺利，或者提供周到的建议甚至帮助时，你会有什么不一样的感觉？当你感到其他人关心对你来说重要的事物时，你会想要以同样的方式回应：也对他们报以关怀。

贝瑞威米勒的首席执行官鲍勃·查普曼（Bob Chapman）建议领导者不要以传统的"控制目标"角度来对待直接下属，而是以"关怀对象"这一变革性和扩展性的方法来对待他们。当你这样做时，你表现出的关怀不仅能够帮助你与直接下属联系起来，还能够帮助你逐渐与身边的所有人联系起来。

与其问一段人际关系"能够给我带来什么好处"，不如采用"我要怎么做才能最好地服务他人"的心态。当你真诚地去了解并与你周围的人建立联结时，对他人的关心和关怀就会得到强化，你的爱也如此。

与你在探寻自己的"为什么"时问自己的问题类似，你也应该问问你的同事、伴侣和孩子，"你的'为什么'是什么？对你而言，什么是重要的？"如果你能够首先搞清楚自己行为背后的原因，并通过展示真实自我的方式与他人分享这些信息，那么其他人将更有可能以同样的方式回报这份善意——他们也将找出自己的动机，并与你分享。

在职场环境中，应该尝试了解除了工作之外，还有什么东西对他人来说是重要的。他们为什么来上班？是为了养家糊口？还是为了挣钱买新版的游戏系统？还是因为他们热爱这一工作领域？了解这些原因——不管它们是什么，你将能够更好地理解他人。当你理解了他们时，更好的人际关系也将水到渠成。

尽管一些企业有着重要的使命，但其员工来上班的唯一目的可能就是维持工作，养家糊口。这就意味着他们的贡献将是最少的，目标就是不要下岗。然而，这并不意味着这些员工没有更有意义的追求或理想。只是他们可能需要外界的帮助，才能够将这些兴趣爱好与工作联系起来。

关怀他人的两个关键属性，是同理心和同情心。当我们从同理心出发时，就能够竭尽全力地理解他人的处境和立场，不带有评判、评估或解读，仅仅是理解。当人们认为我们真正地理解了他们时，就会倾向于信任我们，并因此得到激励——或者至少，他们愿意敞开心扉。

同情心则意味着除了理解，我们还要采取行动去帮助对方。了解到身边的人需要什么之后，我们就会去积极地提供帮助。同情的字面意思就是"与他人的经历同行",这也使得护士通常成为病房里最值得信赖的人。医疗保健数据显示,包含同理心和同情心的关怀是影响患者就医体验的最重要因素,而护士往往是提供关怀的最佳人选。当患者感到被照顾、关心和理解时——被给予了同理心和同情心时——他们的体验就会得到改善。

> 在领导者的晋升考量中,应该将关爱与关怀的美德纳入考量范围。我们不应该只晋升那些最有能力的人,还应该提拔那些最具爱心和关怀能力的人。
>
> ——约翰·麦基(John Mackey)
> 全食超市创始人兼首席执行官

你秉持什么样的心态呢？如果你对直接下属说,"我的工作激情就是发掘你的潜力",并且发自内心地遵循这一原则,那么就能够向他们和其他人传递强有力的信息。

有一次,我和我的团队与真棒美发连锁店合作,并与琳达进行了讨论——琳达是该公司一家美发沙龙的主要负责人之一,已经在那里工作了20多年。我的同事问她,为什么选择在真棒美发连锁店待这么久。她回答说:"因为这里的员工！我喜欢剪头发,但在哪个沙龙剪头发都可以。真正让我充满激情并想要留下来的,是这里的人——我喜欢与他们一起工作并看到他们成长。"你大概可以猜到她的员工对她是什么样的感觉。

作为一名领导者,如果你的"为什么"之一是帮助员工成长,并帮助他们充分实现个人潜力,会怎么样呢？这可能是你在生活中可以体验到的一件最有价值的事情,也是关怀的一个很好的体现。

最近,我遇到了30年前自己在柯维领导力中心聘用的一位同事。当时,我是一名年轻的高管,而她刚从大学毕业。当我们回想起第一次面试的场景时,她的讲述令我深感触动。她告诉我,这么长时间以来,一直令她难忘的并不是任何面试问题,或是对这个职位的思虑,而是在面试开始之前,我就自己在组织管理过程中遭遇的一个问题,询问了她的个人意见。正如她所说,我坦率地概述了自己面临的困境,并询问她是否愿意贡献个人的想法。她表示,我将她视为一个独立个体所表现出的关怀,以及我对她的意见的兴趣,深深打动了她。

我们俩都不记得当时具体探讨了什么问题,但她表示,直到今天,她都从未忘记我对她的关心——我对她个人意见的重视就是充分的证明——这让她感受到了关怀与信任。而当时的我,完全没有意识到这一点。

> 我了解到,人们会忘记你说过的话,忘记你做过的事,但永远不会忘记你带给他们的感受。
>
> ——玛雅·安吉罗

## ❸ 团队联系:打造归属感

如果你通过关怀与身边的人建立了牢固的联系,那么当他们聚集在一起组成一个团队时,你就为建立强烈的团队归属感打下了坚实的基础。归属感是将一群人变成一个团队的关键。它使熟人变成真正的朋友,使陌生的邻居变成团结的社区。它将家庭联系在一起,也是部落团体的运作方式。比团队成员共同承担工作更强大的是团队内部的纽带和关系。

要建立一个强大的团队，我们需要了解如何将每个人联系起来，并为所有人创造归属感和包容感。我们需要找出对每个人以及对整个团队来说，什么是重要的。人们需要看到并感受到，作为团队的一员，他们对团队有多重要。如果我们周围的人觉得他们是成就某种伟大事业的重要成员，将会变得精力充沛，并受到激励，想要以全新的、不同的方式做出贡献。

只有此时，团队才能找到存在的意义并开始运作。有时，领导者甚至不需要领导任何人，因为团队文化如此强大，团队成员实现了自我领导。人们产生了一种自我激励，而非被操纵的感觉。当他们彼此联系并围绕共同的目标团结合作时，就将取得更好的成果。工作成了一个共同创造的过程，因为团队中的每个人都感受到了主人翁精神，这就是为什么自我领导的团队可以变得如此强大。

> 我们的开发团队的工作不是寻找故事，而是创建能够高效协同工作的团队。
>
> ——艾德·卡姆尔（Ed Catmull）
>
> 皮克斯首席执行官

同样，父母也可以在家庭中营造这种氛围；教练也可以在运动团队中创造这种感觉；外科医生也可以在手术室中打造这种环境；军事领袖也可以在部队中建设这样的队伍。我一直很喜欢在莎士比亚的戏剧中，亨利五世在圣克里斯宾节那天做的演讲。在一场史诗般的战斗之前，这场演讲激励了人手严重不足的战斗部队，最终以少胜多，取得了胜利。他在演讲中说道："我们的人数的确逊于敌军，然而我们是快乐的一班兄弟；今日，与我一同上阵杀敌者，皆为吾之手足。"

曾体验过这种紧密联系感和归属感的人，肯定会想要一次又一次地体验它，因为它提升了表现的基准线，并设定了可能达成的崇高目标。我认为，组织学习专家彼得·圣吉完美地阐释了这一点：

当你询问人们，成为一个伟大团队的一员是什么样的感觉时，最引人注目的回答是这段经历带来的意义。人们会表示，自己成为更伟大事业的一分子，真正地与他人联系在一起，获得了超高效的生产力。显然，对于很多人来说，成为伟大团队的一员是他们人生经历中最充实的体验。一部分人在余生中都在寻找重新获得这种体验的方法和渠道。

这种充满归属感和包容性的联系，创造了一些与众不同的东西。这并不是无处不在的，因此人们有时需要去寻找它。

所以，人们选择离开的原因不仅仅是糟糕的上司，还可能是糟糕的团队氛围，哪怕他们热爱自己的工作。反之亦然，哪怕一份工作对于一个人来说不是特别重要，但与上司或与团队成员之间的良性联系，通常会弥补工作本身的不足，把人才留住。因此，尽管在很多情况下，我们的工作可能没有那么令人兴奋，但成为优秀团队的一员，并获得足够的归属感，本身就能够激励我们做出更好的表现。

我曾认识一位年轻女子，在过去几年里，她一直在一家咖啡店兼职，赚取学费和生活费。她并不是发自内心地热爱为人们提供咖啡这件事，也完全可以在离学校更近的地方找到其他类型的兼职。但她很喜欢咖啡店的老板和同事，因为老板在所有员工之间建立了一种友善互助的精神，这让她的工作变得更有意义，也更愉快。

信任和激励型领导者需要培养有利于每个人的人际联系。根据前文所述的来自贝恩咨询公司的研究，紧密的人际关系能够发挥激励作用，而激励则会带来令人难以置信的成果——员工的工作积极性提升了56%，职业满意度提升了125%。

## 通过关联目标实现激励

我们可以有意识地寻求与自我、身边的人以及团队之间的联系。在自我联系层面，只要找到我们努力的原因（那个"为什么"）即可，这需要一种真实感；在尝试与身边的人建立联系时，我们需要提供一种关怀感；在与团队建立联系时，我们需要创造归属感和包容性。在实际工作之外，仅仅是建立这3个层级的联系，就足以达到激励的目标。

在建立这3个层级的联系之后，我们就可以与工作本身建立联系，在工作中创造一种贡献感——与目标、意义，以及为什么我们所做的事情很重要建立联系。

## 从成功到意义

人们用他们的整个职业生涯，有些人甚至用他们的一生，去追逐所谓的成功。对于很多人来说，成功只意味着不再需要努力工作就能满足基本需求。它可能是不再需要为物质需求而担忧，也可能是获得一种强烈的地位感。

有些人的目标则更为高远一些。他们有的想要积累更多的金钱财富；有的想要追逐奥运金牌，或成为所在领域的顶级选手；有的希望能够晋升到组织的最高层；还有的希望凭借自身成就获得认可和知名度。

然而，大多数人发现，仅仅获得物质层面的成功是远远不够的，人们需要获得更多的东西。马斯洛本人在晚年修正了他早期定义的需求层次理论。人类的需求层次通常以一个金字塔形式呈现，最顶部（最高层次）是自我实现——我们可以称之为成功。马斯洛后来认识到，自我超越——我们可以称之为意义——才是"最高、最具包容性或整体性的需求层次"。

想象一下：如果有人请你每天挖一个洞，然后在一天结束时，把这个洞重新填上，除此之外，没有任何其他的要求，你觉得对方付你多少钱，你才愿意做这件事？你愿意做多长时间？如果支付的酬劳很丰厚，或许你会愿意坚持做一段时间。

但到了某个阶段，酬劳是否很丰厚也不再有意义。因为归根结底，真正重要的是我们是否具备重要性，我们能否让世界变得不一样。人们想要知道，自己的人生和工作是否重要，是否有意义。他们想要在自己花时间去做的事情中找到意义，而不仅仅是获得收入。没有人想要在费心费力地做完某件事情之后，才发现自己做了无用功，或发现自己做这些事情的初衷毫无意义。当然，不管做什么，获得报酬都是一种正常的期许，人们都想要获得合理的报酬。但我们迟早都会意识到，金钱报酬不过是其中一个因素，而不是我们努力付出的终极目标。将金钱视为最终目标的人，最终也只会以失望告终。这就是成功与意义之间的差别。

> 金钱既不能激励最优秀的人，也不能激发每个人身上的最大潜力，只有目标感才能做到。
>
> ——尼洛弗·莫晨特
>
> 《唯一的力量》作者

在世界上的许多地方，人们满足基本的生理和安全需求的能力不断提高。因此，人们有了更多的时间和精力专注于自我实现和自我超越。现代社会提供了无限的选择，使人们拥有了更多可选的工作机会，单纯的物质成功已经不再像以前那样有分量了。现代社会的人们，更想要利用自身的才能、技能和时间，做出有意义的贡献——活出一个具有意义感和成就感的人生。

成就咨询公司的一项调查显示，"97%的千禧一代更喜欢利用自身的技能为伟大事业做贡献"。尽管人们通常认为千禧一代确实是这样的（毕竟他们经常被称为"有使命感的一代"），但实际上每一代人都是如此。Imperative和领英的一项调查显示，实际上，辈分越老的人，"使命感导向"的特征越明显——婴儿潮一代的使命感最为强烈。因此，我们认为，所有世代的人，即所有人，都希望获得成就感和意义感。

西蒙·斯涅克说得很对，我们需要"从'为什么'出发"，每个人、每个团队和每个组织，都需要有一个"为什么"，一个有意义的、令人信服的理由去做他们所做的事情。然而，仅仅拥有一个"为什么"，还远远不够。一个信任和激励型领导者，不仅要从"为什么"出发，还需要进一步帮助人们将这个"为什么"与自己的工作关联起来。换句话说，他们需要"与'为什么'关联"。

> 关于千禧一代如何追求目标感的文章很多。但我逐渐意识到，每个人都想要获得目标感，这就是造就伟大事业的秘方。
>
> ——凯瑟琳·霍根
>
> 微软公司首席人事官

人们想要的，不仅仅是报酬，还有意义和价值。每个人都想要有所作为、有所贡献、留下功绩或美名，因此在这一条管家式领导原则中，与人们产生关联，并与目标感建立联系，变得至关重要。在一个充满了无限选择的世界里，不管来自什么地方，所有人对意义和价值的渴望都日益高涨，因此成为一个能够激励他人的领导者，将改变游戏的规则。

## "使命、愿景、价值观"与"目标、意义、贡献"

人们可能牢牢地记住了企业组织书写的"为什么"，但可能没有真正地领悟并关联到自身。许多企业和组织投入大量的时间、培训和资源，确保员工了解组织的使命、愿景和价值观。我个人赞同这种做法，因为它可以为组织提供一个强有力的引导方针，是一个真正的"指南针"，且很好地阐述了该组织的"为什么"。但如果组织的成员没能与之建立有意义的关联，那么这些描述也不过是挂在墙上的空口号。

例如，我曾与许多组织合作过，组织的成员的确可以记住组织的价值观，但这些东西并不能推动他们的行动或决定。除了这些文字阐述之外，人们真正想要的，是与一种深刻的目标感、意义感和贡献感相联系。这是一个相似的理念——与"为什么它重要"关联——更深入实际的应用。我也曾有幸与一些已经达成这一点的组织合作，它们的组织文化和绩效几乎实现了翻天覆地的变化。

> 当员工被要求奉献自己的时间和精力时，是为了什么目标，为了谁的利益？我们为之努力的目标，是否真正地值得所有的积极性、想象力和激情？
>
> ——加里·哈默尔（Gary Hamel）
> 作家兼教授

教育就是这一现象的很好的例子。很少有哪个职业能够像教书这样，具备崇高的使命感。教育的愿景，是帮助青少年成才，成长为负责任的公民。大多数人都认为，相信这一愿景，并将毕生奉献给教育行业的人，都应该能够以教师的身份，实现职业的蓬勃发展。然而，44%的教师在就业不足5年就选择离开教育行业，50%的在岗教师考虑随时离职。盖洛普针对教师敬业度的研究发现，全身心投入教学工作的教师比例，仅略高于30%。

在我看来，这与教育从业人员内心的操守，或他们的素质无关，而是因为他们面临着诸多严峻的挑战，并无法与教育的使命感相联系。人满为患的教室、人手不足的师资团队，以及缺乏资源、支持和赞扬，是教师不得不面临的真正障碍。但是，与大多数行业一样，最大的障碍可能是许多教育管理者依然采取了指挥和控制为主的领导风格，这种风格根本不信任或不能激励教师。

如果教师没有感受到被信任或受到激励，他们又怎么能够激励学生？尽管教育系统显然需要系统性的变革，需要增加更多的资源投入，但使得教师群体与目标、意义和贡献建立真正的联系，可能才是帮助他们应对诸多现实挑战、激励他们的一个良方。

在教育这样一个天然明确了使命、愿景和价值观的行业中，都已经发生了此类错位和脱节，那么可想而知，在其他行业里，可能会存在更加显著的鸿沟。

有一次，我在世界商业论坛发表了演讲，排在我前面登台演讲的是哈佛商学院教授迈克尔·波特（Michael Porter）。他指出，有远见的企业和领导者会认识到，"企业社会责任"虽然是一个很好的实践，但在当今世界，还远远不够。人们不只是希望公司做到"不作恶"，还希望它们能够"创造共享价值"——将服务社会嵌入实际的商业模式本身，而不仅仅是作为一个可有可无的点缀或补充。人们希望企业不仅要负责任，还要有意义，有超越利润的更崇高目标，并为支持它们运作的社区做出贡献。

要求企业承担起企业社会责任的确是一件好事，但许多企业选择生搬硬套地操作，这通常是为了应付民众的期望，或避免不负责任的形象——它们只是在遵循社会提出的要求。这就是指挥和控制式的应对之法——或许是开明的指挥和控制，但仍然没有发生根本性的转变。现在将企业社会责任与信任和激励的做法（波特的"创造共享价值"概念）进行对比——在波特的概念中，社会贡献不仅仅是一个必须完成的任务，还是一个明确的企业宗旨，与利润一样重要。这种对比不仅引人注目，而且令人备受激励。

有一次，当我看到一个人穿着一件T恤，上面写着"将为意义而工作"时，不禁多看了几眼。仅仅拥有使命、愿景和价值观陈述，或仅仅在理智上接受它们是不够的，我们必须明确地与它们建立联系，不仅是为了自己，也是为了他人。我们必须挖掘真正的目标、意义和贡献，因为它们是激励的源泉。相较于任何其他能力，现代社会的人们更希望受到领导者的激励和启发，并利用这种激励推动自己和组织完成一些更崇高、更有价值的事业。

归根结底，生命的价值在于贡献，而非个人财富的积累。"我们需要你贡献最优秀的想法和最大的努力，因为这样一定会让股东们满意"——这种说法并不能激励任何人，让股东们满意肯定是重要的，但这个目标本身不具备任何激励性。

一个截然相反的操作来自退伍军人联合房屋贷款，这是一家专门服务于退伍军人的贷款机构。它提出的价值观对全体员工而言没有停留在口头上，而是他们真正的信仰和真实的运作方式——"充满激情，享受乐趣""以诚信交付成果"和"改善生活每一天"。机构的人员说："作为一个团队，能够服务那些服务了国家的人，我们倍感自豪。知道所做的事情充满了意义，也让我们找到了目标感。"

他们的确做到了——这家公司每年都位列《财富》杂志"100家最适合工作的公司"榜单上。然而这也不足为奇，基于我在过去几年中与他们合作的第一手资料，我可以肯定地说，这个机构拥有崇高的目标。高尚的目标最终转化为激励作用，不仅帮助退伍军人改善了生活,也提升了该机构的业绩表现。

## 工作:贡献感

我们有时会卡在使命、愿景和价值观层面,无法达到目标、意义和贡献层面,原因在于:我们总是试图跳过各个层面中最重要、最基础的阶段,即在自我联系的层级实现真实性,在人际联系的层级给予关怀,在团队联系的层级营造归属感。缺乏了强有力的联系和群体感,工作再吸引人都是徒劳。它可能会变得空洞,使人感到被强迫。

人们可以在拯救生命的高尚领域工作,但如果他们感受不到来自他人的关怀,或没有归属感,终究会选择离开。如果试图在人们没有感觉到内在意义的情况下,人为地创造意义,不仅不会产生作用,可能还会适得其反。反之,当你能够挖掘真正的意义和目标,就可以在各个层面创造非凡的价值。麦肯锡咨询公司在一篇题为《在危机时期点燃个人目标》(Igniting Individual Purpose in Times of Crisis)的文章中,论述了以下内容:

> 目标感会显著地影响员工的就业体验,而这反过来又能够带来更高水平的员工敬业度、更坚韧的组织承诺和更强烈的幸福感。那些发现自己的个人目标与工作内容相一致的人,往往会从职业角色中获得更多的意义,从而提升生产力,提供超越常人的优异表现。我们的研究发现,员工的目标感与公司的利润率之间存在正相关关系。

简而言之,我们首先需要建立个人联系,才能获得创造、挖掘意义和目标的权利。如果我们能够做到这一点，人们就会允许我们在他们的工作中施加影响、激励他们，这最终可能使我们获得超乎预期的结果。因为我们在与他人建立联系时所做的前期工作会带来更多的激励作用，使员工想要尽其所能、主动创造。当你作为领导者提出新计划时，团队成员将更有可能积极参与。为什么？因为他们了解你、信任你——他们知道你的"为什么"，知道你不想要漫无目的地盲从，而是寻求发自内心的承诺——在你的激励之下，他们愿意主动地付出和参与。

## 一对一建立信任，激励众人

所有这些道理再度回归前文提到的原则，即在事物方面追求效率，在人员方面追求效能。有些人可能会认为，一对一地建立人际关系效率过低，可能需要花费很长时间才能够建立起一个规模足够大的人际关系网。尽管一对一的方式的确效率不高，但其效果卓绝，且能够带来长期的好处——这最终一定是更有效的，因为我们实际上是在跑一场马拉松。或许作为领导者，我们能够开展的一个最有效的活动，就是与直接下属进行一对一的交流，因为这样显然能够给双方带来更深远且鼓舞人心的影响。

另一种事半功倍的方法由道格拉斯·R.科南特提出，他凭借这个方法彻底地扭转了金宝汤公司的业绩。他之所以能实现业绩的革命性突破，是因为他首先投入时间与员工相处。这些年来，他给公司的员工发出了超过3万条的手写便笺，这就是最好的证明。科南特知道，在与人打交道时，快就是慢，慢就是快，欲速则不达。一个又一个地与下属员工建立联系，最终反而能够使他进展得更加顺利和迅速。所以，在与人打交道时，如果我们试图跳过那些打基础的步骤，不仅可能导致整个进程变慢，甚至还会导致最终的停滞不前。

## 如果我身处的组织，或担任的职位，并不具备天然的激励性质，该怎么办

有一些组织的宗旨天然具备了激励人心的效果，例如救死扶伤的医院，或是提供安全和保护的应急中心等等。其他的组织通过赋予自身目标，可以将看似平凡的工作转变为不平凡的事物。

例如，当我访问佩珀代因大学格拉齐亚迪奥商学院时，受到的触动如此深刻，以至于终生难忘——这段经历仍在持续地影响着我的人生。教职团队与我分享了他们的人才培养思路，即不专注于培养世界上最好的领导者，而是专注于培养能够最大限度地给世界做贡献的领导者，这与这所大学的宗旨、服务和领导力理念相一致。用他们的话说，"对世界贡献最大的领导者努力做到最好，而不仅是成为最好。我们相信，世界上最好的领导者，和对世界贡献最大的领导者这两个概念之间，存在着天壤之别"。

这是多么鼓舞人心的愿景和贡献！这所大学的学生和教职员工不仅在学校学习和教学期间都感受到了与这种变革性的、鼓舞人心的与目标的联系，在毕业或离开学校之后，仍深受其影响，这种影响力是持久而深远的。我们提倡的一个基本信念是：持久的影响力必然是由内而外产生的，这与佩珀代因大学的实践是类似的。

然而，对于很多工作而言，要产生这样的目标感并不容易。比如

说,你怎么在扫地的工作中创造意义?但实际上可以为所有人和几乎所有的工作或情况赋予目标、意义和贡献。

一个可以佐证这一点的案例,来自美国第35任总统约翰·肯尼迪(John F. Kennedy)。他在向全美承诺10年内"送人类登上月球并安全返回"后访问了美国宇航局。传闻称,肯尼迪总统在视察期间遇到了一个清洁工,并询问对方在做什么,清洁工回答说,"我正在帮助美国将人类送上月球"。美国宇航局全体上下的目标感如此强烈,以至于清洁工也将自己视为伟大事业的一分子。这个清洁工和办公楼里工作的科学家一样,明白自己的贡献也同样关乎伟大的登月项目,他自己也因此备受激励。

你觉得清洁工的工作与伟大的登月目标之间有着多大的不同?扫地和载人登月看似是两件完全不相干的事情,但每一项细微的工作,都能够促进最终目标的实现。每个人都能够为自己的工作感到自豪,无论从事的是什么样的工作——当然,不管工作多么重要,也总有人认为自己的工作一文不值。总之,与目标相联系,可以带来显著的影响。

同样的道理,也可以在3个泥瓦匠的故事中找到。有人问正在工作的3个泥瓦匠:"你们正在做什么?"第1个泥瓦匠回答说,"我是个泥瓦匠,正努力砌砖,养家糊口";第2个泥瓦匠说,"我是一个建筑工人,正在修建一堵墙";第3个泥瓦匠则说,"我是大教堂的建造者,正在为无所不能的上帝建造一座伟大的大教堂"。同样的工作任务,却有3个完全不同的视角——第1个人将其视为一份工作,第2个人将其视为一项事业,而第3个人赋予其使命感。事实上,目标可以让一份普通的工作变成一个崇高的使命。

> 哪怕你没有更换职业,也能够将一份工作转变为一项事业,最终转变为一个使命。
>
> ——**安杰拉·达克沃斯**
>
> 教授,《坚毅:释放激情与坚持的力量》作者

像圣裘德儿童研究医院这样专注于儿童癌症治疗的伟大组织,其宗旨本身就具备了激励性。而对于其他组织,可能需要从更为创新的角度发现其宗旨。但无论如何,我们几乎都可以给所有的组织或行业带来贡献感。一些组织选择积极参与社会公益事业,例如采用"买一赠一"的模式。其他组织可能在深思熟虑之后选择以更富创造力和更具激励性的方式,制定和阐明自身的宗旨。

在下文选取的案例中,各个企业可能来自不同行业,并且它们的业务看起来没有那么多天然的、固有的意义,然而这些企业都能够明确其宗旨,找出一种崇高的意义感,并且通过将所做的事情与它们为什么重要联系起来,帮助和激励其他人。

### 耐克:运动服装制造企业

"为世界上的每一位运动员,带来灵感和创新。"

"只要你拥有身体,就能够成为运动员。"

### 星巴克:咖啡零售连锁店

"激发和培养人类精神——每人、每杯、每个社区、每个时刻。"

### 迪士尼:媒体和娱乐集团

"通过神奇的体验,给人们创造幸福。"

**巴塔哥尼亚:户外装备制造企业**

"我们的所有业务,都是为了拯救地球家园。"

**哈雷戴维森:摩托车制造商**

"我们不仅生产摩托车,还代表着对冒险的永恒追求,以及灵魂的自由。"

当你相信你的工作是为了更崇高的事业做贡献时,你是否会更愿意去付出努力?是否会更投入、更积极和备受激励?这给你带来什么转变?这就是为什么我们需要与目标关联,与"为什么"关联!意义一直都在,我们只需要发现它,然后与之产生关联——一旦我们做到这点,激励将随之出现。

作为领导者,这是我们面对的非凡机遇和挑战:我们有机会创造目标、意义和贡献,并将其嵌入几乎所有组织的所有角色中。任何组织的本质是其与一个目标的关系。

## 能外部驱动,却不能内在激励

你是否曾遇到过能够真正激励人心的领导者?或是同事?或是朋友?反过来说,你是否曾遇到过那些能够外部驱动,却不能从内心激励他人的人?在大多数人看来,安迪·皮尔森(Andy Pearson)是一个非常具有驱动力的领导者,总是能够带来令人眼前一亮的业绩。安迪在1971年至1985年间执掌百事公司,将百事公司的利润从11亿美元增加到80亿美元。他对员工提出了很高的业绩要求,且其工作方式的确推动了这些业绩目标的实现。

然而，安迪驱动员工的主要手段，是（带来）恐惧、惊吓和对数字的狂热追求。每一年，他都会毫不犹豫地裁掉10%至20%的员工，向其他人明确地传递（业绩至上的）信息。这种采用末位淘汰制、以恐惧为驱动力的管理风格的确取得了效果。他甚至进一步提升了那些表现最佳的员工的预期业绩目标。安迪因对员工的严苛态度而闻名。正如百事公司的一位员工所说的那样，安迪对待人才的态度，往往是"残酷的磨砺"。事实上，他也被《财富》杂志评选为"美国十大最严厉的老板"之一。

如果你是他手下的员工，有人问你："他作为领导者怎么样？"你可能会回答："他的确能够驱动我们，却无法激励我们。"但我也要很高兴地说，安迪的故事并没有就此结束。在职业生涯的后期，他在退休后复出，采取了截然不同的领导方式。我们将在本书的后续章节中继续讲述他的传奇故事。

## 你能受到的最高赞美

想象一下，或许其他人能够给你的最高赞美，就是"你激励了我"。这种赞美本身就包含了其他所有类型的赞美。如果你激励了他人，这也意味着他们尊重你、重视你的生活和经历、信任你，你已经完成了一些他们正在努力追求的事情——无论是完成了一些伟大的任务，还是仅仅展示了一些吸引他们的重要品质。他们可能会觉得，你将他们与目标感联系了起来——或者是单纯地与你产生了联系和共鸣。在某种程度上，你给他们的生活带来了更大的意义。

> 得到他人的激励固然伟大，但成为激励他人的源泉堪称荣耀。
>
> ——茱丽叶·高登·罗（Juliette Gordon Low）
>
> 美国女童子军创始人

当人们告诉你他们被你激励时，你就会产生一种管家式服务的心态，希望看到他们的成功。你会想要去帮助他们获得成功。你想要看到他们成为最好的自己。所有这一切都不是为了获得回报或奖赏，而仅仅是因为帮助他人成长，或改善他人的生活，将给你自己带来意义。这种关怀的动机，即为他人服务的崇高品质，是推动我们成为信任和激励型领导者的原动力。

## 激励他人是你的工作……所以要擅长！

正如我们之前所讨论的那样，每个人都可以激励他人。作为信任和激励型领导者，你的工作职责就是激励他人。通过以身作则、给予信任这两个管家式领导原则，你将能够自然而然地激励他人。当你与他人建立联系时，就能够有意识地激励他们，进而将他们与工作中的目标感、意义感和贡献感联系起来，帮助他们达到新的水平。

将个人和组织的目标融合交汇的过程，就是我所说的"共同目标"的设定过程。对于某些人来说，他们的个人目标与组织的目标高度一致；而对于其他一部分人来说，两者可能只是部分重叠；还有一部分人，他们的个人目标和组织的目标可能根本无法匹配。关键在于，不管二者的融合程度是什么样的，每个人都有一个自己设定的目标。这一发自内心的目标，将驱动他们的决策和行动。作为领导者，你的工作是帮助人们建立与目标的联系，在这种联系建立之后，人们就能够获得全新的能量和（对目标的）理解。你越是能够帮助人们将个人目标与组织的目标相重叠，激励他们的可能性就越高。

```
            与人关联        与目标关联

              激励他人
              与"为什么"
                关联

            自我·人际·团队
```

永远要记得自省，从自身着手，先转变自己内心的想法，找到自己的"为什么"，然后再提升与他人建立关系和关怀他人的技能，帮助团队成员获得归属感。最后，让人们理解为什么他们从事的工作如此重要。我们需要能够激励他人的领导者。这是你的工作职责，并且你可以做到擅长！激励他人，是一项可以通过学习掌握的技能。

> 无论你做什么——无论你是清洁工还是首席执行官——你都可以不断审视自己的工作，并询问自己它如何与他人关联，如何与更伟大的事业关联，如何表达你最深刻的价值观。
> ——艾米·瑞斯尼斯基（Amy Wrzesniewski）
> 耶鲁大学商学院教授

### 思考下面4个陈述，勾选出最符合你与他人及目标关联情况的数字

| | 绝不符合 | ↔ | 某种程度上符合 | ↔ | 绝对符合 |
|---|---|---|---|---|---|
| 我已经确定了自己的"为什么"，清晰地了解了自己的目标感、意义感和贡献感。 | 1 | 2 | 3 | 4 | 5 |
| 我与团队中的每个人都建立了联系，我的员工都知道我发自内心地关怀他们。 | 1 | 2 | 3 | 4 | 5 |
| 我已经在团队中构建了真实的包容性和归属感，每个人都能够放心、安全地全身心投入工作。 | 1 | 2 | 3 | 4 | 5 |
| 我已经在所做的工作中充分融入了目标感、意义感和贡献感，不管是在个人层面还是在团队层面。 | 1 | 2 | 3 | 4 | 5 |

## 管家式领导3原则小结

在第五章、第六章和第七章中，我们介绍了信任和激励型领导者需要遵循的管家式领导3原则，它们分别是：以身作则、给予信任和激励他人。单独来看这3项原则，它们每一项都至关重要，但要推动真正的变革，我们需要同时做到这3点。正如我反复强调的那样，只

要做到这3点,我们就能够成为推动转型和创造业绩的不可思议的催化剂。

首席执行官萨提亚·纳德拉就是信任和激励型领导者的典范,展示了前述3项原则。正如你在本书开头所读到的那样,他重塑了微软公司。而他取得的非凡成就,应归功于领导风格——他能够以身作则、给予信任和激励他人。

在接手微软公司时,纳德拉面临的是可能吓退很多人的糟糕情况,但凭借谦逊和勇气,他给全体员工树立了一个绝佳的榜样。纳德拉表示,"我们有着大胆的雄心和壮志,所以我们也应该大胆地推动企业文化的变革和进步"。凭借无所畏惧的勇气,纳德拉改变了微软公司的病态企业文化,并使得一家正在逐渐丧失市场竞争力、变得无足轻重的公司成功地东山再起,这超乎了所有人的预料和预期。

纳德拉同时还是谦逊和感恩的榜样。在接受微软公司最高领导职务时,他选择低调上岗,深思熟虑,没有一丝傲慢。他不会因为推动微软公司实现了历史上最了不起的变革而沾沾自喜或邀功。相反地,他肯定和赞扬了所有受到他激励的人,并告诉他们:"谢谢,没有你们每个人的坚韧、韧性和努力……我都不敢想象微软公司今天会是什么样子。我深深地、发自肺腑地感激大家。"

在其他鼓舞人心的领导特质中,纳德拉还以身作则地示范了团队合作和友情,彻底改变了微软公司残酷的竞争氛围,进而彻底改变了公司的发展轨迹。在短短几年内,纳德拉和他的团队创造了一种"成长型思维文化",带来了不可忽视的成果。他还通过倾听,以身作则地示范了同理心,这也成为纳德拉领导力的基础。正如他所说:"倾听是我每天完成的最重要的事情,因为它将为我未来几年的领导奠定基础。"

微软公司的复兴主要归功于纳德拉对其员工的信任。他知道,成功不仅取决于帮助世界适应,还取决于帮助世界创新——他相信微软公司的员工能够做到这一点。他相信,微软公司的员工会变得更加敏捷,并以前所未有的方式创新;他相信,微软公司的员工能够进行高水平协作,从而使每个人都能贡献和创造;他相信,微软公司的员工能够恢复公司的地位和重要性。最终,他们做到了,不仅如此,他们还取得了远超预期的成功。

纳德拉深谙激励的重要性,他表示,"我的领导方式,是带着目标感来领导"。他知道,当一群"独立的个体由于共同的使命而团结起来",变成一个超过十万人的团队时,如果所有人都能够通过寻找目标和意义而受到激励——然后释放各自的潜力,就将取得伟大的成就。这就是发生在微软公司的事情。正如纳德拉所说:"我真的相信,我们每个人都必须在工作中找到意义。当你知道这不仅仅是一份工作,而是可以改善人们生活的伟大事业时,最好的工作就会出现。"

短短几年内,纳德拉和他领导的员工不仅为股东,还为所有利益相关者创造了非凡的价值。在此期间,微软公司创造的价值增速超过了优步、爱彼迎、奈飞公司、声破天、色拉布和众创空间的总和。换个角度看:纳德拉接任微软公司的首席执行官时,公司的股价是37美元;在撰写本书时,其股价已经暴涨至301美元。说纳德拉取得了超出预期的成就,都是一种保守的说法。

在纳德拉带着信任和激励型领导风格,以及他对管家式领导3原则的承诺到来之前,微软公司已经濒临死亡。现如今,微软公司成了历史上少数几家市值超过2万亿美元的公司之一。这一非凡的成就,说明了信任和激励型领导者拥有的力量——他以身作则、信任他人并激励人们尽其所能。正如纳德拉所说:"作为领导者,你必须做的第一件事就是增强被你领导的人的信心。"

当我们能够像纳德拉所做的那样,以身作则、给予信任和激励他人时,我们将增强被领导者的信心,人们会被我们吸引、受到激励,获得成长并尽其所能——无论情况如何。

如果我们能让同事、合作伙伴、学生、朋友、孩子和家人产生被激励的感觉,就可以帮助他们释放内在的伟大。

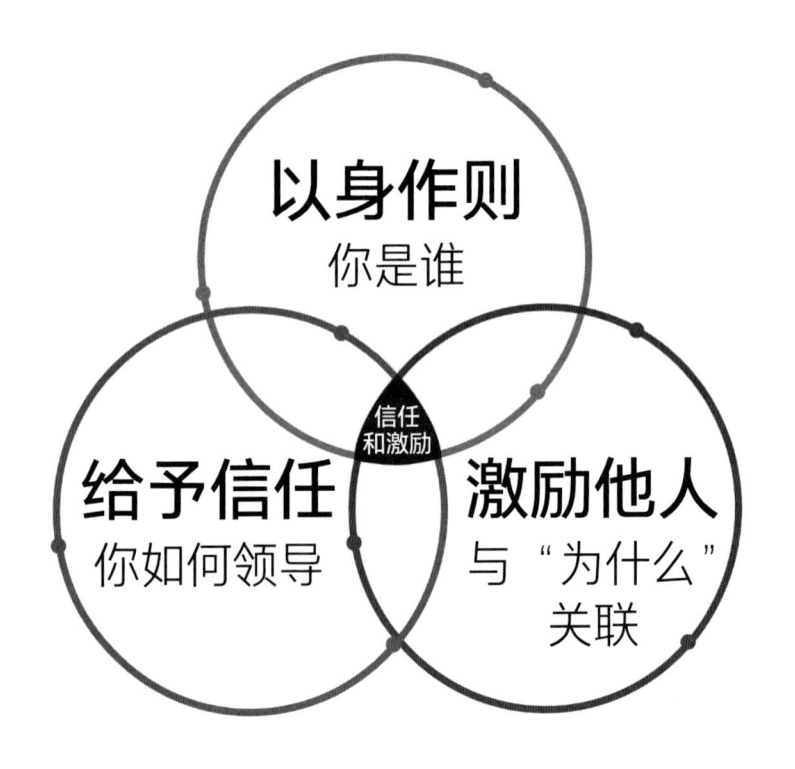

**以身作则**
你是谁

**给予信任**
你如何领导

信任和激励

**激励他人**
与"为什么"关联

> 每个人都有成就伟大的力量——不是为了名声，而是为了伟大的事业——因为伟大是由服务他人决定的。
>
> ——马丁·路德·金博士（Dr. Martin Luther King JR.）

| 指挥和控制 | 信任和激励 |
|---|---|
| 自身利益至上 | 关怀他人 |
| 控制目标 | 关怀对象 |
| "这能给我带来什么好处？" | "我怎么做才能更好地服务他人？" |
| 关联感 | 归属感 |
| 排他性 | 包容性 |
| 成功 | 意义 |
| 从"什么"开始 | 从"为什么"开始 |
| 与"什么"关联 | 与"为什么"关联 |
| 使命、愿景和价值观 | 目标、意义和贡献 |
| 企业社会责任 | 创造共享价值 |
| 积累 | 贡献 |

# 第八章

# 管家式领导协议

> 我从不将自己视为公司的女性首席执行官,而是将自己视为这家伟大机构的管家。
>
> ——罗睿兰(Virginia "Ginni" Rometty)
> IBM前总裁兼首席执行官

## 纠正二者对立的错误理念

正如我们在管家式领导第1原则——以身作则中提到的,领导者需要通过具体行动,才能够取得预期的成果。取得成果,是领导力的先决条件。成果是让批评者转变的关键因素。领导者知道,他们不仅要对自己的业绩负责,也要对团队的产出负责;不仅要对所进行的活动负责,也要对最终的成果负责。

最优秀的领导者总是知道,他们需要在建立人际关系的同时,驱动目标业绩的实现。然而,很多领导者在不知不觉中陷入了下面这个二者对立的错误理念陷阱:

我到底是应该完成任务……还是应该专注于人际关系的建设?

我们也经常听到类似的表述，如"这个人更倾向于'任务导向'"或"那个人更倾向于'人际导向'"，并且很多人认为二者是相互对立，或非此即彼的。

为此，领导者们一直以来面临的一个困境就是，"我必须完成工作任务，但我知道，我还需要与人建立联系"。正如领导力领域的权威道格拉斯·科南特和梅特·诺加德（Mette Norgaard）建议的那样，作为领导者，我们既需要意志坚定，又需要心怀善意。而对于很多人而言，这看起来像是两个毫无关联的职责，有时候甚至会争夺优先权。而这种错误的二分法，充分地体现了开明的指挥和控制型领导范式的不足之处。

相比之下，信任和激励型领导者知道，他们的工作是"以激发信任的方式取得成果"。信任和激励型领导风格已经超越了非此即彼的二分法思维，是强调二者并存的思维。而确保二者并存的关键在于如何去做。找到正确的方式，既能帮助我们完成工作，又能在过程中建立人际关系。

我们如何完成任务，将决定任务和人际关系的结果。

## 管家式领导的内涵

我们首先从最基本的信念出发，即将领导他人视为管家式服务，领导者就是管家。在很多时候，管家式领导被狭义地定义为只适用于精神层面，或与可持续性的环境问题相关。但实际上，信任和激励型领导者对所有事情都抱有一种管家式服务态度，尤其是作为领导他人的角色时。当领导者将自己视为管家时，就能够激发领导者自身和被领导者的最佳潜力，使所有人都能够有勇气迎难而上，变得更有责任感、更积极投入，得到更多的激励，同时也能更多地激励他人。

管家式服务的意识源自一种富足心态，这种心态是建立在人内心深处的个人正直、真实性和安全感之上的。我们信奉这样的基本信念：人的内在是伟大的；人是完整的；每个人拥有足够的资源。这种精准地看待他人和领导力的思路或范式带来了彻底的转变。当你拥有"领导者就是管家"的范式或信念时，就能获得进一步的转变。这种做法能够激励所有人。确实，管家式服务本身，具有激励性。

## 工具：管家式领导协议

作为一种管理工具，管家式领导协议能够帮助人们形成对彼此的信任，确定明确的期望，以及共同商定的责任。关于这个工具，一个最浅显易懂的例子就是我7岁时父亲和我的"绿色和清洁"故事。父亲当时给我安排了一个任务，或管家式的责任，即照看我们家的院子。父亲提出的期望是：保持院子的绿色和清洁（这两个词都表达了期望的结果）。至于所需的指导或资源，只要保持院子的绿色和清洁，我可以自由发挥（对了，我们都认可这样一个原则：我不能用油漆把院子刷成绿色！）此外，如果我提出请求，而他刚好也有空，父亲愿意提供一定的协助。在担责方面，我们俩会每周一起在院子里走一圈，检查工作的情况。在整个过程中，我会根据我们双方一致认同的标准，即绿色和清洁，来评估自己的工作成果。

之所以选取这个简单的例子，是因为如果它能够适用于一个7岁的孩子，那么在任何情况下，对于任何人，它都能发挥同样的作用。

我的父亲在这个简单的任务中设定了一些基本元素，也为管家式领导协议提供了简单的框架，因此它几乎可以适用于任何可能的情境——雇主和雇员之间、领导者和直接下属之间、不同部门的团队之间，或父母和孩子之间。从本质上说，管家式领导协议适用于任何两个或一群需要一起工作以实现共同目标的人之间。

为此，管家式领导协议也成为信任和激励型领导的工具或方法论，帮助参与了同一项事业或活动的人群明确他们的共同期望，并实行担责制。

其宗旨是通过促进人的发展而取得满意的结果。

早在50多年前，我的父亲就已经开始传授管家式领导协议这一概念。基本的原则没有变，但父亲使用了各种不同的术语，包括：绩效协议、双赢协议，或双赢绩效协议，并将这个过程称为"管理权责的授予"。它们的本质概念是相同的。

尽管其原则没有改变，但在这个远程工作和分散式劳动结构成为常态的时代，管家式领导协议的实践和应用从未像今天这样重要。考虑到当前时代的新特点，我认为，与他人达成高效一致的管家式领导协议，是当今时代必备的一个最重要的领导技能。

其背后的基本逻辑是：管家式领导协议将人际交互的范式，从垂直的阶层式管理，转化为横向的平等合作；从监视和审查他人，转化为督促人们进行自我监督和自我问责；从事无巨细的微观控制，转化为高度自由的自我控制；从自上而下地管理，转化为将所有人视为合作伙伴；从评判他人，转化为自我评判。简而言之，它将领导者的角色从管理者转变为教练。

这也契合了工作性质朝着合作、指导和自我问责转变的趋势。想象一下，当今职场有多少人正以远程或混合的模式开展工作。近年来，"随时随地工作"的概念也在逐步兴起，高达8%的工作时间都位于常规的办公场所之外。在2020年春季，新冠肺炎疫情暴发之后，远程工作从特例变成了常规，几乎是一夜之间，全球60%的工作都切换到远程模式。

**《呆伯特》(Dilbert)　　　　斯科特·亚当斯 (Scott Adams)**

| | |
|---|---|
| 或许我可以永远居家办公。 | 没问题，我只需要你提供一些信息，确保你的确在工作。 |
| 比如说？ | 嗯，很显然，你需要经常提交工作进展报告。 |
| 听起来挺合理。 | 除此之外，我还需要跟踪你的键盘输入动态和手机定位。 |
| 哦，好吧。我想，为了换取居家工作的自由，这些也不是不能忍。 | 好的，鉴于我已经对你这么宽容了，下面我们聊聊怎么在你家里安装一个摄像头吧。 |

在这种情况下，对于很多人来说，如果能够在家里完成工作，他们就不会来到办公室。这就使得监视和审查他人变得困难得多。为此，老板们最经常说的一句话变成了"我怎么知道他们（员工）有没有在认真工作？"管家式领导协议就成了一种非常适合远程/混合工作模式、分散式劳动模式，或者更广泛地说，疫情下的新工作模式的工具。不幸的是，很多企业并没有帮助员工寻找适合新工作性质或环境的方法，而是花费大量时间和精力，寻找那些创新的管理方式，以图实现"远程操控"的目标。还有一些公司使用了类似"生产力软

件"这样的工具,或进行了其他操作。但在员工看来,这些所谓的创新工具,不过是监控员工的新方法,无法激励任何人。

当然,也有很多人和组织在全新的环境中蓬勃发展。想方设法帮助员工成功适应新工作模式的组织惊喜地发现,人们对远程工作带来的更大自由度和宽松度做出了极佳的回应,并且取得了业绩上的长足进步。

所以,区别在哪里?我认为,如果你仔细审视那些最成功的远程工作模式,就会发现管家式领导协议的关键要素,即明确的期望和共同商定的担责流程。

最重要的是,同样的操作流程,在现场或面对面的工作环境中,与在虚拟的、混合的或分散式的工作环境中,有着同样的适用性和有效性。

> 对自我管理的需求正在人类事务中引发一场革命……它需要新的工具,需要传统思维和实践的深远转变。
>
> ——**彼得·德鲁克**(Peter Drucker)

正如我父亲所说的那样,管家式领导协议,不是"正式的工作职责描述,也不是具有法律效力的合同,而是一种开放式的心理或社会协议,并明确定义了期望。它首先要获得人们心灵和精神层面的认同,然后用铅笔而不是墨水写到纸面上,这是为了确保协议内容可以被轻易地擦除。在双方都认为合适和合理的时候,可以根据情况的变化,灵活地讨论和协商其变更"。

或者,就像前述的"绿色和清洁"故事那样,这些协议永远都不会落到纸面上，但双方依然明确地了解其内容，实现了相互理解。甚至是否使用了"管家式领导协议"这个词也不是重点，重点在于参与各方均对最重要的事项是什么达成了共识，并共同做出了承诺。此外，假如不使用"协议"这个词会令你感觉更轻松、更安全，或不那么正式，或不会带来法律层面的约束力，也可以不使用，只需要将其称为"管家式领导计划"或"管家式领导中的理解"即可。

管家式领导协议可以出奇地简单，并且能够让所有参与方感到舒适和放松。它们并不是来自孤立的技术，而是源自永恒的原则。缺乏事先建立的相互信任，就难以使用它们；缺乏个人的信誉，它们就难以维持。

有效的管家式领导协议，是信任和激励型领导范式的产物。强有力的信任关系，是高效的管家式领导协议的前提，反过来，良好的管家式领导协议有助于建立相互信任的关系，甚至转变领导范式。比如，持有这一基本信念，释放人们身上的伟大之处，而不是试图控制他们的行为。

> 作为领导者……你的主要工作，就是为他人创造一个可以成就伟大事业的环境。
>
> ——理查德·特尔林克（Richard Teerlink）
>
> 哈雷戴维森前首席执行官

当然，我们也可以在指挥和控制的领导范式下运用管家式领导协议，这也是我们自工业时代以来一直在做的事情。但到头来，这么做并不能取得很好的成果。相较之下，从信任和激励的范式出发，管家式领导协议可以发挥巨大效用。作为有效的授权工具，它可以帮助我们克服常见的障碍，这些障碍阻碍我们信任和激励他人，最终充分释放人们的潜力。

管家式领导协议提供了一套工具，使我们能够采用信任和激励的领导风格。这将帮助我们满足了当前时代的两个当务之急——获得工作场所（文化）中的胜利，以及获得市场（创新）中的胜利。然而，有效实施管家式领导协议的能力，取决于前文所述的信任和激励型领导者的基本信念所带来的正确心态。鉴于正确的心态是开启变革的基础，在深入探讨管家式领导协议的各个要素之前，我们应该再次简要地回顾一下这些基本信念。

### 信任和激励型领导者应该秉持的基本信念

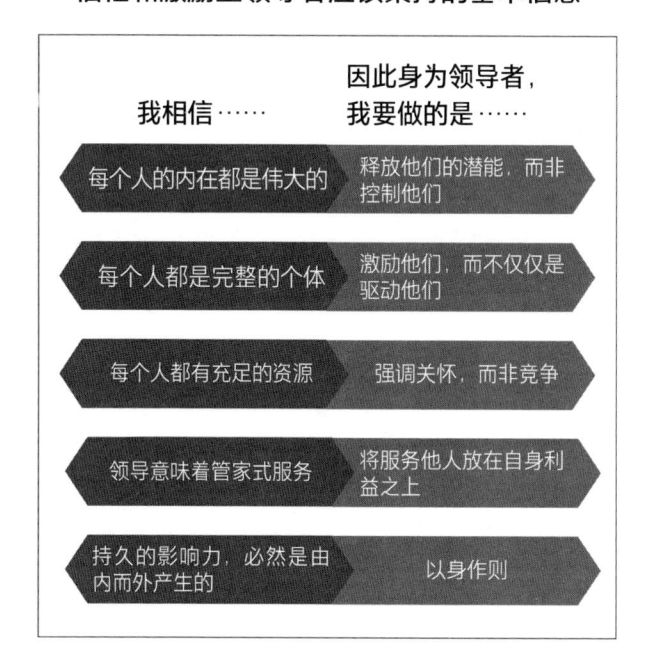

| 我相信…… | 因此身为领导者，我要做的是…… |
| --- | --- |
| 每个人的内在都是伟大的 | 释放他们的潜能，而非控制他们 |
| 每个人都是完整的个体 | 激励他们，而不仅仅是驱动他们 |
| 每个人都有充足的资源 | 强调关怀，而非竞争 |
| 领导意味着管家式服务 | 将服务他人放在自身利益之上 |
| 持久的影响力，必然是由内而外产生的 | 以身作则 |

## 管家式领导协议的5大要素

要创建管家式领导协议,应包含下面5大要素。前3个要素有助于明确期望,后2个要素有助于实行担责制。

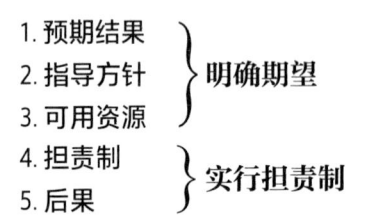

1. 预期结果 ⎫
2. 指导方针 ⎬ **明确期望**
3. 可用资源 ⎭
4. 担责制 ⎫
5. 后果 ⎬ **实行担责制**

下面,我们将逐一分析这5个要素。

### ❶ 预期结果:我们想要完成什么?以及为什么?

高效的管家式领导协议,应始于一个预先明确的期望,即我们追求的是什么?换句话说,你的"绿色和清洁"目标是什么?

这一期望应尽可能具体,以确保人们明确地知道,我们寻求实现什么样的目标。要求孩子打扫房间时,仅仅告诉他们"干好这件事"是远远不够的,我们需要提供更加清晰的要求或样例,或亲自示范。我们还需要设定完成目标的日期或时间表,并明确数量和质量。我们可以要求人们做出达成预期成果的承诺,但应该让他们自己决定实现预期成果的最佳方式。当人们可以自由地选择努力的路径时,他们会更愿意投入时间和精力,并最终取得更优秀的成果。正如前文所述,这种授权的做法或许存在风险,但同时也带来了取得更好成果的机会,且显而易见,这也能够让人们更投入。我们越是能够明确预期结果，效果就越好。

管家式领导协议的概念要求双方共同参与确定预期的过程，而不仅仅是自上而下的规定。并且，双方应共同承诺致力于取得预期的成果。但需要记住的是，我们不仅仅需要完成既定的工作，还需要构建人际关系。为此，作为领导者，我们需要在设定期望的时候，问问对方"我们（双方）想要的是什么？"没错，我们都知道需要完成工作，但对于我们自己和其他人而言，还有什么东西是重要的？我们不仅要明确他们作为管家的服务内容，还需要了解对于他们而言，什么是重要的。这将使我们能够在更牢固的、相互理解和信任的基础上达成一致意见，从而共同努力，取得关键成果，并构建和谐的人际关系。

我记得我们曾多次与其他领导者达成了管家式领导协议。除了帮助团队取得预期的销售额和利润之外，建立一个由备受激励的团队成员组成的高度信任的企业文化，对双方而言同样重要。因此，硬数据（业绩）和软数据（信任水平）在成果的衡量方面，具有同等的重要性。

## ❷ 指导方针：在什么范围内？

指导方针明确了实现预期成果的参数、原则和政策。它还可以明确可能的失败路径，或可能阻碍成果实现的注意事项。指导方针还包含了关于维持组织或家庭价值观的要求，例如诚信，或在符合道德标准的范围内经营。它也帮助我们明确和定义了适当的行为边界，例如在前述"绿色和清洁"故事中的"不要用油漆刷草地来冒充绿地"

等。此外，指导方针还应该包含里程碑，以确保每个人都知道他们应达成什么阶段性目标，以及需要在何时达成。指导方针和行为边界的制定有助于规划一条清晰的成功路径。指导方针是在共同协商的前提下制定的，但我们同时要认识到，执行任务的人对如何完成任务拥有最终的决策权，即自主完成任务的权力。归根结底，如果你强制规定了人们必须采用什么样的方法，就没有权力要求他们对最终结果负责。

## ❸可用资源：我们必须使用什么？

在明确了预期结果和指导方针后，人们还需要了解所有可以使用的资源，这将有助于推动成果的实现。这些资源可能包括人力、财务、技术或组织资源，以及可获得的支持。需要提供明确而具体的信息——清晰地阐述每一种资源是否可用，以及使用的条件是什么。例如，在"绿色和清洁"的故事中，我的父亲同意提供帮助——这是一种资源——但使用的条件是：我提出请求，而他刚好有时间。

在了解了可以使用哪些资源之后，人们就可以更好地计划如何使用资源，以取得最佳的成果。在双方都预先评估了可用资源之后，所有相关人员就可以更好地了解实现预期的成果需要采取什么方式。至关重要的是，双方都做好了取得成功的准备。

记得有一次，在我与直接下属达成了管家式领导协议之后，我们都清楚地意识到，组织提供的资源远远没有达到使直接下属取得成功所需的水平。我们没有盲目地坚持最初的计划，而是中途调整了整个计划，并增加了可用资源，以确保团队成员取得成功。

## ❹担责制：我们如何确定我们做得怎么样？

正如前文所讨论的那样，双方共同商定的担责流程是达成管家式领导协议的关键前提。在流程的最开始，就需要根据期望的成果定义责任的内容。它传递的信息是，你关心的不仅仅是最终的成果，还有彼此之间的关系。

担责制使整个管家式领导协议具备现实意义。没有了担责制，人们就可能会失去责任感，或将没有达到预期成果的原因归咎于大环境或其他人的不佳表现。但当人们真正参与制定可接受的绩效标准时，他们就会更加投入地工作，致力于实现预期成果。

为此，我们需要始终将担责制与希望的成果，以及双方一致认同的预期结合起来，就像我的父亲在"绿色和清洁"的故事中对我所做的那样。事实上，我们可以通过多种方式评估最终的成果，其中最常见的就是（以数字）衡量，另一种方式则是观察。在问责方面，最高的衡量标准通常是洞察力，不仅是我们的洞察力，还包括对方的洞察力。

我们需要尽可能地达成双方一致认可的、清晰的绩效评估标准，避免存疑。如有需要，可以事先规定何时做、如何做进度报告，以及何时举行担责会议（就像我的父亲和我每周都会"巡视整个庭院"那样）。问问自己，是否制定了关键的里程碑，以帮助人们了解他们应该在何时达到何种阶段？定期的会议还将为人们提供应对可能发生变化的条件或不可预见情况的机会。

我曾担任某个团队领导者的职位。当时有一位成员问我，他的工作完成得怎么样？我们之前签署过管家式领导协议，我把协议翻出来，反问他，"你来告诉我，你觉得自己表现得怎么样？我想你肯定比我更清楚"。他确实很清楚，并坦然地承认说，他知道自己的表现不如预期，但仍心存侥幸，想要确定我是否注意到了。

所以在担责方面，有两个重要的概念：

首先，在明确了期望的成果、指导方针和资源等方面的要求，以及双方认同的担责流程后，你就可以从评估他人，转变为让他们根据协议开展自我评估。这是一个重大的范式转变，当它与一份简单的管家式领导协议同时作用时，就能够产生令人惊叹的结果。

其次，如果你是在他们提出要求，或者你的初衷是提供帮助的情况下进行检查，他们就不会感到被微观管理。最重要的是，当人与人之间的信任达到较高水平时，人们对自己的要求会比外部评估者或管理者提出的要求严格得多。

此外，在信任度较高时，洞察力比所有客观的评估标准要更准确，这是因为人们从内心感知的东西比一个考量系统能够揭示的信息要多得多。这就是"绿色和清洁"的故事中，"自我评估"和"巡视院子"能够发挥作用的原因。让人们开展自我评估，可以比来自他人的评判产生更好的效果——人们会更多地投入，实现更好的成果（不论是业绩还是人际关系的构建）。

我曾在一些优秀的学校中看到过类似的实践。那些学校并没有开展传统的"教师主持、家长参与"的汇报会，即教师负责向家长汇报学生的情况，而是开展了"学生主导的汇报会"，即学生与教师共同向家长汇报情况——但以学生的自我评估为主导。这种从教师到学生的责任转移，即让学生自我评估，是一项了不起的创新，取得了令人瞩目的成果。它依然确保家长和教师有机会探索需要改进的领域，但学生成为积极引导对话的主体，而不是像被上级审问的嫌犯。

## ❺ 后果：如果我们达到或没有达到预期的结果，会有什么影响？

双方一定要讨论结果，要清楚地了解达成或未达成期望的成果时会发生什么。协议中讨论的结果可以是积极的，也可以是负面的，并可能包括机会、增长、发展、贡献或财务影响等各方面。如果它们是自然的、符合逻辑的，且源自信任和激励范式，而不是人为指定的、武断的，且源自指挥和控制范式，那么结果将会不同。

再次以"绿色和清洁"的故事为例，我当时年纪太小（7岁），还不太能够理解金钱报酬层面的结果，所以双方商议的结果自然而然地强调了贡献、成长、发展和机会。我因能够照看草坪而感到自豪，学会了新技能，并在学习做事的过程中成长，父母也赋予了我越来越多的责任——所有这些都令我对自己感觉良好。

人们在同意对结果负责之前，应该睁大眼睛，充分了解这些结果的含义。鉴于协议规定了期望的成果和需要采取的行动，双方都必须清楚地了解它们。而在明确责任和结果方面，我们提供了一个简单的原则：杜绝含糊和猜测。

## "巡视院子"：以协议为准

我最近与一家名为"eAssist"的牙科计费公司进行了合作。该公司受到"绿色和清洁"故事的启发，开始实施管家式领导协议。他们取得成功的一个关键做法，是遵循类似"巡视院子"的担责制。"巡视院子"即我父亲每周和我一起在院子中有一次散步，让我有机会汇报和评估自己的表现——换句话说，让我评估自己是否履行了协议。这种自我领导的担责制极大地激励了该公司的员工。

在开始实施已得到一致认可的管家式领导协议时，该组织确保所有人都明确了解了他们将如何"巡视院子"，执行担责流程。他们把这项表述变成了一个常规操作，使互相负责成为组织文化。员工们不仅不害怕"巡视院子"，反而积极地欢迎。这不是随意的；人们知道该在何时为此做计划。

关键是以协议为准。协议还设定了一些边界条款，以防止人们"用绿漆粉刷草坪"。该组织使用这份议来评估事情的进展情况——他们在哪些方面取得了进展，以及仍需要在哪些方面进行改进。得益于双方的一致认可，没有猜测，一切均以达成的协议为准。

如前所述，当你考虑制定一个管家式领导协议时，你会发现，在某些情况下，我们可能需要一起创建一个正式的文本，将所有条款和规定落到纸面上，就像 eAssist 一样。但在其他情况下，我们也可能达成不那么正式的协议，更多的是一种相互理解和认同，例如我与父亲达成的关于"绿色和清洁"的协议。无论形式如何，只要操作得当，管家式领导协议都能授权、提升和激励人们——它可以帮助我们在任务和人际关系方面取得更好的结果。

多年前，我与一位直接下属制定了管家式领导协议。他是一位非常罕见的人才，但他对工作的时间、地点和方式有着非常古怪的要求。当时，居家办公（或远程办公）还是闻所未闻的。在共同制定协议时，我强调双方应明确知晓期望的成果，但同时，我也必须学会彻底放弃在我看来已被证明是实现成果的最佳实践方式，以及他在何时、何地工作等要求。他想要获得自主决定权——以及我的信任，我同意了。

最终，他以无人能及的表现，回报了这份信任和授权！我们建立了良好的关系，我目睹了管家式领导协议的强大和灵活，尤其是对他这种具有创业激情的人而言。他在我身边待了很多年，最后离开并创立了很多成功的新企业。他后来告诉我，如果我试图以指挥和控制的方式"管理"他，他可能待不满一年就会离开。

管家式领导协议可以成为一个高效的工具，帮助我们扫清成为信任和激励型领导者的常见障碍。它可以提供非常清晰的信息，并作为一种安全的方式，帮助我们克服恐惧和"假设"的情景。它为我们提供了一条途径，让我们成为解决方案的一部分，成为一名程序设计者，帮助我们平衡风险并充分发挥身边人的优势。

## 如果人们让你失望怎么办

管家式领导协议并不能保证事情会100%地按照计划进行。当你们中的一个人违反协议时，你会怎么做？违约的情况并不罕见。改变需要时间，而且往往需要多次真诚的尝试。

回顾一下我和父亲的经历。我一开始什么都没做，这显然违反了彼此之间的约定，并且草坪开始变黄。我父亲很想对我进行指挥和控制型管理，并收回照顾草坪的责任。你还记得他当时提醒自己什么吗？"目标是培养孩子，而不是草坪"。他让我们双方再次回到协议，并且没有放弃我。

当人们让我们失望时，关键的做法是杜绝人身攻击，并尝试纠正他们的行为。我与父亲很好地做到了这点，我们再次回到协议，且一切以协议为准。

不要忽视这样一个事实，即至少在某些情况下，我们通过协议建立的人际关系，可能比协议中计划完成的任务更有价值。

> **成功的真正机会在于人，而不在于工作。**
>
> ——金克拉（Zig Ziglar）

项目来来去去，人却蕴藏着几乎无限的潜力。领导者的工作就是开发和释放人们身上隐藏的潜力。

在看到"绿色和清洁"这个故事时，你可能会想，"如果你是一个只需要专注于培养孩子的家长，那么这么做肯定没问题！但我是一个领导者，我需要交付'绿色草坪（业绩）'！"但你知道吗？管家式领导协议不仅是抚养孩子的更好方式，也是实现业绩的更好方式！最终，草坪又绿又清洁！即使是一个7岁的男孩，也可以评估自己在交付成果方面做得如何，因为领导者与他达成了明确的协议。

这段经历对我影响很深，有趣的是，它同样深刻地影响了我父亲。他对我的判断和看法——一个内在伟大、能够自我管理的人，哪怕只有7岁——也得到了证实。此外，这将他的领导角色从一个评判我的老板转变为一个引导我的教练。这就是当今世界中正在发生的深刻转变——从老板到教练，而管家式领导协议可以帮助我们实现这个转变。

> 简而言之，经理人的角色，正在转变为教练的角色。
>
> ——埃米尼亚·伊贝拉（Herminia Ibarra）
>
> 教授，《能力陷阱》（*Act Like a Leader, Think Like a Leader*）作者

正如我在本章开头所指出的那样，领导者经常陷入一个错误的二分法陷阱，认为完成工作和建立人际关系互相独立，不可能同时做到，但事实并非如此。信任和激励型领导者接受管家式领导协议的做法，并通过观察、谈论、开发和释放巨大的个人潜力，做到二者兼备。

| 指挥和控制 | 信任和激励 |
| --- | --- |
| 完成工作任务 | 完成工作任务并构建人际关系 |
| 纵向控制 | 横向合作 |
| 微观管理 | 自我管理 |
| 强制推行某些方法 | 设定辅助性的边界 |
| "你得孤军奋战" | "我希望帮助你取得成功" |
| "我对你问责" | "根据双方商定的协议，你对自己问责" |
| "我来评判你" | "你进行自我评判" |
| 人为设定的、武断的结果 | 合乎自然和逻辑的结果 |
| 管理/管理者 | 指导/教练 |

# 第九章

# 信任和激励不应该是什么样的

你是否曾尝试过为自己并不相信的观点辩护？

我在高中时参加了学校辩论队，所以这曾是经常发生在我身上的事。我的老师让我去辩护自己不支持的观点，我翻了个白眼，叹了口气，因无法为自己支持的观点辩护而感到沮丧。但开始之后，我发现探索另一方的观点反而给了我新的理解和视角。在许多情况下，这使得我原本的立场更加坚定和精确；有时却也使我彻底转变立场。据我了解，优秀的律师通常会详尽地分析案件另一方的观点和立场，以便更好地为己方辩护。

读到此处，你可能已经站到了信任和激励的阵营。你知道其重要性，也准备好去尝试这种新的领导风格，但或许依然心存疑虑，因为在思考信任和激励对自己生活的影响时，你可能已经发现了一个或多个障碍。你可能会说，"这个方法不可能在我的工作中发挥作用，我们永远都完成不了任何事情"，或"我不可能用这个方法跟孩子们相处，他们会直接失控的"。你或许会认为信任和激励与你身处的环境格格不入，尤其是那些存在高度监管的领域，如学校、医院或政府等。

我理解你的担忧。但就像我的辩论老师那样，我想邀请你在本章中与我一起探索对立面的观点。我们在前面数个章节中围绕着什么是信任和激励进行了深入的探讨，在本章中，我想要与你探讨它不应该是什么样的。我相信，随着我们深入挖掘信任和激励不应该是什么样的，你对信任和激励的理解和灵感也将逐渐加深，就像我在辩论队时体验的那样。

信任和激励型领导不是软弱的、温和的、懦弱的、轻率的、温良恭谨的、缺乏共识的、以感情为中心的、优柔寡断的、失去控制的、缺乏结构的、缺乏远见的、缺乏方向的、本末倒置的、缺乏责任感的、缺乏高绩效目标的，或要求不高的。好像还有什么遗漏之处，容我在下文中详细说明。

## ❶ 信任和激励型领导并不软弱

历史上，关于什么是强，什么是弱，好像有着诸多传统的理解，一个长期存在的主流观点是：领导者必须通过果断的行为和强有力的控制来表现出力量，甚至是某种形式的支配地位。除此之外，所有的其他风格都被视为软弱无力。

即便是以参与对话讨论取代直接发号施令的想法，也会被很多人怀疑，因为这可能表明领导者并没有做到一切尽在掌握。尽管力量的真正含义已经开始逐渐转变，但许多人仍然认为，某些做法本质上是"强"或"弱"的。事实上，很多领导者不愿意采取某些"软技能"，是因为他们不想显得软弱无能。且对于许多人来说，承认错误、道歉、同理心倾听、寻求帮助、讨论感受、委派责任或以任何方式放弃控制权，都会削弱传统定义下的领导者的权威。

我小的时候很喜欢音乐剧《亚瑟王庭》（*Camelot*）。最近重温这部音乐剧，我发现它对领导力的描述非常精彩。在剧中，亚瑟王一直在苦苦思索"强有力"领导的概念。他探索了身处的那个时代的主流准则，将其总结为"强权即公理"——或者换句话说，用力量和武力推动一个人的行为。这体现在全国各地的领主和骑士身上。毫无疑问，他们为亚瑟王服务，但他们同时也对统治下的人民施加了不可抵抗的意志。

亚瑟王对这种领导方式十分不满，力图将这一理念和短语向包容和进步的风格转变，即转变为"强权为公理"，并引入了圆桌会议机制，骑士们可以在会议中畅所欲言，交流不同的观点，并一起合作——这是一种闻所未闻的创新，几乎是革命性的。这样一来，亚瑟王治下的王国准则，从遵循强权统治转变成了互相合作，由此推动了思想的交流和创新的繁荣；这反过来又激发了更多、更大范围的合作和创新。尽管由于当时主流范式的压迫，这种方法并没有持续下去，但亚瑟王的尝试提高了可能达到的标准——它成为一种理想的状态，哪怕只是"昙花一现般闪耀过"。

领导力的力量并非来自强迫和控制，而是来自开放性、真实性和信任。信任和激励型领导风格并不软弱，事实上，它反而要求领导者具备强大的力量。它并不意味着领导者整天坐着空谈感受，并祈祷取得最好的结果。为了推进信任和激励型领导，我们已经了解了一些切实可行的步骤和结果导向的行动，即管家式领导。一个信任和激励型领导者体现了强大的领导者应该具备的所有品质，如果断、自信和值得信赖。事实上，想要增强所有这些品质，领导者需要有意识地倾听，并刻意给予信任。

其实对于领导者而言，在团队成员勇敢地提出新想法时，认真倾听和给予反馈比认为自己受到挑衅而暴跳如雷需要更多的力量。承认他人的优势，并且从中受益，的确需要更多的力量。

此外，领导者与下属合作比微观管理下属需要更多的力量。同时，领导者也需要更多的力量，才能够赋予下属信任，而不仅仅是下达命令，或操控他们去执行自己的意愿。简而言之，指挥和控制型领导者能够取得的成就高度，事实上受到了他们自身能力的限制。相较之下，信任和激励型领导者几乎可以取得无限的成功，因为他们的优势被整个团队的优势所放大，而团队已经做好准备并被激励着去做出最大的贡献。充分调动团队的创造力、激情和参与度——这是一个软弱的领导者绝对做不到的，而是强者才能完成的事情。

> 分享自己的弱点，就是展示自身的脆弱性；而展示自身的脆弱性，事实上也是在展示个人的力量。
>
> ——**克里斯·杰米**（Criss Jami）
>
> 哲学家兼诗人

## ❷ 信任和激励型领导并不缺乏控制能力

只要担任过领导职务，你就会明白控制能力的重要性。在没有任何管控体制的情况下领导一个庞大的劳动力队伍，或尝试在无法控制学生行为的情况下教授一个六年级的班级，都是行不通的。

任何一个组织都需要某种程度的控制才可能正常运转。既定的流程、体系和结构，是确保一个组织健康运作的关键要素。为此，所有成员遵守组织的控制或标准，例如安全规定和道德规范等，是绝对必要的前提。所有这些控制因素将有助于保护组织和人员，简化工作流程，并取得有效的成果。信任和激励型领导力并不要求领导者彻底放弃控制权，相反地，它提倡领导者通过给予信任和增强服务意识，实现更高水平的控制。

现实情况是，一个强大的、有原则的信任和激励型文化包含的控制力要高于一个基于规则的指挥和控制型文化。感受到信任的员工将表现出更高水平的参与度和自我负责的态度。研究表明，缺乏参与感将导致自主离职率大大提升，当人们不愿意留下来时，领导者自然就失去了对他们的控制力。更糟糕的情况是，人们没有离职，但处于人在心不在的状态——他们依然领着工资，但参与度极低，导致需要完成的工作受阻甚至彻底搞砸。

真正的控制来源于强大的、积极参与的团队成员，他们奉行长期合作、相互承诺的理念和原则。想象一下，如果员工流失率降低50%，你身处的组织将会获得多大的控制力和稳定性？或者将参与度提高20%？又或者员工们得到了真正的激励？想象一下，如果同事、合作伙伴、学生和孩子都对自己负责，事情将会变得多么顺畅和高效？

信任和激励型领导风格能够帮助人们挖掘出更深层次的动力去行动，而不仅仅是服从上级的指令。当人们得到激励、全身心投入到工作中，并把工作做好时，对外部控制力量的需求就会减少。对于很多组织而言，职业道德的标准是员工"不违反规则"或"不造成损害"，然而我认为，如果员工有机会自发地投入或在激励下工作，那么这两条标准不过是他们应该和愿意做的最基本事情。正如教育学家卡尔·梅泽（Karl Maeser）曾说过的那样：

你可以把我关在监狱的围墙后面——又高又厚、深入地底——我依然可能想方设法地逃脱；但你也可以让我站在地上，在我的周围用粉笔画上一个圈，让我发誓永远都不会踏出这个圈。如果我发誓了，我还能逃出这个圈吗？不能！我宁死也不会踏出一步！

为了施加控制以取得期望的成果，许多心怀善意的组织、管理者、父母，甚至是亲朋好友，都试图通过指挥和控制的方式达成预期的目标。结果却适得其反，筑起了更高、更深、更厚的石墙。严苛的规则和控制或许能够强迫人们参与，但人们也只是假装承担起责任。你可以得到他们的身体行动，却永远无法控制他们的思想和灵魂。（常常出现的）过于严苛的规则和控制的确可能带来一定程度的服从（尽管是人为的），但同时也会扼杀创造力，熄灭在当今社会中有效运作所需的灵感之火。

人们天生反感过多的规则和控制，为此许多人会寻求（并最终找到）规避规则的方法，哪怕这往往意味着承担很大的风险。其他人则会选择彻底地逃离这种环境。

然而，得到激励和鼓舞的人不需要外部条件的控制，他们会自己管理自己，因为他们发自内心地想要这么做，而且这种自我管理将比任何规则或任何人的管理更有效。受到激励和鼓舞的人发自内心地抗拒不合格的工作成果，或违反公司政策的操作，因为这会令他们的同事或领导者失望。

更重要的是，他们不想令自己失望。他们所做的承诺和自身的声誉确保他们不会应付了事。这二者承载着价值，使自我管理成为现实，这是外部驱动、系统、权力地位或组织等级制度根本无法实现的。再说一遍，信任和激励型企业文化的控制力，要远远高于基于规则的指挥和控制型企业文化的控制力。

如果你不再通过监督获得顺从，而是指导他人进行创造，那么所有被你服务的人将可能取得多大的成就？

## ❸信任和激励型领导并不缺乏管理结构

在极端的情况下，有些人可能会错误地认为，信任和激励型领导将摆脱所有的组织结构，直接转换到没有统一指挥者的合弄制[1]状态，所有人都将各行其是，凭借本能行动。在这里需要澄清的是，我提倡的信任和激励型领导风格并非无结构主义。现实情况是，所有的管理都需要依托某种结构而存在。当结构和企业战略，以及市场和工作场所的新现实保持一致时，它将是有益的；而当结构无法匹配新现实时，它就可能是有害的。无论是有害还是有益，结构必须以某种形式存在。

还记得我们在前文中提到的"5种新兴力量"吗？前3种力量是：（1）世界的本质已经改变；（2）工作的性质已经改变；（3）工作场所

---

❶ 合弄制被认为是一种"无领导管理方式"，它将公司组织架构去中心化，将由人定义工作角色转变为围绕工作来定义，并且经常更新。

的性质已经改变。在这些力量的共同作用下,组织的结构可能也需要相应改变,以保持与时俱进和相关性。现代技术的发展,不仅使得许多组织在市场中极大地改变了商业模式,也导致工作场所中的生产和业务交付的方式产生了巨大的变化。

尤其是新冠肺炎疫情暴发以来,越来越多的人意识到,自己有更多的机会可以在任何地方开展工作;可以更频繁地通过不同的模式与他人合作;更有可能在非传统的办公环境中工作。所有这些变化都可能对组织结构产生影响,但并未消除对管理结构的需求。随着工作性质和工作场所的变化,管理结构或许看起来会有所不同,但它依然存在。不过,并不存在一个放之四海而皆准的统一结构。

管理的结构在不同的行业、不同的组织、不同的团队,甚至是不同的家庭里,看起来都是不同的。一些组织采用了一种更轻松、更扁平、更自由的管理结构,没有高墙或关闭的大门,甚至没有一个传统意义上的老板。但其他组织可能采用更正式的管理结构,甚至可能沿用了更为传统的自上而下的管理结构。虽然对于信任和激励型领导者及组织而言,没有一个放之四海而皆准的管理结构,但根据"5种新兴力量"的变化,我们看到了组织结构从传统的等级结构,朝着更加类似于"蜂巢"的平行结构的转变,并更加强调流动性和灵活性。

管理思想家加里·哈默尔写道,被他称为"人治"的结构正在取代传统的官僚体制。人治的前提是,传统的组织设计没有跟上环境和工作场所的变化,且我们需要创造和构建全新的管理结构,"(这些全新的管理结构)需要和它内部的人一样令人惊叹"。

在你的组织、团队或家庭中,现行的管理结构是否适合你?它能够提供帮助吗？契合现实吗？如果是，就保留它；如果不是，就重新设计它。不管是在哪种管理结构中，只要你以信任和激励的方式进行领导，取得的成果将与你在指挥和控制型领导下所产生的结果截然不同。

我们不妨将管理结构和体系视为程序，将人视为程序员——人才是编写程序的主体。管理结构和体系来源于管理风格，而管理风格来源于领导范式。因此，当我们在基于稀缺心态和控制心理的错误范式下运作时，不仅会倾向于以错误的方式进行管理，而且会倾向于依据这种错误的范式创造出符合稀缺心态和控制心理的管理结构和体系。

> 成为自己世界的设计者，而不仅仅是消费者。
> ——詹姆斯·克利尔（James Clear）
> 《掌控习惯》（*Atomic Habits*）作者

如果管理结构未能发挥作用，我们就总是可以改变它，以取得更好的成效。但如果你或你的组织发现自己一次又一次地重组（通常以变革的名义），那么我的个人建议是，问题可能不在于管理结构本身！相反，你可能需要仔细地审视一下在这个管理结构中普遍运作的领导风格是否合理。

## ❹ 信任和激励型领导并非缺乏愿景或方向

有些人可能会担心，信任和激励型领导意味着每个人在每个决策中都有发言权，只有获得每个人的同意，才能取得进展。公司的方向和愿景是由每一个利益相关者的共同愿望决定的。事实上，有些人可能会对共识和合作的想法感到抵触，因为对他们来说，这意味着他们对组织的愿景和目标可能要由他人塑造，或者根据他人一时的想法或某个人的特定想法而频繁改变。

事实并非如此。虽然信任和激励型领导方式有利于达成共识和合作，但同样显而易见的是，领导者可以而且应该努力制定一个清晰而有说服力的愿景。身为领导者，你需要引导组织，而不是被组织牵着鼻子走。这就意味着并不是每一个想法都要获得所有员工的认同，否则这将是一场管理灾难。

> 如果我问人们想要什么，他们会说"一匹更快的马"。
>
> ——亨利·福特（Henry Ford）

信任和激励型领导风格并不意味着领导者不能或不应该为其团队制定强烈的愿景和果断的执行策略，就像父母的决策不是由孩子们决定的那样。作为领导者，如果我们希望激励所服务的人，并获得长期的结果，就应该制定一个一致的愿景。

这就好像一个进入手术室的主治医生应该知道手术的计划是什么，并将其传达给手术团队的成员一样——而不是反过来。然而，一个优秀的主治医生也知道，如果手术团队的成员能够相信这个计划，为计划的执行做出有意义的贡献，并获得心理层面的安全感，那么他们将在整个手术的过程中和完成以后具有更高的参与度和更强的专注力。当信任和激励型领导者能够以身作则地展示更强的真实性时，就可以激发出团队成员更高的参与度。最后，信任和激励型领导带来的热情与支持，将与指挥和控制型领导带来的毫无激情与盲目服从，产生截然不同的成果。

在制定了愿景之后，信任和激励型领导者必须倾听团队成员的反馈，甚至去激励他们主动理解、接受和支持这个愿景。这时候，真正的团队合作精神才能发挥作用。领导者可以听取有助于增强愿景的反馈，而不是放弃它。领导者还可以从利益相关者处学习如何在日常工作环境中使愿景变得更容易理解和执行。

随着时间的推移，即便一个组织可能会因为自身的发展、技术的进步或任何形式的重大变革而发生变化，在改进其自身的实践、管理结构和方法的同时，其愿景以及员工对该愿景的认同仍可以保持不变。

组织应该明白，哪些决策最好以自上而下的方式执行，哪些则最好采用自下而上的方式。

这令我想到了咖啡连锁店星巴克的做法。自1971年成立以来，星巴克在全球范围内的门店数量已经扩展到了3万多家。当霍华德·舒尔茨（Howard Schultz）成为星巴克的首席执行官时，他创造了一个令人信服的愿景，即"激发和培养人类精神——每人、每杯、每个社区、每个时刻"——这最终也成为星巴克的使命宣言。这个使命宣言在星巴克遍布全球的门店中得到了理解、传授和认可，成为在不断变化的世界中一个维持不变的原则。

不变的原则并未妨碍星巴克改进自身的经营方式，或时不时地推出新产品，如新口味的星冰乐。事实上，这个原则为星巴克提供了足够的灵活性，使其实现了全球范围内产品的创新，以及其他形式的创新实践。得益于其普遍适用且强大的使命宣言，星巴克能够根据不同地区的需求向员工和客户学习，做到因地制宜。员工感到被信任，同时也信任他们的领导者，他们将自己的命运与公司的愿景紧密联系，并因此得到激励。信任和激励型领导使领导者拥有一个清晰而坚定的愿景，同时也使他们有机会利用员工的宝贵意见和参与度，不断地增强企业的愿景。

## ❺ 信任和激励型领导并不意味着缺乏高期望和担责制

你是否曾经要求他人为你做一件事，但那个人却没做成？如果你从未有过这样的经历，只能说你是一个有福之人。我们中的大多数人都知道，要跟进别人完成他们未完成的任务有多么尴尬和痛苦。想象一下，你一遍、又一遍……无数遍地要求孩子打扫房间，然后无数次地替他们收拾烂摊子。要求别人负责的确不是一件容易的事情，有些人可能会认为，信任和激励型领导方式意味着你对其他人不能抱有很高的期望，或者不能要求他们承担责任。

然而现实恰恰与此相反。调低期望值无法激励任何人，并且没有了担责制，信任就无法发挥作用。一个信任和激励型领导者知道，每个人身上都有着巨大的潜力需要释放。为了忠于这一信念，信任和激励型领导者将本能地期望他人做出伟大的事业。为此，领导者与他人合作，促使他人负起责任，做出符合前述标准的行为，也是很自然而然的事情了。

信任和激励型领导者在帮助他人实现最大潜力时，也不怕直说其期望。我曾共事过的一些对他人有着最高要求和期许的人，就是信任和激励型领导者。尽管他们并未盲目地要求他人做到完美,但他们都知道自己的员工和团队能够产出高水平的成果,并因此提出了相关的期望。他们并没有事无巨细地进行微观管理,而是在明确的期望和双方共同认可的担责制基础上,与员工充分沟通,给予信任。他们不仅激励了员工,还提供了必要的支持、帮助、引导和资源。

最重要的是,他们对自己有着同等,甚至是更高的期望。想象一下,你自己在开车时发短信,却要求侄子小心驾驶,这种期望能够实现吗?高期望实现的前提是我们自己也能够做到。

信任和激励型领导者对原则的忠诚度高于他们对人的忠诚度,他们把要求人们负责视为鼓励和促进人们成长的机会,而不是惩罚。简而言之,信任和激励型领导者能够看到每个人身上的伟大之处,并想尽一切办法去释放这些伟大。

> 对我们大多数人来说,最大的危险不在于把目标定得太高而落空,而在于把目标定得太低,并满足于取得的成果。
>
> ——米开朗基罗(Michelangelo)

## 有没有什么时候,信任和激励型领导并非最佳选择

你或许会想知道,是否存在这样一种情况,即指挥和控制型领导方式才是正确的选择?我也曾遇到过一些人,他们会先描述一个场景,然后说,"这时候,我觉得自己必须采用'指挥和控制型'领导方式"。或许你也会想起自己曾感到别无选择,只能采用指挥和控制的时候。比如说,孩子马上就要冲进车水马龙的马路?这时候你是否应该慢下来,专注于你们之间的关系,试图找到一个激励他的方法,

让他自愿回到人行道上？显然不是。

所以，类似的情况可能会导致人们提出这样一个疑问：有没有什么时候，指挥和控制才是更好的方式？简单地说，没有！

为什么？任何与幼儿相处超过几分钟的人都知道，幼儿控制冲动的能力尚未发展完全，甚至很多时候，他们看起来更像是毫无这项能力。我的儿子克里斯蒂安现在已经长大成人，但他刚刚开始学步的时候，就是失控的最佳案例。像大多数孩子那样，他在接受刺激到做出反应之间几乎没有任何缓冲，这导致他经常把东西摔一地，或陷入危险——比如说在5岁的时候，他把家里的小型载货车撞到邻居家的栅栏上。还有好几次，他根本不听劝，我的妻子只得在他冲上马路之前一把抓住他。

也许你们会感同身受——无论是作为父母、兄弟姐妹、保姆，还是公园或餐馆里的一个旁观者。例如，一个蹒跚学步的孩子冲到马路上，或触摸一个热炉子，或撞翻杂货店过道上的一堆罐头。这时候，没有人会指望孩子自己改变想法，或是通过激励的方式让他们远离道路、炉子或罐头；相反，我们会立即、果断地采取行动，保护孩子们不受伤害。事实上，在这种时刻，我们看起来采用了非常典型的指挥和控制型处理方法。那么，这是否就意味着信任和激励的方法行不通呢？

我的观点恰好相反。我认为，在那些时刻，成为一个信任和激励型父母、祖父母或者监护人，比其他任何时刻都重要。因为成为一个信任和激励型领导者，意味着你将始终是一个信任和激励型领导者。这并不意味着你从不命令他人，或以果断的方式行事，或是制定纪律。一个信任和激励型领导者同样可以做前述所有事情，尤其是在年幼的孩子冲到马路上时——不管什么类型的领导者都应该这么做。但在这样的事件发生之前，信任和激励型领导者已经建立了信誉和人际关系，使他们能够根据实际情况果断地采取行动，但同时又不失诚信。

指挥和控制型领导者与信任和激励型领导者之间的区别在于，即使二者采取了完全相同的行动，人们对他们行为的解读也将截然不同，因为二者的出发点完全不同。当你做同样的事情时——例如果断行事，或采取坚定的态度，或展现出权威，又或者是采取"严厉的爱"或惩罚，你是信任和激励型领导者，还是指挥和控制型领导者，会让人们有截然不同的感受。这是因为你的心态和意图决定了一切，而你一贯的领导风格则清楚地告诉人们，应该如何读你的行为。

一个信任和激励型领导者可以看到每个人身上蕴含的伟大和潜力，哪怕是一个2岁幼儿。在教育儿子克里斯蒂安的过程中，的确有那么几年的时间，我很难控制自己不去陷入长久的指挥和控制状态，因为我真的需要每时每刻地盯着他的一举一动。妻子杰里和我不得不有意识地以信任和激励的心态看待我们的儿子，即便有时候为了保证他的安全或帮助他学习，我们不得不发挥家长的专制作用。大多数父母都相信，他们所做的一切都是为了孩子好，然而只有孩子也同样相信这一点，父母的约束和管教才有意义。对于成年人的领导者而言，这一道理也同样适用。但很多时候，我们的领导风格阻碍了良好意图的实现。

杰里和我并非十全十美的父母，但我们总是试图以信任和激励的方式来对待克里斯蒂安,并处理我们与他的亲子关系。只要你没有将信任和激励作为你的风格,那么不论你当前采用的风格是什么,它迟早都会妨碍你良好初衷和意图的实现。我们的方法帮助我们更明确地专注于我们的意图,即在与孩子的每次互动中,我们想要实现什么?我们是想要控制他的行为?还是惩罚他?或是试图教导他,并帮助他充分发挥潜力?在他看来,我们的意图是什么?

我们发现,有时候在教育孩子的过程中,最好的方式是制定规则并设定结果,向他表明我们的意图是帮助他成长,而不是控制他的言行,或是获得他盲目的遵从。这也意味着在他还没有准备好的情况下,不要盲目地给予信任。正是因为这种有原则的引导,克里斯蒂安开始意识到,他可以信任他的母亲和我,并且他发自内心地相信,我们始终将他的最佳利益放在心上,哪怕我们有时不得不严格要求他。他同时也知道,我们相信他,相信他的本质比偶尔表现出来的糟糕行为要好得多,并且未来会表现得更好。

很幸运,克里斯蒂安最终度过了难以控制坏脾气的童年时期,成为我认识的一个最温柔、最善良和最有爱心的孩子。我曾经不得不要求他在高中的篮球比赛中表现得更勇猛一点——他当时的表现与他在脾气大的时期和他哥哥一起打激烈的比赛时截然不同。他同时也是一个勤奋能干的人,有极强的纪律性和自我控制能力。

当回顾与克里斯蒂安的亲子关系时,我不禁想到,假如我当时以指挥和控制的心态来对待他,事情或将走上截然不同的道路。克里斯蒂安内心一直有着善良和自制力,他只是有点晚熟,需要时间来成长。想象一下,如果我和妻子在那些成长的岁月里试图指挥和控制他，他的这些美好品质可能就会被扼杀。我们的确可以强迫他服从和顺从，但这可能会让他完全丧失成长为一个自主的、有贡献的成年人的机会，无法做出重要的人生抉择，更不用说发挥一直存在于他身上的巨大潜力了。

如果你们的亲子关系是建立在指挥和控制的基础上，而不是建立在信任和激励的基础上，那么当你将孩子从危险的马路边缘拽回来的时候，他的心态和理解是否会有所不同？如果父母秉持了指挥和控制的心态，那么孩子只会将这个时刻视为爸爸弄伤他的胳膊，或对他大吼大叫的百次实例中的一次。这种指挥和控制的心态在危机过去之后父母对孩子的反应中体现得尤为明显。它表现为父母的话语不是体现了对孩子的爱和关心，而是充斥着批判和挫败感。如果父母秉持了信任和激励的心态，那么孩子可能会认为这一刻证明了父母的爱，即父母拯救了孩子的生命。

无论是在工作中还是在家庭中，我们处理人际关系时采用的范式都将决定高压时刻的短期和长期结果。

那些信任自己的上司并受到上司激励的员工，会更愿意宽恕被误解的情况，或相信绩效评估的客观性。

为此，我需要在这里重申和强调的是，任何时候我们都不应该拒绝成为信任和激励型领导者。我们不能为了今天采用指挥和控制型领导风格，而牺牲了未来的光明前景。尽管有时候我们必须以强制的、权威性的风格行事，但这并不意味着独断专行。没错，有的时候，我们的确无法给予信任，且必须纠正他人的错误行为，但我们永远都应该将对方视为具备无限潜力的个体。因为一时的错误行为，并不意味着他（她）永远都不能变得伟大。

当我们相信每个人身上都蕴含着待开发的潜力时，就能够受到激励，根据人们的潜力而不是他们一时的行为来对待他们。

## 一种存在之道

成为信任和激励型领导者是一种看待生命和存在的视角，而不仅仅是一种便捷有利的工具。正如前文所解释的那样，这并不意味着你不能够成为有远景、结构、期望、担责的强大领导者。相反，这意味着，你对人的基本信念和领导范式，影响了你是否能成为这样的领导者。

例如，当你把领导看作管家式服务时，你的愿景、结构、期望和担责的力量会被你所领导的人热情地激发和回应。你和被领导者都觉得被领导者可以，而且应该得到信任和激励。你们将一致认为，被领导者可以做出有意义的贡献，并找到目标感。你们通过团结合作取得的成果将远超你靠一己之力所取得的成果。

现在，反思一下自己的生活，还有哪些地方值得改进？

## 变革时机已到

鉴于我们已经清楚地知道为什么信任和激励是当今时代中唯一真正有效的领导风格，下一步就是成为一个信任和激励型领导者，践行信任和激励的领导风格。变革有时候的确令人生畏，但我想要告诉你的是，变革总是可能的、值得的，且一直在发生。不管我们喜欢与否，我们的世界正处在不间断的变化之中，为此我们要抓住变革的机会，跟上时代变化的步伐。

通过成为一个信任和激励型领导者，你和身边的人将取得前所未有的成就。当你能够以全新的方式领导时，就将在你生活中的每一个领域，无论是在家庭、工作还是社区中，见证更伟大的成果。

相信我，你可以成为一个信任和激励型领导者。当你自己做出改变时，你可以影响和改变周围环境的文化。这将是一个无比光荣的转变，并且我相信你一定可以做到！

| 指挥和控制 | 信任和激励 |
| --- | --- |
| 强权即公理 | 强权为公理 |
| 等级结构 | 蜂巢式结构 |
| 官僚机制 | 人治 |
| 目标和计划 | 愿景和战略 |
| 强迫 | 劝服 |

第三部分

# 克服成为信任和激励型领导者的 5大障碍

每年我都会跟老朋友们进行一次短暂的周末旅行，这是我们多年来的一个传统，它帮助我们保持了彼此之间的密切联系。这个活动每年都由不同的人负责组织。有一年，组织者觉得我们应该租借哈雷戴维森摩托车，一起骑到北加利福尼亚州兜风。

在这次旅行之前，我才刚刚拿到了摩托车驾驶证，而且没有任何骑行经验。事实上，我当时借了邻居的一辆小型摩托车通过了路考。

跟朋友们一起在停车场练习骑行大型的哈雷戴维森摩托车时，我的感觉还是挺不错的。但几分钟后，当我们骑上了高速公路，无数的汽车从我身边呼啸而过时，刮起的风力令我恐慌。我一边努力地保持车身的稳定，一边在心里质疑自己：我到底在做什么？我根本不知道该怎么办呀！

当你想到信任和激励型领导风格时，或许会和当时在高速公路上骑着哈雷戴维森摩托车的我有着同样的心态——感觉事情完全脱离了个人的掌控范围，担心这些不可控的外部力量将影响你享受这段旅程。

面对一种全新的方法时感到担忧和害怕是很正常的，尤其是当你人生中的大部分时间都是以一种不同的方式运作时。在改变领导风格的过程中，大多数人都会产生类似的不确定心态。正如我在骑着哈雷戴维森摩托车时感受到的那样，我们忽然意识到自己没有接受过相关的培训，没有获得任何相关的指导，因此认为自己"不知道该怎么办"也很正常。或许你曾经看到过其他人尝试后失败了，或许你自己也曾经尝试过，并发现没有取得成果，于是你决定走回老路。

因此，这部分的内容将探讨如何解决那些导致我们无法成功地采用信任和激励型领导风格的主要障碍。正如我在本书开篇所提及的那样，成为"信任和激励型"领导者的主要障碍，是我们认为自己已经是"信任和激励型"领导者了！因此，问题总是"在那里"，换句话说，问题在其他所有人身上。尽管这是一个普遍存在的错误认知，但仍存在5种非常具体和特殊的障碍，导致我们无法有效地转型为信任和激励型领导者。

这5种常见的障碍是我们许多人在领导生涯的某个时刻都经历过的心态、想法和态度，它们从整体上解释了为什么人们会遭遇转型困难，并且被困在旧的领导风格中无法突破。我们常常因为这些障碍而无法建立信任和激励型领导者所拥有的信念，因为这些障碍，我们会开始怀疑人们身上是否具备伟大的潜力，或怀疑自己有没有能力释放他人身上的伟大之处。

部分障碍可能与你的个人经历产生共鸣，而另外一些障碍则可能是你在其他人身上看到的或经历过的。在下文中，我将先给这些障碍命名（相信你能够在看到它们的瞬间理解其含义），然后具体地分析每一种障碍及其解决方案。

## 障碍1："它在这里行不通"
## 障碍2：恐惧——"但如果……怎么办"

"但如果我失去控制了，怎么办？"

"但如果它不起作用，怎么办？"

"但如果我以前被欺骗过，怎么办？"

"但如果我没有得到荣誉和肯定，怎么办？"

"但如果我没有你想象的那么自信，怎么办？"

**障碍3："我不知道如何放权"**
**障碍4："我才是房间里最聪明的人"**
**障碍5："这就是我"**

所有这些障碍都阻碍了我们想要改变的愿望——而且它们都是有根据的。它们承认了真实存在的、固有的风险，但这并不意味着我们能够以此为借口逃避改变。风险与回报是并存的，且有大量数据证明，成为信任和激励型领导者获得的回报将远远高于指挥和控制型领导者。这种高回报不仅体现在业绩表现的显著提升上，还体现在精力和幸福感的增强上——人们会感到更加快乐。

我已经看到，随着领导者放弃指挥和控制，并拥抱信任和激励，个人、家庭和组织都实现了真正的转变。我也见到领导者因为盲目地坚持指挥和控制而陷入挣扎，却不知道哪里出了错。最讽刺的是，他们最终既没能实现指挥，也没能实现控制。

但解决问题的前提是了解问题，只有在识别并理解了阻碍我们转变思维的问题之后，我们才可以采取有针对性的解决措施，以期转变为信任和激励型领导者。

因此，在接下来的5个章节中，我将逐一深入地探讨上文列举的5种基本障碍，并将首先为每一种障碍提供一个范式层面的解决方案，即为你提供一种思维方式，帮助你思考如何克服这一障碍。然后，我还将提供可以学习和实践的具体方法，这一套技能将帮助你培养克服相应障碍所需的实践能力。最后，在大多数情况下，我们都可以利用前文所述的"管家式领导协议"流程来解决这些障碍。

简单地说，我们首先需要拥有正确的思维，然后利用有效的技能和工具来克服这5种常见障碍，才能够真正成为信任和激励型领导者。

不管你实际上遭遇了哪种障碍，都需要相信，你一定可以克服这些障碍，并成为自己想成为的那种信任和激励型人物及领导者。

第十章

# 障碍1:"它在这里行不通"

从你所处的位置出发,利用你所拥有的,做你所能做的。

——亚瑟·阿什(Arthur Ashe)

网球冠军

"这一切听起来真的很棒,但在这里永远行不通,你不了解我的老板。""你不知道我公司的具体情况。""你不了解我身处的行业,我们受到高度监管和管控。""我们只关心季度收益……或患者满意度评分……或者考试成绩。""我没时间。""同事们不会支持我的。""你不了解我的家人。""我宁愿自己一个人做完所有事情。"

对于许多人来说,这些往往是非常现实的担忧。为此,在本章开始时,我希望你列出你认为信任和激励型风格就你个人情况而言行不通的原因:

_____

_____

_____

_____

现在，看看你列举的原因，找出其中超出个人能力范围的事情，比如经济原因或气候原因。

然后，圈出你可以施加影响的原因，即那些你自己能够影响或从中发挥作用的原因，哪怕只有一点点。

毫无疑问，在每种情况下，都存在一些非常现实的环境和限制因素。信任和激励型领导风格在某些行业和组织中比在其他行业和组织中更容易推行，但任何行业、组织、团队、家庭或关系，都能够从信任和激励中受益匪浅。

此外，无论你身处什么职位，面对什么情况，都能够以身作则，率先行动，成为变革的榜样。我承认你无法管理自己的老板，但你可以引导他（她），你可以成为推动变革的催化剂。考虑到当今世界变化的速度，坐等他人开启变革已经不可取。你要从自身做起，推动团队、同事、组织、合作伙伴、家人、朋友，甚至是你自己的变革，由内而外地行动，成为信任和激励型领导者。

## 我很好，但你有问题！

几年前，我曾与一位领导者共事，他很喜欢我提供的关于信任和激励的资料与培训。他很想在自己的公司里实践它，但他也表示，"虽然这的确是很好的材料和方法，我们公司也的确需要它，但我的上司会成为最大的阻碍。他不会理解这种转变，所以在他也加入变革阵营之前，我们不可能推动变革"。

按照他的逻辑，我们一起去找了他的上司，介绍了信任和激励的方法。当他的上司表示很欣赏这种方法时，我们都感到非常惊讶。但随后他的上司也表示："这个方法的确很好，我知道我们公司需要它，但我们首先要说服公司的执行副总裁——如果她不支持，变革就行不通。"

于是我们又去找了公司的执行副总裁，她说了同样的话："哇，这些材料非常好，也是很好的思路！我们非常需要它，但是没有首席执行官的支持，我们不可能推动变革，我们需要跟他聊聊！"

于是，我们一起去找了公司的首席执行官，你能猜到他是什么反应吗？他对我们说："这很棒，真的可以帮助我们转变公司的环境和文化，但是我个人对此无能为力，因为公司的董事会控制了一切——没有董事会的同意，我们什么也干不了！而公司的董事会十分彻底地采用了指挥和控制型风格，所以变革不可能行得通！"

我们没有再去找董事会，因为我敢肯定，即便找到了他们，董事会的成员也会告诉我们："这些东西的确很不错……但问题在于华尔街不同意！"

诸多调研数据明确地表示，人们普遍存在的一个潜在心态是："我做得很好，问题在其他人身上。这不是我自身的问题，而是来自'外部'的问题！"

> 如果你认为问题来自外部，那么你的这种想法才是真正的问题所在！
>
> ——**史蒂芬**·R. 柯维博士（Dr. Stephen R. Covey）

当我评估团队和组织的文化时，人们总是高度评价自己的可信度和行为，但同时给同事的可信度和行为打低分，这几乎无一例外。在激励方面也十分类似——人们将此评为领导者最宝贵的品质，但同时也被视为领导者最缺乏的品质之一。

换句话说，每个人都认为其他人才是问题所在。

这种看法上的不一致导致了很多误解，甚至导致了大多数期望无法实现。最重要的是，它也导致人们不会首先从自身找原因，而是忙着将问题归咎于他人。每个人都想要推卸责任，因为在他们看来，自己不是问题所在，所以也没有解决问题的责任和义务。他们认为，自己对问题无能为力，并在生活中总是带着受害者心态。但需要明确的是，当你坚持"它在这里行不通"的想法，或认为当前的现状无法改变时，你就秉持了受害者心态。

当我们看到战略、结构和体系之间的错位，我们常常觉得无能为力。不可否认的是，在瞬息万变的世界中，几乎所有的组织都存在不协调、不一致的问题；由于不同的团队之间存在相互竞争的优先事项，组织的体系和结构往往会驱使员工之间相互竞争。人人都在争夺稀缺资源，组织文化内部的争斗也因此演变为系统性竞争。这种错位可能会让人们觉得无法克服。此外，组织的体系和结构的运行不依赖于人。事实上，它们比组织中的人更强大，不会受到一时兴起的影响。

但这是否就意味着我们没有能力去创造和推动变革？不！

正如我们在前文中所讨论的那样，体系和结构是程序，而人是程序员。归根结底，体系和结构的确是领导风格的支柱，而风格源于范式，即我们的基本信念。如果我们能接受，甚至改变我们对员工和领导力的信念，朝着信任和激励的方向转变；如果我们能够帮助身边的人也这么做，那么这种风格和行为的转变最终也将推动整个体系和结构的转变。当领导者的范式发生变化时，其编写的体系和结构程序也将随之变化。

当我们着眼于大局时，会很容易感到不知所措或觉得"我对此无能为力"，但不要让指挥和控制型企业文化扼杀了你想要成为信任和激励型领导者的意愿。总有一个我们可以着手推动变革的部分，不管它是多么的微不足道。

我们每个人都有能力在自己生活或工作的某个领域推动变革，无论我们是首席执行官还是实习生，无论我们是全职父母还是退休人员，都可以有所作为，并对环境施加永久的影响。显然，的确存在我们不能改变的事情，例如组织必须遵循的特定规章制度或法律规定——这些是我们无法改变的事实，但我们可以改变自己沟通这些规则的方式，可以转变我们对它们的态度。即便我们无法直接改变它们，也依然可以施加影响。

最重要的是，我们可以转变我们的思维，认识到我们可以成为解决方案的一部分，无论问题是否由我们造成。当我们能够这样做时，就会惊讶于它给我们周围的人带来了多么积极的影响。

**解决方案**：一个信任和激励型领导者应首先以身作则，然后提供指导。

**思维方式**：我成为解决方案，帮助他人成为最好的自己。

要解决"它在这里行不通"的障碍，首先要以身作则，然后再指导他人，产生连锁效应。

无论其他人如何行事，你都能以身作则地示范信任和激励的领导方式。与其认为问题都出在别人身上，你对此无能为力，不如成为问题的解决方案。你可以在自己的影响能力范围内，成为平庸海洋中的一座卓越之岛；成为微观管理海洋中的一座信任之岛；成为冷漠海洋中的一座激励之岛。你可以成为所有人的引路人。你看着镜子，问自己如何才能改变，然后为身边的人示范正确的行为。

你首先是改变自己，然后是改变团队，再然后是影响与你团队互动的其他团队，最终对整个企业的文化施加影响。如果你能够做到这一点（你也的确能够做到），那么其他人也同样能够做到。然后是一个又一个的人，他们将看到你的示范，并追随你的脚步。你将取得超乎常人的表现和业绩，由内而外地建立持久的影响力。

然后，你将从一个榜样，转变为一个导师。正如我们在"以身作则"这一管家式领导原则中探讨的那样，以身作则意味着通过亲身示范，展示期望中的行为。导师就是一个榜样，与他人建立了信任关系，致力于推动其他人的成功和进步。当人们看到一个榜样时，他们会想要模仿其行为；而当人们看到一个导师时，他们会得到关于如何去做的具体指导。榜样强调自身的发展，而导师专注于发展他人。这是一个由内而外产生影响的过程。

> 我认为导师的作用很重要，没有各种形式的导师指导，世界上就没有成功。没有人能够仅凭一己之力取得成功。我们都是他人的导师，即使我们自己并没有意识到。
>
> ——奥普拉·温弗瑞

有一次，我们与一家大型公司的中高层领导者珍妮塔合作，这后来也成为我们最成功的一个案例。珍妮塔所在公司的企业文化是以结果为导向、强调进取的指挥和控制型文化,其工作环境与信任和激励型文化相去甚远。我们与珍妮塔一起构建了一种更好的团队领导方式,她坚信,这种领导风格比公司当前采用的、根深蒂固的领导风格——开明的指挥和控制更好。

珍妮塔认为,与其试图获得上级的批准,不如先从自己和手下的团队开始实施信任和激励的方法。在这样实践之后,她开始取得巨大的成功。人们看到她和她的团队的转变,也注意到他们取得的显著成就,于是开始问她:"你是如何做到的?你是怎么取得这么好的成果的?"她分享了自己的方法,并指导他人开展同样的实践。随着行动的落实,她的影响力开始扩散到整个公司。

最终,珍妮塔作为榜样和导师的连锁反应影响到了公司的首席执行官。他也得到了来自珍妮塔的激励。由于珍妮塔带头塑造了一种领导风格,并取得了他希望在更大范围内看到的成果,他将珍妮塔的团队视为全公司的榜样,并将她作为导师,放在了变革的核心和领导位置。珍妮塔的影响力最终帮助首席执行官改变了整个组织,而这一切都始于珍妮塔一个人——关键在于她由内而外的做法。

在这个故事中尤其值得注意的是,公司在试图转变文化的过程中遭遇了严重的经济动荡。所以,珍妮塔的变革努力并不是在风平浪静中推进的,而是在一场暴风雨中挣扎前行。珍妮塔本身也并非公司的最高层领导者或决策者,但她最终不仅能够提升自己和团队作为领导者的影响力,还提升了整个公司的影响力。这也让她获得晋升。珍妮塔率先行动的决定——对团队和团队的文化负责,最终推动了整个公司的文化转变，使得公司在经济动荡的大环境中反而取得了比前10年更好的业绩。

很多人在看到这个故事时可能会说："哇，如果我们也和珍妮塔一样，有一个愿意实施信任和激励型领导风格的首席执行官就好了！"但事实恰恰相反，是珍妮塔主动进行了变革，她并不知道首席执行官会作何反应。她并没有迷失在各种争夺资源的事项中，或让错位的管理体系阻碍自己的变革行动。她并没有事先取得上级的同意，而是选择在自己的影响范围内塑造和指导周围的人。

一个积极主动的领导者会像珍妮塔那样看待这个问题，然后问自己："我能做什么？我可以从什么地方着手？"珍妮塔并没有等到完美的首席执行官上任，或完美的外部条件具备之后才开始做出改变，她只是简单地下定了决心，就开始了变革行动。她的努力，以及她以身作则展现自己想要看到的变化的能力，激励了身边的每个人，也将她置于导师的位置。其他人也想像她一样，而她也确实帮助他们实现了同样的变革。

所以，永远不要低估你影响他人——无论是你的家人、团队，还是整个组织——的能力。我知道，每个人都面临着不同的现实情况，且环境永远不会是完美的。但关键在于你可以做点什么——行动才是本质。请记住，从自己开始，专注于成为他人的榜样。如果你想要成为一名导师，不妨在你的关系网中施加影响。与其想着"它在这里行不通"，不如选择去想"我要如何做才能行得通？"然后开始行动，现在就开始！

现在就开始。从你所处的现实开始,从恐惧开始,从痛苦开始,从怀疑开始,从你颤抖的手开始。开始就行了!

——梅尔·罗宾斯(Mel Robboins)

《5秒法则》(*The 5 Second Rule*)作者

| 指挥和控制 | 信任和激励 |
|---|---|
| 始于他人 | 始于自身 |
| 在体系内运作 | 从体系上着手 |
| "它在这里行不通" | "我要如何做才能行得通?" |

第十一章

# 障碍2：恐惧——"但如果……怎么办"

> 最终，我们将深刻地意识到，每一种恐惧的另一面是自由。
>
> ——玛丽莲·弗格森（Marilyn Ferguson）
>
> 作家

每当我们需要做出艰难的决定，或尝试新鲜事物时，都会本能地首先考虑到风险，问自己一大堆问题，它们都以"但如果……怎么办"的句式呈现。句式中省略号代表的是各种各样的潜在担忧，根据过往的经验、恐惧和最糟糕的情况，有不同程度的可能性。本章介绍了5种不同的场景，但均围绕着同一概念，即恐惧心理。

每个人都有着不同的恐惧，有些恐惧可以保护我们免受真实威胁的伤害，而另一些非理性的恐惧则可能麻痹我们，导致我们止步不前。在下文中，我将探讨在我看来从指挥和控制转向信任和激励的过程中最常遭遇的恐惧障碍，并依次为每一种恐惧提供相应的解决方案，以帮助你转变思维方式，掌握所需的技能组合。

● **"但如果我失去控制了，怎么办？"**

有这么一段令我印象深刻的经历——我当时应一家大型银行管

理层的邀请，在他们的管理会议上发言。事实上，这家银行的领导团队之前曾邀请我接触他们的首席执行官（但他本人不知情），以帮助他转变领导风格。这位首席执行官就是典型的指挥和控制型领导者，所以不出所料，他从策划团队手中直接夺走了这次活动的控制权。他决定，整场活动都将围绕他奉行的四项领导原则开展，其中两个原则恰好是"指挥"和"控制"。

你可以想象，当排在我前面的那位演讲者——一位退休将军，也是首席执行官的好友——阐述指挥和控制员工可以取得更好的结果时，我有多么尴尬。不用说，整个团队向首席执行官提出采用新领导风格的建议并没能得到很好的实施。尽管觉得十分尴尬，我还是完成了既定的演讲内容，因为我对信任和激励的想法和领导原则充满信心。虽然我的观点与前面演讲者的观点截然相反，但我是用首席执行官的语言表述了不同的观点，这位首席执行官想要更多的规则，以实现更好的控制。

我的立场是：信任和激励型企业文化事实上提供了比基于规则的文化更多的控制权。如果你不能或不想信任周围的人，那么制定再多的规则也不够。规则对于一个人行为的外在控制力，永远无法比拟一个人在受到激励时所采取的自发行动带来的效果。如果领导者真的想要增强控制力，不妨选择更明智的做法，充分地给予信任，让人们自己去做出良好的判断，最终实现"自我管理"。

就像该银行的首席执行官一样，大多数人接受的教育就是"领导力意味着掌控一切"。为此很多人无法放手，且他们中的大多数是不愿意放手。他们想要成为亲力亲为的领导者，想知道在任何地方、任何时间和任何层级的人员身上都发生了什么。他们希望看到自己的决定和指示得到百分之百的执行。如果将这种控制欲发展到极致，它很快就会变成显而易见的、引人不满的"事无巨细的微观管理"。

所有人可能都遭遇过类似的领导者。事实上，一项调查显示，79%的人都经历过微观管理。此外，我认为几乎所有人都在某种程度上对他人实施过微观管理。但对于所有参与其中的人而言，微观管理只会令人精疲力竭。

讽刺的是，尽管我们追求控制，但永远都无法真正地控制他人，因为真正处于掌控地位的是原则。违反这些原则，就好似徒劳无功地反抗地心引力。飞机在起飞时，并不是对抗地心引力，而仅仅是遵循飞行的简单原则，即升力、推力、阻力和重量等。原则统治着我们身处的世界，无论我们多么努力，都只能制造控制的假象。我们越是顺应原则和规律，就越能确保结果的可预测性。

因此，选择坚持原则还是拒绝原则决定了我们的结果。尽管我们的行为是基于个人价值观的，但我们行为的结果是基于原则的。

举个例子，如果我们不相信他人，那么他们就不会得到激励、不愿意付出，他们表现出来的顺从不过是为了逃避惩罚或获得奖励，我们无法获得他们全身心的投入。此外，他们也将不信任我们。反过来说，如果我们能够信任他人，他们往往也将信任我们，想要表现得更好，并抓住成功的机会。当我们信任他们的时候，他们将变得更加投入、参与度更高，这使得信任他们变得更加容易，因此也创造了一种增强信任和信心的良性循环，激发并实际上创造了更多的信任和信心。正如前文所说，信任是会传染的，这就是为什么我反复强调信任和激励的文化比指挥和控制、基于规则的文化更能够增强领导者的控制力。

诺德斯特龙（Nordstrom）创造了一种高度信任的文化，同时也具有强大的控制力——但这是一种有别于传统的控制力。多年来，他们以出色的客户服务，赢得了客户的好评。他们充分地信任客户，但这种对客户的信任，不过是他们首先给予自身员工的信任的一种延伸。

一个绝佳的例证就是这家公司的员工手册。这个手册非常简短，甚至可能无法被称为一个手册。它是一张卡片，上面写着："欢迎来到这里；很高兴你选择了本公司……我们只有一条规则：在任何情况下，充分运用你个人的良好判断力。除此之外，没有其他规定。"

该公司通过这条简单的规则将信任赋予了其员工，尽管言简意赅，但也传递了很多其他的信息，例如让员工意识到，自己得到了公司的信任和尊重；自己拥有良好的判断力并可以自行处理工作。得到此类信任的人不会想要辜负它，并将因此得到激励，想要表现得更好，以对得起这份信任。员工们也将互相帮助，确保大家都不会辜负这份难能可贵的信任。作为一家大型上市公司，该公司还制定了其他政策，以及相关的法律和道德合规标准，但"员工可以在任何情况下，充分运用个人的良好判断力"这一条规则强有力地影响了公司的强大文化，包括招聘、雇用、培训、指导、引导和领导的全过程。

该公司管理方式的一个显著特征就是控制，但这是一种自我控制。人们不想要打破这种信任关系，因此公司不需要制定过多无关紧要的规则。微观管理只会令人感到窒息，而信任则能够充分地激励员工。

**解决方案：** 一个信任和激励型领导者给予"明智的信任"。

**思维方式：** 我从高度信任他人开始。

想要克服对失去控制的恐惧，最好的方法莫过于给予他人明智的信任。需要强调的是，信任必须是明智的。为什么？因为每一种情况都可能不同，每一种情况都可能具备不同的风险，所以我们不能在所有情况下都盲目地给予信任。这样做只会让你被欺骗，或引发你对失去控制的恐惧。在给予信任之前，你需要花时间评估相关人员的情况、风险和可信度。在某些情况下，给予信任并不明智，原因是给予信任的风险过高，或对方的可信度过低，或两者兼而有之。因此，在这种时候不应该给予信任。

但我发现，当我们雇用了优秀人才的时候，这些人才在大多数情况下是可以信任的。我还发现，在大多数情况下，不给予他人信任的做法，带来的风险实际上高于给予信任的做法。这是因为人们在获得信任时会做出积极的反应；同样，当他们感到不被信任时，也会产生消极的反应，甚至更加激烈。

给予信任不能"一刀切"；相反，这是一种必须"调动你的良好判断力"的做法。将给予信任融入组织的文化之中，招募和雇用那些想要获得信任的人。在指导他人时，帮助他们学习如何进行明智的判断，使之成为团队运作的主要方式。这样做，你将可以把更多宝贵的时间花在领导他人而不是监督他人是否遵循了各种规则上。在信任的文化中，良好的判断力取代了过于详细的规则，使信任和激励得到蓬勃发展。

宝洁公司前首席执行官阿兰·乔治·雷富礼（A. G. Lafley）将这种方法描述如下：

没有一套适用于所有情况的明确规则……所以宝洁公司最终依赖于每一位员工，使他（她）在所做的每一件事上充分运用自己的良好判断力。

为此，身为领导者，如果你想要保持控制力，仅仅依靠死板的规则是远远不够的。但通过给予员工明智的信任，你可以实现这个目标。

> 当合适的人选受到信任时，他们反而会有更大的压力去良好地表现。
>
> ——鲁毅智（Hector Ruiz）
> 先进纳米技术解决方案首席执行官

## ● "但如果它不起作用，怎么办？"

领导者需要为结果负责。当想到尝试一种全新的领导方式可能会危及以往结果的确定性时，领导者可能会心生恐惧。全新的尝试可能会失败，可能会没有效果，这就是风险所在。

然而，游戏规则已经发生了变化。你很快就会发现，认为通过以往的方法可以继续获得"以往结果"的想法，存在着更大的风险。在当今世界依然沿用过时的指挥和控制型领导方式，其中蕴含的风险没有几个人能够承担。

**解决方案**：一个信任和激励型领导者平衡风险与回报。

**思维方式**：我相信预期的回报将超过风险。

亚马逊创始人杰夫·贝索斯（Jeff Bezos）曾经说过，"失败和发明是不可分割的双胞胎"。此外，在给股东的一封信中，贝索斯还指出："如果你善于纠正错误，那么犯错的代价可能会比你想象的要低；而行动迟缓的代价肯定是高昂的。"

这已成为技术领域创新的新范式：快速失败，更快速地学习。

现实情况是，风险和回报是并存的。每一次尝试新事物，都有可能失败，但也有可能成功！在某些情况下，风险可能会超过回报。你需要评估待完成的工作，然后问自己"这涉及哪些风险？""这些风险发生的可能性和严重程度有多大？""手下的人员是否准备好接受这一任务并具备了相关的技能？""你是否相信他们会回报你给予的信任，并能够应付自如？""潜在回报可能是什么样的？""这会对公司文化产生什么影响？""这样的冒险是否值得？"等问题。

一如既往地，你需要尝试平衡风险与回报。但在这个过程中，我发现大多数人专注于尽可能地降低风险，而非最大限度地提高回报。与其担忧可能出现的问题，不如想象一下，当你拥有了一个被充分授权、全身心地投入且备受激励的团队时，可能会获得多么令人惊叹的成果。

曾经有一次，我与国外一个省级公务员政府机构合作，他们想要打造一种信任和激励的文化，以更好地为选民和自己的员工服务。机构的负责人表示，大多数机构似乎只专注于最大限度地降低风险，以确保不出错，避免因为事故的发生而遭受指责。

但这家机构选择了反其道而行之——他们提出了一些很有挑战性的问题，例如"没错，我们想知道存在的风险，但我们如何才能够最大限度地获得最好的成果？我们如何将可能性最大化？"

他们仍然重视风险，并适当地控制了风险，但这并不是他们的工作重心。他们最突出的特点是专注于最大限度地发挥所有正确做法的价值，以实现最优解。

另外一个例子来自奈飞公司——它从建立之初起就强调信任，无论是对客户的信任，还是对自己员工的信任。在成立的早期，它就勇敢地尝试了全新且颠覆性的做法。它创建了两家独立运营的公司，一家专注于通过邮件给顾客发送电影的传统商业模式，一家则专注于它新创的流媒体服务。

创建两家独立运营的公司或许并不是一个糟糕的决定。但奈飞公司犯下了一个大错，即要求客户分别订阅这两种服务。客户厌恶这种做法，感觉自己被欺骗和利用了，他们对这家公司失去了信任。

奈飞公司为这个错误的决策付出了代价，但它很快纠正了错误。它对客户表示，"我们听到了您的意见。您是对的，并且我们相信您的判断"。奈飞公司回到了一家公司提供两种服务的模式，并取得了令人瞩目的成果。

奈飞公司将其给予员工的信任称为"自由与责任"。这是明智的信任，以及风险和回报原则的最佳例证。奈飞公司的领导团队在一份关于公司文化的声明中将这一想法传递给了全体员工，该声明表示：

> 我们的目标是激励员工而不是管理员工。我们相信，我们的团队

会去做它们认为最有利于奈飞公司的事情——为此我们给予团队充分的自由、权力和信息来支持它们的决策。反过来，这将使员工产生一种责任感和自律意识，激励他们从事有益于公司的伟大工作……你可能认为，这种程度的自由或许会导致公司的混乱。奈飞公司没有制定强制的着装标准，但从来没有员工赤身裸体地来上班。这就说明，即使我们没有事无巨细地制定规则，大多数人也知道穿衣服上班的好处。

换句话说，回报远大于所承担的风险，且获得了超乎寻常的成果。声明继续陈述，"在极少数情况下，这种自由会被滥用……但也仅是例外情况，我们要避免矫枉过正。因为，少数人滥用自由并不意味着所有的员工都不值得被高度信任"。

显然，奈飞公司的整体风格是信任和激励。没错，它的确含有一定的风险，但它带来的回报也是超乎寻常的，远远超出了传统企业可能获得的回报。它使员工提供了卓越的表现，远超指挥和控制之下能达到的水平。

> 一个创意团队的终极自由，就是尝试新想法的自由。反对创新的人总是坚持认为创新意味着昂贵的试错代价。然而从长远来看，创新的成本低廉，而甘于平庸的代价反而更加昂贵。要解决这个问题，自主性才是良方。
>
> ——汤姆·凯利（Tom Kelley）
>
> IDEO设计公司合伙人，《创新自信力》（Creative Confidence）作者

但这些原则不仅仅适用于奈飞公司。还记得研究表明高信任度组织的创新能力是低信任度组织的11倍之多吗？毫无疑问，肯定会有部分领导者在转型的过程中发出疑问："如果它不起作用，怎么办？"但如果你发自内心地相信每个人身上的伟大之处，那么对他们身上的潜力视而不见，将意味着不可承受的巨大风险。

我们曾经与一位经营珠宝零售商店的客户合作，他深谙如何平衡风险与回报。他从高度信任他人开始。他告诉员工，"我知道你在做出判断的过程中可能会犯一些错误，但我想让你知道的是，我已经提前原谅你了"。此外，他还给客户提供终身保修服务，将这份信任延伸到客户身上。无论出现什么问题——无论是什么东西坏了，或者即使只是丢失了，客户都可以获得全额退款。因为他信任他们。

尽管这种经营方式十分冒险，但也获得了丰厚的回报——他的客户满意度为 97%，员工流动率仅为行业平均水平的十分之一。他还实现了行业平均水平百分之一的存货损耗率。他对待员工和客户的方式激励了他们。

## ● "但如果我以前被欺骗过，怎么办？"

在我们讨论的所有障碍中，这可能是最棘手的一个。每当人们问我如何在经历了重大的背叛之后再次建立信任时，看到他们眼中的痛苦的确令人心碎。现实情况是，所有人都可能经历过他人失信带给我们的痛苦，有时候甚至是背叛。一旦遭遇背叛，我们自然会对再次给予信任持警惕和观望态度。

事实上，的确存在一部分不值得信任的人。那些反复失信的人，不过是在为自己的信誉建造坟墓。有时候，对某些人持不信任态度，或至少在一定程度上保留信任，是有必要的——尤其是面对那些已经造成了伤害，却没有表现出任何悔意或改变意愿的人时。曾经遭遇背叛的人可能会在没有真正地考量实际代价的情况下采用指挥和控制，以作为一种本能的防御机制。在这里，我需要重申：当涉及信任时，进行良好的判断总是明智的，不要将信任扩展到不值得信任的人身上。然而，正如老话所说，几个坏苹果并不意味着一整堆苹果都不能吃。根据我的个人经验，大多数人——尽管并非所有人——都是值得信任的，并且是期望获得信任的。

我的一位同事曾为服务于退伍军人的一群护士长、管理人员和团队开展了为期两天的"信任的速度"培训，他将自己的经验分享如下：

培训的第一天上午，我问学员们，他们希望在培训结束时学到什么。克林特（他为无家可归的退伍军人工作）表示，"我想要学会再次信任他人"。当我请他讲讲具体原因时，他表示："在经历了阿富汗战争之后，我很难再相信任何人了。"然后，克林特分享了自己的故事。

在军队服役的22年中，他两次被派往伊拉克，两次被派往阿富汗。最终，克林特再次被派往阿富汗，进行最后一次服役。在那里，他带领一支部队训练阿富汗的军队，以便阿富汗的军队在美军撤离之后维护当地的和平。克林特和手下的士兵们与阿富汗士兵共处了数周时间，他们一起训练、吃饭、睡觉和战斗。但突然有一天，阿富汗士兵将枪口对准了他们的美国教练员,克林特在交火中身受重伤。"这次经历导致我无法再信任任何人,"克林特最后说道,"因为错误的信任可能会使你丧命。"从他的故事中我可以看出,他身上这种无法再相信任何人的问题,已经严重地影响了他的家庭关系,尤其是与儿子的关系。

在克林特恢复冷静后,我告诉他,我或许无法对他所经历的一切感同身受,但我希望他保持开放的心态,希望在接下来的两天里,他能够找到有用的工具或语言。克林特同意了,但我不确定短短两天的课程能否让经历了生死背叛的人有较大的触动。在第二天的培训结束的时候,克林特承诺,他将主动建立与儿子的信任关系,他愿意再给自己一次机会。

几个月后,我又遇到了克林特,发现他身上表现出了惊人的变化。他刚刚和儿子一起露营回来,两人一起度过了一段愉快的时光。克林特看起来判若两人,他从一个粗暴、阴郁、令人恐惧的人,变成了一个热情、开放、平易近人的人。显然,他也与儿子建立了良好的亲子关系,我相信他肯定也与其他人建立了良好的信任关系。

当然,克林特的经历是非常个人的,我也曾见过其他人分享类似的经历,即被配偶、家人、密友或商业伙伴背叛。要克服这种痛苦的、打击人的经历是极其困难的,这些痛苦可能纠缠我们一生。但我们也可以摆脱它们的纠缠——这种经历了背叛的关系有时候能够挽救,有时候不能。但我们不能信任某些人的事实,并不意味着我们不能信任其他人。

**解决方案**：一个信任和激励型领导者并不会因一个人的错误而不再信任其他人。

**思维方式**：我相信大多数人值得并想要获得信任。

在一次演讲结束后，一个人走过来跟我分享了他被欺骗的经历。当他担任一家大型公司的内部审计负责人的时候，该公司的一名高管犯下了非常严重的欺诈罪行。作为审计负责人，他的工作就是深入挖掘所有细节，找出高管为了牟取私利而弄虚作假和操纵数据的每一种方式。

在他审计的过程中，公司的首席执行官找到他讨论这个事件。当他向首席执行官发泄自己对该高管行为的失望之情时，首席执行官打断了他，问了一个出乎意料的问题："在目睹了这样的事件之后，你觉得自己还能够信任他人吗？"他想了想，老实地回答说："我不确定。我不知道自己是否还能像以前一样信任他人。"

首席执行官说："这是一个问题。因为如果你不能信任他人，就做不好领导者。"

这句话让他深有感触。他为此纠结了好几个月，但最终得出结论——首席执行官是对的。没有信任，就没有真正的合作，没有真正的伙伴关系，也没有真正的领导力。"这就是为什么我必须来找你，"他对我说，"因为我无比认同你关于信任的说法。即使我目睹了某些不法行为，也不能由此判断其他人会怎么做。如果我那样做了，我就无法领导他人了。我意识到，是否能够信任他人，是决定我是否能够领导他人的关键。"

所以，不要因一个人的错误而不再信任其他人。不要因为5%的人不值得信任，就放弃剩下95%值得信任的人。有一个人背叛了你的信任，并不意味着其他所有人都会这样。

这并不是说我们可以盲目地信任所有人——我已经在前文探讨过明智的信任和良好的判断的重要性。但我们可以信任那些我们有充分理由去信任的人。上文中那位审计负责人通过该高管的不当行为，强化了信任他人的重要性，而不要因为他们没有做过的事惩罚他们。

不知道有多少人还记得，老师曾经因为一个同学的错误而惩罚了全班人？这样的行为不管放在什么时代，都同样地令人沮丧且不合逻辑。一个人的行为可能意味着你不能再信任他（她），但并不意味着你要一竿子打翻所有人。

但同时，在遭遇欺骗之后再度给予他人信任也并非易事。恢复对他人的信心很难，但并非没有可能。在正确的保障措施到位后，充分运用判断力，去相信那些值得信任的人，将会带来巨大的收益。

## ● "但如果我没有得到荣誉和肯定，怎么办？"

每个人都希望自己的工作得到认可，都希望其他人知道自己投入了时间和精力以取得成功。这不仅仅是自尊问题，或是表现出众的愿望——这也关乎一定程度的安全感和信心，因为你知道自己的努力和贡献不仅有价值，而且被人需要。如果一个人的努力和贡献看起来没有产生任何影响，或不能增加任何价值，那么这种努力可能会显得无关紧要。

这种对荣誉和肯定的渴求会带来一个问题，即它可能导致稀缺心态——将整个世界的资源视为一个固定大小的馅饼，每当其他人分到一块，我们就少了一块。所以，其他人获得成功就意味着我们获得成功的机会变小了，导致我们的重要性也降低了。

在稀缺心态下，我们往往会在追逐荣誉和认可时感到他人的能力带来了威胁。例如，"如果团队中的某个人比我更有能力，该怎么办？"我们甚至开始质疑他人的动机，开始担心其他人或许不是真的想要跟我们合作，而是刻意接近我们，试图借鉴和窃取我们的优秀创意。如果一个领导者秉持稀缺心态，他（她）可能会认为，如果领导者必须承担团队失败的责任，那么在团队获得成功的情况下，领导者也应该获得全部的功劳，或至少分到比其他所有人更多的功劳。

这种稀缺心态不仅极具误导性，还会导致痛苦和僵化。一个不信任他人，或不想看到他人取得与自己同样的，或更伟大的成就的人，很难与他人有效地合作。这绝对不是鼓舞人心的做法，无论是对你自己而言，还是对其他人而言。

> 有一些人不在乎是谁获得了功劳。当你拥有了这些人时，就能够取得令人惊叹的成果。
>
> ——哈里·S.杜鲁门（Harry S. Truman）

**解决方案**：一个信任和激励型领导者秉持了富足心态。

**思维方式**：我知道别人的成功并不会削弱我自己的成就，因为世界上的资源足够满足所有人。

要解决问题，我们需要将稀缺心态转变为富足心态。富足心态不会将世界视为一个固定大小的馅饼或一个"零和游戏"。相反，它将世界比喻为一个无限量的自助餐。别人拿走了鸡翅并不意味着你就吃不到。所有人都可以吃到鸡翅，因为自助餐会不断地补充餐品。

富足心态相信，每个人可拥有的东西是富足的，尤其是那些最重要的东西：爱、善良、信任、灵感、慷慨、活力、信誉、认可、成功和意义。

在富足心态下，别人取得成功并不意味着你不可以，别人获得荣誉并不意味着你不会得到。最好的领导者总是希望员工表现得比自己更好。想象一下，如果父母不希望孩子过得比自己好，如果教师不希望学生的高考成绩比自己高，如果教练不希望球员赢得比自己更多的冠军，将是多么的违背常理！一个人真正的卓越之处，在于帮助他人发挥自身的最大潜力，无论他们取得的成就是否比自己的更"高"。当你将心态从个人的积累转变为给他人做贡献时，获得个人的荣誉就变得不再那么重要。

> **我很想重新定义成功，即成功不仅仅是你个人取得的成就，还是你帮助他人取得的成就。**
>
> ——亚当·格兰特
>
> 教授，《重新思考：知所未知的力量》(Think Again)作者

富足心态源于我们的信誉，因为正直和真实性孕育了内心的安全感。如果我们自己是可靠的、有安全感的，就不会依赖于和他人的比较，或来自他人的意见。这使我们能够发自内心地为他人的成功感到高兴。但是，当我们自己不可信或缺乏安全感时，往往会基于与他人的比较行事，被他人的成功所威胁。

最重要的是要知道，富足心态是一种自主选择，而不是一个先

决条件！一个典型的例子来自老乔恩·米德·亨茨曼（Jon Meade Huntsman Sr.）。作为一个白手起家的亿万富翁，他彻底地改变了慈善的游戏规则，并试图让孩子们继承同样的心态。有些人可能会说，拥有这么高的身家，去做慈善当然很容易。但其实亨茨曼在还没有发家的时候就已经开始做慈善了！他的慷慨精神是一种心态，而不是一个先决条件。有的人一无所有，却施予无数；有的人家财万贯，却一毛不拔。亨茨曼在变得富有之后并没有停止给予。

如果你能够以富足心态运作，你的员工就会感觉受到重视，他们也会因此而茁壮成长。事实上，这也能给你带来好处。如果你的员工做得很好，那就说明你是一个伟大的领导者；如果你做得很好，但你的员工没有，那就说明你是一个平庸的领导者。

如果你的目标是推动其他人的发展，那么不管最后荣誉是否属于你，人们都会更加尊重和信任你。他们将受到激励，继续全力以赴。当你能够对你所服务的人说，"没错，我的确在乎自己的成功，但我同样在乎你的成功"——并且是发自内心地信奉这一点时，你就能够真正收获富足心态。你还会发现，你的团队成员也将你的成功真正地放在了心上。

## ● "但如果我没有你想象的那么自信，怎么办？"

你会不会经常觉得自己不够格？如果是，你也并不是个例。据估计，大约70%的人在人生中的某个阶段都经历过"冒充者综合征"，即经常感觉自己不够格，没有足够的经验或才华来从事自己正在做的事情。同时，他们认为其他人是符合要求的，具备所需的经验和才华。任何抚养孩子的人都应该特别清楚这种感受。

感觉自己不够格的时候，我们的内心会堆积大量的自卑感，这使得我们更难与他人合作，也更难开展领导工作。如果你连自己都不信任，就很难信任他人。并且，在这种情况下，信任他人也会让你产生一种被威胁的感觉——如果事实证明他人的确比你更聪明、更有资格，你该怎么办？

人们总是说，"装到你成功为止"，但如果你一直都在伪装，并发自内心地认为自己可能不会成功，该怎么办？

这一类想法可能会令我们感到精疲力竭，降低我们以最高效率工作的能力，也降低我们帮助他人最大限度地开发潜能的能力。为了弥补内心的不自信，许多人会提高嗓门、虚张声势、微观管理、关闭沟通渠道或降低透明度。而最终，他们也将自己与那些能够帮助他们成为理想领导者的成长机会割裂开来。

**解决方案：**一个信任和激励型领导者通过示范行为美德来有意识地建立个人信誉。

**思维方式：**我可以增强自己的信誉和自信心，并帮助其他人也同样做到。

你该如何克服自我怀疑的心态？回到我们的管家式领导第1原则——以身作则，并专注于展示这些行为美德：谦逊和勇气、真实性和脆弱性、同理心和业绩表现。以身作则的领导者可以提高自身的信誉，因为领导力由内而外地发挥着作用。领导者必须率先行动。

当你专注于展示真实的自我时，自信心就会增长。自信心的基础是你的个人信誉——你的品格和能力，以及你的道德权威。你不需要成为一个完美无缺的人，但需要认识到自己的能力，并尽可能地发挥其最大作用。你越信任自己，能够给予他人的信任就越多；你越自信，就越能够帮助他人增强自信心。

当我与企业新任最高管理层讨论时，他们中的很多人都表示，在第一次作为高管开展工作时，自己会感到非常紧张或不自在。环顾身边诸多经验丰富的高层前辈，他们也经历过冒充者综合征，不确定自己是否真的能够胜任。然而，一旦他们停止与他人比较，并开始专注于在同事和团队成员中建立个人信誉，他们的自信心就得到了增强，并开始逐步取得更大的成就。

面对生活抛给我们的一切，我们从来都不是完全合格的。但这并不意味着我们不能够向着这个目标努力。

## 恐惧——但如果……怎么办

本章讨论的所有恐惧都是有依据的，并且呈现了一个我们可能需要面对的现实。然而，信任是恐惧的解药。伟大的领导者不仅能够给予他人信任，还能够帮助他人建立对自我的信任。由此产生的自我信任将帮助他们克服恐惧。

> 关键在于给予他人信心。
>
> ——印加·比尔（Inga Beale）
>
> 伦敦劳合社前首席执行官

恐惧是一种被动的反应，而信任是一种主动的选择。当我们运用良好的判断力权衡风险与回报，以富足心态运作，并专注于建立个人信誉时，就能够克服恐惧，并甩掉随之而来的包袱。

当然，你也可以将你的整个职业生涯或整个人生都浪费在这个"但如果……怎么办"的游戏上，虚构出一个又一个场景，假想事情失败的千百种方式。这事实上就是一种指挥和控制自己的倾向。

我个人很推崇的一句话是，"担忧是为一笔你可能永远也不会欠下的债务提前支付的利息"。与其浪费时间支付这些本不会产生的利息，还不如进行投资。

所以，不要再问自己"如果我失去控制了，怎么办？"或"如果它不起作用，怎么办？"。不妨问问自己，"如果它的确有效呢？"

| 指挥和控制 | 信任和激励 |
| --- | --- |
| 风险最小化 | 机会最大化 |
| 依据规则 | 自主判断 |
| 资源有限 | 资源无限 |

## 第十二章

# 障碍3:"我不知道如何放权"

以其终不自为大,故能成其大。

——老子

当你期待孩子以某种方式完成一个简单的任务,孩子却难以完成时,你或许会感到十分沮丧。看到孩子懒洋洋地把碗筷塞进洗碗机,或不紧不慢地叠衣服,而你知道自己动手可以做得更快、更好时,你或许会感到十分恼火。我们中有多少人把别人做过的事情又做了一遍,只是为了确定别人所做的是正确的?我们中有多少人甚至根本不允许其他人尝试这个任务?正如那句常说的话,"想要确保一件事情做得对,你就必须亲自动手做"。

尽管这样的现象在朋友之间或家人之间经常出现,但它也频繁地发生在工作和职场中,甚至在社区工作或志愿者工作中也很普遍。对许多人来说,放弃控制权,或放手,听起来像是绝对做不到的事情。我们渴望持续的控制感,它成了一种生活必需品,而不是可有可无的奢侈品。因为对小事的控制感会让我们感觉自己也能够控制大局。对于某些人而言,这种控制感就像他们的基本组成部分。

我的孩子们就经历过类似的事情。当时,他们应邀给当地社区的青年活动做策划和布置。他们完成了辛苦的策划和辛勤的布置后,成年领导者们突然介入,并"修改"了一切。我的儿子翻了个白眼,问道:"如果他们真的只想要自己动手,为什么还邀请我们帮忙?"虽然在成年人动手修正之后,整个活动确实看起来更有规划性,进行得更顺利,但孩子们在离开时,都感到了被剥夺权力的痛苦。

这种无法放手的做法可能会损害士气,扼杀创造力。不管背后有什么理由,最终造成的后果都一样严重。

**解决方案:**一个信任和激励型领导者对失败有着很高的容忍度,并专注于学习的过程和方向的修正。

**思维方式:**失败是通往成长和创新的必经之路。

大胆地放手,并不意味着你失去了所有的控制权。我们已经非常肯定,信任和激励型领导者通过明确的期望、指导方针、担责制和结构(包括管家式领导协议)来完成工作。不过,信任和激励型领导者也知道,适当地信任他人,对于吸引、激励和赢得他人的支持而言至关重要,这对他人自身的发展和成长也至关重要。

我们应该时刻牢记,每个人都隐藏着巨大的潜力,突破的力量就在种子里——我们应了解人们有未开发的潜力。所以,领导者应该创造一个适宜的环境,让人们可以充分尝试、积累经验,即使这意味着经历失败。领导者学会放手是所有这一切的前提,哪怕是园丁,也不能将种子从土壤中拔出,种子必须自己发芽,破土而出。

一位高中教师曾跟我分享了她的一段经历——大胆地放手,不仅激发了学生的创造力,还增强了他们的学习自主性。当时,她决定在学期的期末项目中,让学生提交任何他们想要提交的东西,而不是标准化的、千篇一律的作业。当然，她提供了指导方针，确保学生提交的东西与学习有关，并可以体现出学生对所学内容的掌握程度。但整体而言，她不再按照常规的惯例，设定学生提交作业的标准。

在学期结束时，她收到了一系列富有创意的、深思熟虑的作品，且以不同的媒介呈现。从电影到机器人，从艺术作品到诗歌。一名学生甚至编排并表演了一段舞蹈。那些平时不喜欢参与传统课堂教学的学生上交了有意义的作品。几个月后，一群学生组成了一个乐队，以一名学生为这个项目创作的诗歌为灵感，写出了一首歌曲。这首歌曲甚至被上传到声破天平台播放！这一次的作业对学生来说意义重大，因为它融入了他们的个人生活。

通过放手，这位教师使她的学生们取得了更多的成果。学生们创作了鼓舞人心的作品，这是在指挥和控制的教学风格下永远无法实现的。

许多（如果不是大多数）政策，要么是工业时代的遗物，要么代表了组织在信任出现问题之后遗留下来的伤疤。尽管工业时代早已成为历史，但在政策方面，企业和组织仍然保留了一种强烈的趋势，即以"无法放手"的心态运作。所以，在考虑一项政策是否有效时，不妨问问自己：如果我们之前并没有这个政策，如今是否还愿意创建它？如果答案是否定的，那么可以直接放弃。

有一次，我正在主持一个关于信任的公开研讨会，一位来自一家大型区域杂货连锁店的高层领导者突然站了起来，兴奋地向我和所有其他观众分享了她的杂货连锁店经历的一次惨痛的教训——以及她的公司如何将失败转化为成长和进步。

她告诉我们，有一天，一位熟客带着一箱鸡蛋回到商店——有几个鸡蛋碎了，顾客要求退款，但把收据忘在家里了。收银员解释说，按照商店的规定——没有收据，就不能退款，他们无法退还鸡蛋的钱。他们反复强调，没有收据，他们就无法确定鸡蛋是从哪里来的。

顾客开始生气了，因为这家杂货店的标志明显地印在鸡蛋盒上。尽管如此，收银员仍然拒绝退款。

"但是你认识我的，对吧，我每周都来这里买东西！"顾客生气地说道。

即便如此，收银员仍然坚持商店的规定，没有退款。为此，客户向商店经理投诉。令人震惊的是，经理也坚持商店的规定，不予退款。顾客愤怒地宣布，他再也不会来这家连锁店购物了。

你可能已经意识到，问题与客户的鸡蛋无关——这是一个关于信任的问题。收银员和经理没有大胆地放手，或许是因为商店的制度中有明确规定，所以他们不敢尝试。

后来，这件事情传到了公司的高层领导者耳中。他们听到之后既惊讶又尴尬。他们没有责怪收银员和经理遵守了商店的规定，而是从自己身上反思，责备自己制定了这样不合理的政策。他们也检讨了自己的公司文化，即遵守规则比服务客户更重要。他们意识到需要立即做出转变，需要放弃这种基于不信任的过时政策，并授予员工充分利用良好判断的自由，而不是盲目地遵守规则。

后来，这家公司废除了这条政策，以及其他几项过时的政策，以给予员工和客户更多的信任和权力。现如今，它已经成为当地最受信赖的品牌之一，并已连续9年实现同店销售额增长。该公司的领导者愿意从失败中学习，并获得成长，这帮助他们取得了更好的业绩，造福了每个人。

| 指挥和控制 | 信任和激励 |
|---|---|
| 失败是糟糕的 | 失败是成长的机会 |

第十三章

# 障碍4："我才是房间里最聪明的人"

没有哪个人的智慧，能够胜过集体的智慧。

——肯·布兰佳（Ken Blanchard）

《一分钟经理人》（*The One-Minute Manager*）作者

许多年前，我曾为一个客户组织提供咨询服务，该组织的某个业务部门总裁有一句口头禅，他几乎在每次开会时都会重申——"记住，最好的想法胜出！"这是一个不错的表述，因为它意味着总裁总是在寻求最好的想法，无论它来自哪里，或来自谁，即想法或创意上的精英主义。或至少看起来是这样。

但会议的实际结果往往与总裁期待的背道而驰。总裁总是表现得好像他希望听取所有优秀的想法，或这些想法都能够得到采纳一样。整个团队经历了一个漫长的过程，所有人都竭尽全力地提供了想法或创意，但最后，总裁决定采用自己的想法——这是他在会议开始前就决定好了的。归根结底，他不过是想要自己的想法胜出。

尽管他声称最好的想法胜出，但事实上，从没有人赢过他。员工们很快意识到总裁嘴上说的话与他的真实意图不符，所以都放弃了尝试。所有人只想尽快走完这个流程，这样就可以停止浪费时间，并开始实现总裁的想法。同时，这也导致总裁错过了许多伟大的想法——仅仅是因为这些想法不是出自他的脑袋。这位总裁就是人们常说的"时常犯错，但从不怀疑"的领导者。

你认为这位总裁知道他会遭遇这样的结果吗？他不知道。在这里需要注意的是，尽管你可能不会将自己视为"房间里最聪明的人"，或给自己贴上这样的标签，但如果你采用指挥和控制的方式，哪怕是开明的指挥和控制，也会使自己陷入这种境地。现在，不妨问问自己："我的处事风格是否会给人留下这样的印象，即我认为自己更聪明、更优秀或更有资格？"与我合作过的许多领导者经常对这个问题的答案感到惊讶。

我们的风格妨碍了我们良好意图的实现——这可能是贯穿"我才是房间里最聪明的人"这一问题的最常见主线。许多领导者表面上倡导"协作"，但事实上只想实施控制，这是令人泄气的、不人道的，并将令人精疲力竭。这最终也可能带来犬儒主义。最后，只有领导者自己感觉良好。当领导者说"谢谢大家的意见，我觉得我们取得了圆满的结果"时，其他人的想法是，"没人对这个结局感到满意"。

从本质上说，与明确地表示"如果我想要征求你的意见，我会告诉你的！"的人合作，可能比与那些表面上征求了你的意见，但实际上完全不承认其价值或完全忽略它们的人共事要更好。

有好几次，我与一群经常遭遇类似挫折的医疗保健工作者交谈，他们表示上级总是要求他们提供反馈和意见，但从来没有听取这些意见，有时甚至拒绝承认收到了来自下属的反馈。作为领导者，他们自己做出决策并要求下属支持这些决策是合理的，但如果不愿意真正听取建议或意见,就不要表现得想这么做似的。否则,这将导致人们怀疑自己的直觉和经验,并导致领导者失去使员工贡献其真正价值的机会。

我认识的一位信任和激励型领导者在讨论任何问题之前,都会确定自己是需要征求团队的意见,还是只需要团队支持自己的想法。所有的团队成员在开会之前都已经明确地知道决策是否已经做出。因为这位领导者采用了信任和激励型领导风格,所以她可以说,"我真的想要探讨不同的选择,我需要你们的意见",或"我已经决定了这个项目的方案,我们可以一起讨论执行的最佳方法吗"。这两种选择都是非常合适的;我们需要的是清晰。作为一个信任和激励型领导者,我们可以在拥有权威的同时避免专制。真实是一种力量。

聪明不仅仅是指智商或资质。它还包括你在这些方面的能力:接触他人、激励他人、帮助他人打开思想,而不是限制他们的能力或发展,以确保每个人(包括自己)都能够从中受益。按照这个定义,当你自认为是"房间里最聪明的人"时,自然你就不是聪明的。如果你认为自己永远是对的,就会发现在涉及人际关系时,你往往是错的。

我想有一部分读者在看到本书的目录时,已经做好了如何反驳本章观点的准备——"不,史蒂芬,我真的是'房间里最聪明的人'。我可能不是所有人中最聪明的那个,但在我所处的集体中,我必然是。"

感觉自己是唯一尽心尽力的人,或觉得同事和团队成员,甚至是老板都不具备与你同等优秀的技能,没有什么比这个更令人感到沮丧。而有的时候，你的感觉的确没错。

我曾从自己的孩子身上见过这种情况。当时，13岁的女儿向我抱怨，说她暑假打工的"刨冰小屋"的上司十分不称职——而且她的确没说错，因为上司恰好是她年仅15岁的哥哥！哥哥并没有非常努力地工作。女儿显然看出来了，并且备受困扰。

但或许你正处于对立的阵营——你就是那个被抱怨的上司，就像我的儿子一样。你可能会觉得与你共事的人没能充分理解你的意图。大多数人可能在成长的某个阶段学到了这样一个经验，即领导者就应该是群体中最聪明的人，领导者不应该表现出软弱或不足，对吧？所以，领导者也以这样的心态来为人处世，不敢展示自身的不足，在遭遇困难时，要么不愿意，要么害怕寻求他人的帮助。从本质上而言，你之所以采用指挥和控制的方式，是因为你认为自己懂得最多，或想要表现出自己就是群体中最优秀的那个人。

现实情况是，双方的观点都有一定的道理。有时候，你可能身处一个看起来不那么敬业且技能也不太熟练的团队，有时候你可能遇到了看不到你身上优点的领导者或同事，导致你更不想积极参与，不愿意贡献自身的技能或想法。在大多数情况下，如果你认为自己就是所有人中最聪明的那个，并以这种态度对待他人，那么久而久之，哪怕你的确是最聪明的，其他人也会停止尝试，最终导致团队成为你的一言堂，或者你成为整个团队中唯一在乎结果的人，其他人则漠不关心。

如果你想要成为其他人的领导者，不论他们是你的同事、家人或者甚至是你的上司，成为群体中最聪明的那个人事实上并没有什么帮助。

**解决方案：** 一个信任和激励型领导者是一个乘法领导者。

**思维方式：** 我需要充分利用周围所有人的优势。

当英德拉·努伊杀进百事公司首席执行官的最后一轮选拔时，董事会正在考虑另一个候选人——迈克·怀特（Mike White）。迈克同样是一位相当有资质且才华横溢的领导者。两人均在百事公司工作多年，都是绝佳的候选人——不过董事会最终选择了英德拉。成功当选之后，英德拉并没有急着巩固自己的权力，而是试图说服迈克留下来与她并肩作战。她告诉迈克，自己非常希望，也很需要他留下来帮忙，她知道像迈克这么有才华的人，可以轻松地在其他地方找到首席执行官的工作（很多高管会在竞聘首席执行官失败后另谋高就，换个公司担任首席执行官），但如果迈克能够留下来，她和百事公司一定都会更好。

英德拉并没有将自己视为"房间里最聪明的人"，没有将迈克视为威胁。相反，秉持着富足心态，她承认自己需要迈克的长处和能力。最终，他们之间建立了彼此信任的关系，尽管迈克没有竞聘成功，并因此感到失望，但他感受到了英德拉的重视，并获得了来自英德拉的激励。他选择了留下来，继续为百事公司服务了几年，然后才跳槽到直播电视公司担任首席执行官。两人携手为百事公司开辟了一条新道路，将它推向了新高度。

克服"我才是房间里最聪明的人"综合征的方法和心态，始于对每个人都拥有足够资源的信念，以及对关怀比竞争更重要的理解。

我个人很喜欢的一句非洲谚语是，"想要走得快，就一个人走；

想要走得远,就一起走"。在我个人的生活和很多其他人的生活中,我已经多次看到这句话得到证实。然而,仅仅是走得远,或走得快都是不够的,我们必须两者兼得。结合当下的现实,我觉得这句话可以改为"想要行得快,行得远,我们需要带着信任同行"。群体的力量总是比个人的力量更强大,但仅仅是聚集一群人也是不够的。如果我们依然沿用了指挥和控制的风格,即便是一群人也无法产生敏捷性、创新性或灵感,以跟上我们所处世界不断变化的步伐。

> 你能完成我做不到的事,而我能完成你做不到的事,所以我们一起,就可以完成伟大的事业。
>
> ——**特蕾莎修女**(Mother Teresa)

那些明白速度的重要性,并追求快速前进的人,通常认为自己是"房间里最聪明的人"。他们不想把时间浪费在其他人身上,并相信自己拥有独立完成工作所需的全部技能。就算他们需要其他人的合作,也只是希望其他人能够老老实实地按照自己传达的命令行事。在极少数情况下,这种做法能够奏效,但可能需要付出昂贵的代价,且不可持续。通常情况下,它只会带来平庸的结果。

那些能够走得长远的人,必定是一起走的人。他们意识到一个人的智慧比不过集体的智慧,集体的精神和知识才能够带来真正的创新和创造力,才能够带来更优秀的想法、更深入的理解和更快乐的合作。这些既走得快又走得远的人,从来不将自己视为"房间里最聪明的人",他们依赖于其他人,认为其他人比自己更有能力,希望其他人能够为团队贡献不同的想法和意见;他们寻求合作创新——但所有这一切都需要基于相互信任的关系，这将使他们能够更快地消除误解和潜在的分歧，让所有人都专注于发挥自己最大的优势。这种合作将能够以更快、更有效的方式创造更优秀的成果，团队成员也能够相互激励，把工作做到最好。

> 一个人能做的很少；我们一起可以做很多事。
>
> ——海伦·凯勒（Helen Keller）

身为领导者，我们应努力使团队相互配合、相互信任，但同时也要牢记，我们的意图与我们所展现的同样重要。嘴上说是一回事，发自内心地相信是另一回事。有人可能会嘴上说着"齐心协力肯定最好"，但实际上依然采用了"我才是房间里最聪明的人"的范式。这些言行不一的举动，人们可以轻易地看穿。

如果你将自己视为"房间里最聪明的人"，那么你是否想过，其他人跟你相处时是什么感受？对于你周围的人来说，跟你打交道可能会身心俱疲。你的这种态度既羞辱了其他人，也将他们拒之千里之外。其他人一旦意识到自己的意见得不到你的认真倾听或严肃对待，他们积极参与和贡献的意愿就将立即熄灭。这将导致一个有害的循环，使身为领导者的你误以为周围的人既缺乏动力又缺乏创意，却没有意识到自己才是那个令人沮丧、削弱他人创造力的源头！

在父母自认为"懂得最多"的家庭中，同样的情况也经常发生。这种类型的父母将孩子往听话和顺从的方向培养，而不是去充分发掘孩子的潜力和个性。你知道如果你秉持了这样的心态，给自己施加的最大限制会是什么吗？它就是：如果你认为其他人不如你，就永远无法以正直平等的态度对待他们。

然而，那些真正拥有大智慧的人，从来不会将自己视为"房间里最聪明的人"。就算他们真的是最聪明的人，也会承认其他人依然可以贡献不同的智慧，带来自己不具备的视角和创造力。他们将所有人的力量汇集到一起，带来乘法效应，而不是使人们的力量做减法。

这意味着什么？领导力领域的权威专家莉兹·怀斯曼（Liz Wiseman）在其著作《团队赋能：打造快速成长的高效能团队》（*Multipliers*）一书中，描述了乘法领导者如何加强对话、激发创意、分享荣誉和激励他人。这些做法将带来更显著的成果和更高水平的团结合作，使所有参与者的力量做乘法，使所有人都变得更聪明。

> 智力最高的人，永远是创造天才的人，而不是天才本身。
>
> ——**莉兹·怀斯曼**
> 《成为乘法领导者：如何帮助员工成就卓越》作者

而不论是有意的还是无意的，减法领导者恰好做了相反的事情。他们扼杀谈话、扼杀创意、赞美自己并抨击他人。他们使充满智慧的团队或集体变得愚蠢，最终导致平庸的结果，也使团队或集体人心散漫，每个人都心灰意冷。这也难怪调研数据显示，人们离职的主要原因不是工作本身，而是糟糕的上司。

我就亲眼见证过类似的事件。我的一位好友在一家公司里工作了很多年，但他的上司自认为是"房间里最聪明的人"。我的这个朋友才思卓越，且工作勤奋、积极主动，在各方面都是模范的贡献者。然而他告诉我，他总是觉得自己不够聪明、想法不够优秀，并且总是在某方面存在不足。他不喜欢跟上司待在一起——不是因为上司很坏，而是因为上司让他产生上述的感觉。

最终，这位朋友选择了离职。在入职新公司几个月后，我在一次聚会上遇到了他。他在房间的另一边喊我："史蒂芬！"然后向我跑过来。我很少看到他这么激动地跟我打招呼，带着困惑，我走近他。

当终于走到我身边时，他给了我一个大大的拥抱，并兴奋地冲我喊："史蒂芬！我不傻，原来我真的不是傻子！"然后他解释说，自己的想法和见解得到了新公司和新上司的极大赞赏，他感受到了来自同仁们的尊重，觉得自己成了团队里有用的贡献者。"我跟前任上司共事这么多年，他一直让我觉得自己是个蠢人，让我忘了自己原来有那么多的东西可以贡献！我现在觉得自己有能力、有动力，渴望有所作为。史蒂芬，这种感觉，就像是呼吸到了新鲜的空气，令人耳目一新。"

在交谈的过程中，就连我都能明显感觉到他已经卸下了肩头的重担。这么久以来，他终于再次充满了活力与兴奋感。尽管他的前任上司从来没有明确地贬低过他，但这位上司一直将自己视为"房间里最聪明的人"，这对我的朋友和其他每个与这位上司共事的人来说，都意味着他们没有任何可以提供的东西，没有能力做出任何贡献。

我想，我们在生活中的某个时刻或许都见过与这位上司相类似的人，也许在某个时刻，我们自己也成为这样的人。但如果你依然坚持"我才是房间里最聪明的人"，就需要认清这种错误信念的表现方式，以及你可能为之付出的高昂代价。

如果你想要纠正自己的错误心态，下面的3步骤或许将有所帮助：

## ❶ 从谦逊的心态出发

我们的骄傲往往会成为绊脚石。真正的领导者必然是谦逊的,他们更关心什么是对的,而不是谁是对的。真正的领导者不管自己是否拥有比团队成员更多的技能或经验,都对自己充满信心,不觉得有必要炫耀自己。他们已经与团队成员建立了足够的信任,因此他们觉得没有必要频繁地提醒他人自己拥有的能力和成就。真正的信任和激励型领导者是谦逊的。

## ❷ 认真倾听并尊重自己听到的意见或建议

我的孩子们在成长的过程中,总是能分辨出我在什么时候没有认真地听他们讲话。大多数时候我的确很擅长倾听。但有时候,当孩子们喋喋不休地说着自己在前一天晚上做的梦时,我内心其实正在思考着自己的工作日程或明天的演讲要说些什么。哪怕我当时能够敷衍地点点头,适时地做出评论,孩子们也总会在第一时间发现,并冲我喊道:"爸爸!你没有认真在听!"他们说得没错。

倾听看起来是一个最基本的、最显而易见的素质和要求,但我们长达15年的关于信任的调研发现,几乎每个领导者、团队和组织,在倾听这一项上的得分都是最低的。

我们所有人都存在倾听方面的问题,但那些自认为在集体中最聪明的人在这方面的问题最严重——他们往往不会带着理解的意图去倾听,因为他们自认为已经了解了所有的事情。在别人发表观点的时候,他们内心正琢磨着下一个论点,以证明为什么自己的想法或观点是最优秀的。在其他人发言的过程中,他们只是在等待轮到自己发言，而没有认真投入地去倾听其他人说的话。这种糟糕的习惯也导致他们错过了许多伟大的创意。

如果我们能够带着理解的意图去倾听，可能就会得到出乎意料的收获。其他人贡献的想法可以使组织变得更聪明、更优秀。有时候，父母会说"我们需要向孩子们学习"。这并不是一句空话，因为孩子有时候的确比成年人更有洞察力和智慧。但如果我们不愿意花时间认真倾听，就永远不可能从孩子或其他人身上学到东西。

> 良好的领导力要求你与持有不同观点的人为伴，他们敢于驳斥你的观点，而不必担心遭到报复。
>
> ——多丽丝·科恩斯·古德温
> 历史学家，《林肯与劲敌幕僚》作者

当我们拒绝倾听时，的确会错失许多优秀的想法，然而我们真正错过的东西，或许比优秀的想法更重要——我们错过了一个展示同理心和理解力，并与我们关心的人建立联系的绝佳机会；错过了向其他人表明，我们认为他们有价值的机会；错过了表示他们的所有想法对我们而言都非常重要且极具价值的机会。我们不仅错失了一个优秀的想法，还错失了他们的所有其他想法；我们不仅错过了一桶水，还错过了一口能够源源不断供水的井。

此外，我们拒绝倾听或尊重他人想法的行为，事实上传递了这样一个信号，即其他人并不重要。如果团队成员觉得自己没有得到尊重，就会停止尝试，不再献策献力。但反过来说，当他们感受到我们的尊重和倾听时，他们的积极性和参与度将提升到惊人的水平。

我们一旦决定听取他人的意见，就必须对这些意见和提出意见的人表现出尊重。这并不意味着所有的想法都是正确的。正如孩子们能够提出发人深省的想法一样，他们也可能提出十分荒谬的建议。然而，表现出对所有想法的尊重——即使是那些我们无法认同或觉得行不通的想法——是建立相互信任关系的基础和前提。

如果你希望鼓励周围的人勇于冒险，去尝试新事物并分享他们的想法，就需要以平等的姿态表达对他们的尊重，以及对他们提出的想法的尊重，不管这些想法是好的还是坏的。尽管这并不意味着你必须采纳所有的想法，但带着尊重倾听会向他们表明，对你而言他们很重要。关键之处在于意识到真诚地尊重某人与仅仅表现出尊重的姿态是有区别的——而且人们可以轻易地分辨出来。

当某人的尊重行为是真诚的、发自内心的时候，就有可能在很大程度上激励他人。试图以不诚实的行为来安抚他人或控制他人的反应，就是典型的指挥和控制。

## ❸ 拥抱成长型思维——不仅仅是为了自己

你可能已经很熟悉卡罗尔·德韦克（Carol Dweck）教授的开创性著作《终身成长：重新定义成功的思维模式》（*Mindset*）。她在这本著作中探讨了固定型思维和成长型思维之间的区别。事实上，在本书开篇的对比分析中，我将"固定型思维"放在指挥和控制之下，将"成长型思维"放在信任和激励之下。拥有固定型思维的人通常被动接受事物的现状，并且往往不太能够适应变化。与之相对应的是，拥有成长型思维的人不仅能很好地适应变化，还会积极地寻求变化。一个人如果不接受成长型思维，就很难成为一名优秀的领导者。此外，许多人都非常清楚，他们需要不断地提升自己。

大多数开明的指挥和控制型领导者都拥有很强的成长型思维。对于那些有意或无意地倾向于认为自己在集体中最为聪明的人来说，情况尤为如此。他们一直在努力提高自己的能力。他们通常博览群书，而且通常在对待工作和生活的方式上非常自律。这有助于提升他们的工作和生活效率，并进一步将他们与其他人区分开来。

我知道这听起来很奇怪，毕竟我刚刚才表示，成长型思维属于信任和激励的范畴，但它为什么也能够与指挥和控制相契合呢？

让我澄清一下。在我看来，问题和挑战是这样的：大多数开明的指挥和控制型领导者，对自己都有着很强的成长型思维，但同时经常将固定型思维投射到其他人身上。

他们倾向于快速地判断一个人，并在随后的人际关系中一直坚持最初的判断。当你与一个自认为高你一等的人共事时，将很难扭转对方对你的这种看法。这成为一个难以摆脱的标签，因为试图扭转固有印象的做法在对方看来是一种试图证明他（她）错了的挑衅。

相较之下，信任和激励型领导者知道每个人都是一颗种子，都蕴藏着发展的力量。人们在初识时具备的能力不过是一个未来成功的起点。相反，指挥和控制型领导者认为力量在园丁身上，为此他们努力成为更优秀、更聪明的园丁，但往往无法滋养种子。当种子没有发芽时，他们会认为种子坏了，于是尝试新的种子。

信任和激励型领导者对自己和自己领导的人都有着强烈的成长型思维。他们能够看到他人身上的伟大之处，认为其他人具备了成长、改变和变得更优秀的潜力。他们还鼓励其他人也建立成长型思维,并将其他人的成长视为自身成长的潜在来源。简而言之,信任和激励型领导者不仅发展自己,也助力其他人的成长。

> 有了正确的思维和引导,人们就能够展现出超乎我们想象的能力。
>
> ——卡罗尔·德韦克
> 《终身成长:重新定义成功的思维模式》作者

## 3步骤结合操作法

首先,认真倾听和表现出尊重都需要基于谦逊的心态。我认识的很多指挥和控制型领导者在前面两个步骤中都做得很好,但由于给他人贴上了标签,他们最终无法激发或释放他人身上的潜能。为此,将3个操作步骤相结合,即秉持谦逊的心态、倾听并表示尊重,以及以成长型思维看待他人(不仅仅是自己),才能够真正地创造一个推动协作和创新的环境。3个步骤的结合操作将为你赢得周围人的尊重,让你能够施加影响,并助力他们与你自身的成长。这就是让你变得值得信赖和信任,并能够激励他人的原因。

做个聪明人固然很好,但需要记住的是,一个人的智慧永远也比不上集体的智慧。作为领导者,我们需要充分调动所有人的最大优势。我们需要一个真正优势互补、尊重差异的团队,而这恰好能够推动最大潜力的发挥,并实现最高的增长。

| 指挥和控制 | 信任和激励 |
| --- | --- |
| 独裁主义的 | 可靠的、可信的 |
| "如果我想要你的意见,我会告诉你的!" | "你的意见是什么?" |
| 减法者 | 乘法者 |
| 谁是正确的 | 什么是正确的 |
| 倾听是为了回应 | 倾听是为了理解 |
| 对自己秉持成长型思维 | 对所有人都秉持成长型思维 |
| 个人贡献者 | 实现团队的优势互补 |

# 第十四章

# 障碍5:"这就是我"

> 我们通过学习实现自我重塑。学习使我们能够做到以前无法做到的事情。学习使我们重新认识这个世界以及我们与世界的联系。
>
> ——彼得·圣吉
>
> 《第五项修炼》作者

## "我无法改变"

我们都曾经经历过各种困难。在面临严峻的形势时,很多人的反应可能是:

"这就是我。"

"我无法改变。"

"换成是你,你又能怎么办?"

"接受现实吧。"

尽管这些表述合情合理,且容易理解,但它们也令人丧气。所有这些常见的说法事实上都基于固定型思维。卡罗尔·德韦克的最重要贡献,就是帮助我们看到固定型思维不是我们所需的,而秉持成长型思维可能才是有效的方法,甚至是必需的。当然,在面对困难时,选择举手投降,并表示"我就是这样的人",肯定是更容易,也是可以理解的。

现实情况是,无论是在家庭、学校、工作、运动还是军队中,大多数人在自身的成长经历和早期的教导中都受到了较大的指挥和控制的影响。习惯的力量是强大的。就算你是少数没有成长于一个指挥和控制型家庭环境的人之一,那么你肯定也在学校或工作中经历过指挥和控制。因为这就是大多数人一贯采取的模式,尽管我们已经取得了一些进步,它依然是当今的主流范式。

此外,你可能会觉得指挥和控制型风格对你很有帮助。你可能会想,我不确定自己是否可以改变,也不确定自己是否想要改变。你可能会觉得,是你原有的风格让你获得了今天的成就。

但正如高管教练马歇尔·戈德史密斯所说,"让你走到今天的东西,并不会让你在未来获得成功"。虽然你的风格在过去可能奏效,但在当今这个颠覆性的、混杂了几代人的、不断变化的世界中,它只会变得无效和过时。

> 你必须忘掉已经学会的东西。
>
> ——尤达大师(Master Yoda)

**解决方案**:一个信任和激励型领导者能够重塑自身。

**思维方式**:我是编写程序的程序员,而不是被人编写的程序。

许多人正在为之奋斗的事业都已经被这个快速变化的世界颠覆了。我有一个老朋友,通过在黄页电话簿上刊登广告的方式建立了一项成功的事业。如果你不知道我在说什么,那么黄页电话簿就是一本厚重的纸质书，上面罗列了你所在地区的所有家庭和企业的电话号码。与许多不断发展的行业一样，技术的进步消灭了人们对黄页电话簿的需求，所以曾经有那么一段时间，我的这位朋友必须决定是"继续走老路"，还是想办法改变自己。同样，席卷全球的新冠肺炎疫情也颠覆了许多行业，使许多人的职业发展和行业发展发生了重大的变化——有些行业甚至彻底消失，导致许多人下岗失业。

好消息是，不管你过去如何工作，都不会影响你未来成为什么样的人。每个人都具备了说"这不是我"的能力。或者你也可以说，"这是我过去的风格"。我们并不是一成不变的程序，由他人安排，无法选择自己的道路，而是编写程序的程序员。随着周围世界的快速变化，我们也可以重新规划发展道路，创造属于自己的新未来。

想想这个古老的问题：领导者是天生的，还是后天培养出来的？事实上，领导者既不是天生的，也不是后天培养出来的。他们通过自主的选择，一次又一次地重塑自我。领导者现在的任务，是根据全新的世界，做出全新的选择。伦敦证券交易所集团首席执行官大卫·修蒙（David Schwimmer）指出，当前的机会是"人们正在寻求……一种不同的领导方式"。

我们并不是被预先编好程序，必须按照特定的方式工作，直到程序被更新之后才能更新行为的机器人。我们是编写程序的人，所以我们可以随时更新自己！正如微软公司的首席执行官萨提亚·纳德拉所说，"任何人都可以改变自己的思维"。我们或许曾深深地信奉指挥和控制，甚至它可能的确在过去发挥了作用，但我们随时可以重写程序——这种重写可能带来令人兴奋的结果。

重写程序的第一步，是找到全新的信任和激励模式，以取代老旧的指挥和控制模式。如果我们从工作、教育、家庭和社区生活中学到的都是指挥和控制模式，那么我们应该寻求信任和激励模式作为替代品。除了模式，我们还应该寻找导师——可以向他们学习，如果可能的话，与他们一起工作，成为我们想成为的领导者。

> 问题从来都不是如何让新的、有创意的想法进入你的大脑，而是如何让旧的想法消失。
>
> ——迪伊·霍克（Dee Hock）
>
> 维萨创始人兼名誉首席执行官

## 重塑领导风格的力量

阿普里尔·温塞尔（April Wensel）就是一个重塑领导风格的完美例子——同时她也是一名真正的程序员，并且已经重新编写了自己的程序。阿普里尔经营着一家公司，名为"富有同情心的编程"。在公司里，她向程序员和其他技术人员宣传了"以人为本"在技术工作中的益处。她在一篇题为《一个正在康复的浑蛋程序员的自白》（*Confessions of a Recovering Jerk Programmer*）的文章中指出，她当前的工作经常让人们认为她是一个天生的"好人"。阿普里尔认为，自己在刚进入科技领域时，是一个"典型的浑蛋程序员"，这与她所说的行业中的"旧科技价值观"相符。这些价值观与指挥和控制风格没有什么不同，比如自我主义、精英主义、推崇竞争、保持"聪明"和"特立独行"。

起初，阿普里尔在这种环境中茁壮成长。她赚了很多钱，做着有趣的工作。她非常沉迷于工作，但很快发现生活缺乏意义和与他人的联结。没有了意义和联结，做再多其他的事情也显得不够。在经历了一段时期对科技行业的倦怠和幻灭之后，她重新定义了自己。在反省自己的价值观后，她意识到自己的生活和工作中缺少的是同情心。于是她选择敞开心扉，开始更多地关心他人，并意识到他人有很多价值可以提供。她找回了自己对编程的热爱，并在帮助和激励他人方面取得了有意义的成功。阿普里尔的公司致力于使个人和公司都能够在世界各地进行合作与创造。她继续努力地重塑自己，以及她的行业。

拉尔夫·斯特耶（Ralph Stayer）则是重塑的另一个代表。他是尊乐香肠的所有者、董事长和前首席执行官。在成功领导公司（至少是在财务层面是成功的）多年后，他开始意识到自己在公司中造成了太多问题——士气低落，产品质量开始下降，"人们似乎变得不在乎"，并且"潜力与绩效之间的差距正在扩大"。

经过深刻的自我反省后，拉尔夫意识到问题的源头就是他自己，或者至少是他的领导风格——指挥和控制。他几乎亲自做出了公司的每一个决定，这削弱了员工入职后的能力——因为他们变得依赖他。尽管他一直非常关心员工，但这种领导风格肯定会妨碍良好意图的实现！因此，他有意识地、刻意地转向信任和激励型领导风格。

经过短暂的学习过渡期后，拉尔夫和他的团队成员都取得了巨大的、持续的成功，公司在财力上和企业文化上都达到了全新的高度。他们创造了"尊乐之道"，包含这些领导和培养人才的原则。

> 其他公司利用员工来建立业务，但在尊乐香肠，我们利用业务来发展员工。
>
> ——拉尔夫·斯特耶
> 尊乐香肠所有者兼董事长

还有一个成功的代表是安迪·皮尔森。正如我之前提到的，他在执掌百事公司的大约15年间，可能被认为是严苛要求员工的指挥和控制型首席执行官的典型代表，被《财富》杂志评为"美国十大最严厉的老板"之一。从百事公司退休，并在哈佛商学院任教近10年后，受到大卫·诺瓦克的邀请，他再度出山，成为百胜餐饮集团的董事长。

对比大卫领导百胜餐饮集团的方式，以及安迪领导百事集团的方式，让安迪来领导百胜餐饮集团似乎是完全不匹配的。但安迪·皮尔森选择彻底地重塑自己，从根本上转变其作为百胜餐饮集团领导者的管理方式！他深受大卫·诺瓦克的信任和激励型领导风格的影响，并决定采取一致的领导风格。安迪继续帮助大卫在百胜餐饮集团中创造了一种认可和合作的伟大企业文化——这种文化也带来了出色的业绩表现。安迪终于在多年之后找到了更好的领导方式。

> 如果你问自己：倘若我能释放组织中每个人的力量，而不是少数几个人的力量，我们能获得什么成就？答案将会是：我们能成为一家更好的公司。
>
> ——安迪·皮尔森
> 百胜餐饮集团前董事长

我们所有人都有能力重塑自己，并通过改变领导方式成为一个引领转变的人物——不仅是为了团队和组织，也是为了家庭和社区。我们在过去以某种特定的方式行事，并不意味着我们以后也需要一直沿用这样的方式；我们的父母以某种特定的方式抚养我们成人，并不意味着我们需要以同样的方式抚养自己的孩子；我们接受了某种形式的教导，并不意味着我们的行为就必须符合教导中的要求。过去的经验不应该定义我们，我们可以创造全新的习惯。

我们的行事风格并不能定义我们本身，因此我们可以选择重塑自我。我们可以构建成长型思维，并激励他人也这么做。这将为我们自己和周围的每一个人创造无限的可能性。

或许，这种重塑的可能性在阿尔伯特·爱因斯坦（Albert Einstein）的话中体现得最为明显，他说，"想象力比知识更重要"。

## 重塑人生的力量

2002年，14岁的伊丽莎白·斯马特（Elizabeth Smart）在家中被人绑架。在经历了长达9个月的非人折磨后，她终于获救了。伊丽莎白完全可以让这段可怕的经历塑造甚至定义她的余生，毕竟，她曾经沦为残忍而疯狂的行为的受害者，她在这9个月里被强行灌输的脚本，将很容易成为她的人生脚本。不过，这段经历虽然对她产生了极大的影响，但并没有定义她的人生——她成功了，她的确重塑了自己的人生。

在家人、社区和专业人士的帮助下，伊丽莎白选择了超越命运强加给她的脚本——她自己编写了自己的人生脚本。她利用自己的经验帮助他人——创建了一个基金会,致力于帮助绑架案受害者,以及预防可能发生的绑架。她不仅成为克服困难的榜样,还成为世界各地人们的导师。她从一个幸存者变成了一个成功者,成为扭转人生的代表,并继续利用她的平台为世界各地的人们做出贡献。

> 生活对我们所有人来说都是一段旅程,我们都面临着考验,都要经历起起落落。我们都是脆弱的人类,但我们也是命运的主人。我们才是决定我们将如何应对生活的人。
>
> ——伊丽莎白·斯马特

## 书写你自己的人生故事

如果你感觉自己陷入了困境,那么振作起来吧!你不必保持这种状态,而是可以改变自己的行事风格。你可以学会放手,重塑你的领导力,重塑你的生活。你可以编写全新的行为。你不是其他人故事中的角色。你可以书写自己的人生故事。

> 不论是公司还是领导者,都可以重塑自己,并且不忘初心。
>
> ——布拉德·史密斯
>
> 财捷集团前首席执行官

| 指挥和控制 | 信任和激励 |
| --- | --- |
| 停滞 | 成长 |
| 被编写的程序 | 编写程序的程序员 |
| 由上至下、瓶颈式决策 | 分布式决策 |
| 被固定脚本限制 | 勇于重塑自己 |

# 5大障碍的快速诊断

在深入了解了5大障碍之后,请完成下列评估,以迅速判断你最有可能遭遇了哪些障碍。

为了确定哪些障碍导致你无法彻底转型成为信任和激励型领导者,请在下方勾选出符合情况的数字。

|  | 绝不符合 | ← → | 某种程度上符合 | ← → | 完全符合 |
|---|---|---|---|---|---|
| 它在这里行不通。 | 1 | 2 | 3 | 4 | 5 |
| 恐惧:如果我失去控制了,怎么办? | 1 | 2 | 3 | 4 | 5 |
| 恐惧:如果它不起作用,怎么办? | 1 | 2 | 3 | 4 | 5 |
| 恐惧:如果我以前被欺骗过,怎么办? | 1 | 2 | 3 | 4 | 5 |
| 恐惧:如果我没有得到荣誉和肯定,怎么办? | 1 | 2 | 3 | 4 | 5 |
| 恐惧:如果我没有想象的那么自信,该怎么办? | 1 | 2 | 3 | 4 | 5 |
| 我不知道如何放权。 | 1 | 2 | 3 | 4 | 5 |
| 我才是房间里最聪明的人。 | 1 | 2 | 3 | 4 | 5 |
| 这就是我。 | 1 | 2 | 3 | 4 | 5 |

第四部分

# 在新世界中领导的新方式

随着公共生活、私人生活和内心生活之间的界限变得越来越模糊，领导方式的重要性也被提升至全新的高度。尽管领导力是一种选择，但现实是，无论我们自身是否想要去领导他人，都在扮演着领导者的角色。在职场中、家庭中和社区中，我们都在领导他人，也在时刻领导着自己。

想要成为一名信任和激励型领导者，我们首先要将信任和激励融入自己的人格之中，也就是将由内而外转变的过程运用到自己身上。首先，我们要认识到人的伟大之处——包括我们自己，以及我们在生活的方方面面遇到的其他人。

为此，本书最后一个章节将探讨一个具有信任和激励品质的人，如何在生活的方方面面对他人产生非凡的影响。最后，我将以一个最独特的、最深刻的例子来说明，一群具有信任和激励品质的人团结在一起，成为一个优势互补的团队，并怀着非凡的激励性目标合作时，将取得多么惊人的成就。

## 第十五章

# 不同场景下的信任和激励：
# 养育子女、教书育人、培训和引导……以及更多领域

每个人身上都有创造辉煌成就的潜力。

——威尔玛·鲁道夫（Wilma Rudolph）

奥运会冠军

当乔纳森·霍顿（Jonathan Horton）3岁的时候，他和父母在塔吉特商场购物。他的父母只是转过身几秒钟，再一回头，乔纳森就不见了。在他的父母疯狂地寻找他时，乔纳森看到商场中间有一根巨大的杆子，一直延伸到天花板，有9—12米长。当他的父母找到他时，他已经爬到了杆子顶端，头都已经触到了天花板。

看到这一幕，大多数家长的第一反应往往是非常担心和不安，他们可能会责骂孩子，并警告他，为了安全，以后再也不准干同样的事情。乔纳森的父母也有同样的感觉，他们告诉自己，"我们必须对他采取行动。第一，他这样的行为可能会导致死亡，"但随后他们补充道，"第二，他的确有点天赋"，于是他们让乔纳森接受了体操训练。

可以想象，在乔纳森成为两届奥运会冠军和两届美国国家全能冠

军的道路上，不乏纪律、投入、计划安排和坚定的追求，但重要的是，他的父母看到了他身上的伟大潜力，并帮助他开发和释放了这种潜力。

> 我们将做出一个最重要的决定：如何清除人们发挥独特潜力时遇到的障碍。
>
> ——**弗朗西斯·弗雷**
>
> 教授，《释放员工的潜力》作者

## 我们在生活中扮演的不同角色

想一想，在你的生活中，哪一个角色对你来说非常重要？也许这是一个家庭中的角色，如父母、祖父母、配偶、兄弟姐妹、姑姑、叔叔或孩子；也许这是一个与工作有关的角色，如行政助理、人力资源经理、团队领导者或部门主管；也许这是一个与社区有关的角色，如社区活动家、邻里主席或夏令营主管等等；还可能是各种教会或志愿者组织中的角色。

你可以在任何角色中成为一个领导者，而不需要官方授予的头衔。在扮演领导者的角色时，你能够为与你互动的人带来改变。不管你脑海中浮现的是哪个角色，请将它填进下面的问题中：

我是一个指挥和控制型_____，还是一个信任和激励型_____？

不管你的背景是什么，请认识到当你采用信任和激励的风格时所产生的区别。

现在，问问自己下列问题：

我是一个指挥和控制型_____，还是一个信任和激励型_____，对我周围的人（同事、客户、朋友、孩子）会产生什么不同的影响？

如果我们采用了指挥和控制型风格，我们身边的人就要为此付出代价。相反，如果我们采用了信任和激励型风格，我们身边的人必将受益匪浅，且更加信任我们，受到我们的激励——哪怕彼此之间的互动只是短暂的接触。

你的榜样作用能够激励他人改变自己的人生。你教育子女的方式或许能够激励你的邻居；你关心客户的方式或许能够激励你的同事；你评价他人的方式或许能够激励你的朋友；当你寻求造福他人的生活时，你自己的幸福感也将大大提升。

我希望你能够意识到，信任和激励的确可以适用于所有的情境，包括你的个人生活。只要你能够采取信任和激励的方式评估和对待自己，就能够获得极大的益处。不要忘记，你身上也蕴含着伟大的潜力。最重要的是，如果你致力于在生活中的某个领域成为信任和激励型领导者，那么这种风格也会自然而然地渗透到其他领域。这是因为具有信任和激励品质的人是真实的，如果你在职场上能做到信任和激励，在回家后或独处时关闭这个模式，那你就是不真实的。

此外，信任和激励不仅仅关乎你的行为，还关于你是什么样的人。它要求你在生活的各个方面保持一致。这可能需要时间，但的确是可能实现的。

说到这里，我想要重点强调我们在社会中扮演的几种特定角色，大多数人可能都体验过这几种角色，或与之产生过联系。我会重点介绍父母、教师和教练这3种角色，但也会简要地介绍几种其他的角色。即使下文没有具体谈及你的工作或角色，也请理解这些内容依然对你有用！你能够从中学习到有用的经验，为己所用，因为普遍适用的原则是永恒的，超越了每个人在生活中扮演的不同角色。

## 信任和激励型父母

我在没有孩子的时候有着很多育儿相关的理论，但在有了孩子之后，我反而放弃了那些理论。

尽管并非每个人都是父母，但所有人都曾是孩子。

我只想说：为人父母是一项困难但有价值的、往往吃力不讨好却鼓舞人心的工作！对于承担了育儿责任的人，不管以什么角色或身份——父母、监护人、养父母、祖父母、教父母、兄弟姐妹、姑姑或叔叔、亲密的家庭朋友——让我对你们说一声感谢。养育孩子的确需要父母和群体的努力，而所有人投入的心血是至关重要且宝贵的。

所有人都能够记得父母或照看我们的人是如何养育我们的，以及他们的选择对我们的生活产生的深远影响。即便是成人多年之后，我们人生中一些最痛苦，或最快乐的记忆，依然来自童年。当你回忆起自己成长的家庭时，不妨将其放到本书的背景下思考：它是一个强调专制的指挥和控制型家庭吗？还是一个开明的指挥和控制型家庭？或是一个信任和激励型家庭？你能够为自己的孩子创造什么样的家庭氛围呢？

佛罗里达州前州长杰布·布什（Jeb Bush）分享了母亲芭芭拉·布什（Barbara Bush）对她自己的育儿方式的描述。在母亲的葬礼上发言时，杰布幽默地说道："母亲称她的育儿风格为'仁慈的独裁统治'。但说实话，它并不总是仁慈的。"

指挥和控制型父母往往依靠老派的"我是家长，所以我有终极权威！"和"因为在这个家里我说了算！"等方式管理孩子。但这种基本范式的问题在于，父母很容易根据孩子最近的行为来评价他们，却忽略了孩子们内在的善良和潜力。每个孩子都像一颗种子，充满了力量，但力量被隐藏在内部。父母们也很容易忘记，孩子们是完整的人，能够取得伟大的成就。不论父母是否意识到这一点，他们都经常受到"我是房间里最聪明的人"这一思维模式的影响——因为一般来说，父母的确是家里最聪明的人。然而，正如前文所述，这种思维模式导致父母认为孩子需要被控制和约束，而不是得到激发和释放。

指挥和控制型父母教育孩子的目的往往是得到孩子的顺从，因此倾向于使用各种胡萝卜加大棒式方法。一般来说，父母都是出于好意，但他们有时忽略了一个事实，即孩子不会永远和他们在一起。父母都希望孩子长大之后不会只顺从他们，而是做好了离开巢穴，独立飞翔，甚至翱翔的准备。生活在父母家里时，孩子可能会遵守父母制定的道德准则，以避免被惩罚，但当他们自己生活时，会选择做什么？

指挥和控制型父母同样也在发挥着示范作用，但孩子从中学到的东西往往不是父母真正想要的。"要么听我的，要么走人"的做法，最终让很多人离开，而没有做好准备找到自己的路。如果孩子没有得到成长的机会，或者他们没有参与有意义的、适合他们年龄的家庭决策，从而做出贡献，他们就不会感到被信任或受到激励。从某些方面来看，参与度低的孩子和那些参与度低的员工并没有太大差别——这些孩子同样只是在打卡，消磨时间。等到他们年满18岁，就会立刻离开家，去社会中寻找新的位置。

指挥和控制型父母养育孩子的目标往往是让孩子变成最听话的，或者是最能规避风险的，抑或是最像父母的样子——"我能把孩子塑造成最好的自己"，而不是让孩子自己成长为最好的自己。而信任和激励型父母知道，孩子有能力成长为最优秀的自己。他们能够看到伟大的东西确实存在于种子之中，能够看到比无休止的日常安排和惯例更长远的东西。

与领导力一样，在养育孩子时，父母更像一个园丁，而不是一个机械师。当你教育、培养和领导你的孩子时，你需要将他们自身蕴含的生命力释放出来，而不是向他们"注入"生命力。你创造条件，为孩子打造一个健康成长的花园，让孩子茁壮成长。你扮演园丁的角色。

确保孩子练习钢琴固然重要，但更重要的是，要让孩子学会遵守纪律，探索音乐的美妙。纪律的培养对孩子而言至关重要，优秀的父母会教导孩子遵守纪律。但重点在于，孩子学会遵守纪律之后能够做到自律（源自信任和激励），而不是只能遵守别人规定的纪律（来自指挥和控制）。

信任和激励型父母首先通过自己的示范来鼓励孩子做出良好的行

为，他们是孩子良好行为和道德生活的终极榜样。信任和激励型父母会引导孩子，帮助孩子学习如何做决定，而不是将自己的决定强加给孩子。信任和激励型父母会花时间帮助孩子发现自己的爱好和天赋，而不是将某些爱好和天赋强加给孩子。

> 种下一颗种子，看着它生长，照料它，然后收获果实——这个过程使人得到一种简单却持久的满足感。成为这一小片土地的主人，使我感到一丝自由。在某种程度上，这个花园象征着我生活的某些方面。领袖人物也必须照料他们的花园，也需要播种，然后观察、培育、收获果实。
>
> ——纳尔逊·曼德拉

问问自己：我的孩子是感到被控制了，还是被授权了？对孩子进行授权并不意味着家长就可以不闻不问、放任自由或撒手不管。结构、纪律和特定情况下的坚定同样至关重要。要记住，我们管理事物（睡觉、吃饭、训练、技术和责任感），却领导人员。感觉到自己被管理的孩子，给出的反应与被管理的成年人并无不同：他们变得不愿参与、缺乏激情、无法信任他人且冷漠。所以，你的孩子是觉得被你管理了，还是得到了你的领导？

看到孩子身上的潜力并不总是一件容易的事情，尤其是当你在处理孩子的不当行为或孩子正面对困境的时候。但这对孩子的成功和未来的幸福至关重要。

在我成长的过程中，我的父母在解决我的一个兄弟遭遇的问题时经历了惨痛的教训。当时，他在学校表现很差，没有表现出符合其年龄的成熟行为，而且他身材瘦长，身体不协调。我的父母想尽了一切办法，试图改善他在学校、体育运动和社交场合中的表现，他们不断地提醒他，督促他去做得更好。而他的反应却是逃避现实，不想再打棒球，也不想再上学了。

经过了深刻的反思，我的父母才意识到他们没看到他身上的潜力。他们承认，或许他们更关心别人对这个孩子和对他们作为父母的看法，而不是看到和接受孩子本来的样子。他们意识到自己需要重拾从种子中看到伟大力量的基本信念。

> **伟大的思想始于以不同的方式看待事物——通过你的心灵之眼。**
>
> ——阿尔伯特·爱因斯坦

转变了观念之后，我的父母就改变了教育我的这位兄弟的方法。他们放松了对他的管教，不再过多地评价他的行为。相反，他们开始欣赏他。他们没有用社会的期望或自己的期望来要求他，而是试图欣赏他的个性和真实的样子。以往的教育方法被放到一旁，因为它们看起来更像是操纵性的和不真实的。他们没有用无声的"你需要修正自己"这样的信息来表达他的失败，而是尝试肯定他的价值和潜力，向他传达"你原本的样子就很好"的信息。

这种转变并非一蹴而就，但最终这种全新的育儿方式取得了积极的效果。我的这位兄弟开始获得了更多的信心，开始按照自己的节奏成长和改变，最终成为全美运动员、学生会干部和全优生。然而，他产生如此巨变的原因并非父母育儿策略的转变，而是他一直都隐藏着伟大的潜能——只是这些潜能需要遇到合适的条件来释放。我的父母及时地改变了对待他的方式，最终转变了他的人生轨迹。

身为父母，我们需要看到孩子身上的伟大潜力，去谈论它、发展它和释放它。即使孩子做出了我们不会做出的选择，即使他们最终没有成为我们希望看到的缩小版的自己，即使他们最终没有过上我们想要他们过上的生活，我们也要学会欣赏他们，欣赏他们原本的样子，欣赏他们最终成为的样子。我们无法控制孩子是否成为我们所期望的，但可以控制我们爱他们、培养他们和理解他们的方式。真正的爱，是将我们的偏见放到一旁，看到孩子真实的模样，看到他们真正能够成为并想要成为什么样的人。

我相信，我们应该不断反思自己看待和理解每个家庭成员的方式。为了帮助你做到这一点，我想邀请你完成下面这个简短的练习：

在家庭中，如果我给予更多的信任和激励，谁将受益最大？

---

我目前看待他（她）的方式可能会带来什么限制？

---

现在，我将选择下面这种新的方式来看待他（她），包括看到他（她）身上的独特天分：

---

我将如何谈论在他（她）身上看到的伟大潜力？

---

我怎样才能培养和发展他（她）身上的潜力？

---

我怎样才能释放他（她）身上的潜力，使他（她）变得更好？

---

这可能会产生什么样的影响？

---

我们要如何成为一个信任和激励型父母？可以使用我们在前文一直谈论的模式。首先，强调以身作则。世界上没有人比孩子更敏锐地发现父母的言行不一。如果父母自己都做不到他们教导孩子的，孩子就永远也不会买账。许多父母自然而然地进入了开明的指挥和控制模式——他们拥有良好的意图，一举一动皆出自对孩子的关爱和关心，但他们的育儿风格阻碍了良好意图的实现。身为父母，我们不仅要告诉孩子什么是有纪律的、善良的、勤奋的和宽容的行为，还需要以身作则，示范这些行为。

当你的孩子想到诚实的时候，会想起你吗？

当他们想到耐心的时候，会想起你吗？

当他们想到善良的时候，会想起你吗？

当他们想到无私的时候，会想起你吗？

当他们想到谦逊的时候，会想起你吗？

当他们想到真实的时候，会想起你吗？

当他们想到一个领导者时，会想起你吗？

如果父母想让孩子了解健康的生活方式的重要性，那么他们在孩子面前早起锻炼，产生的效果是任何文字或统计数据都达不到的。一个看到父母为不当行为道歉的孩子，也将学会为自己的不当行为道歉。

> 每个人都想要改变世界，但没有人想要先改变自己。
>
> ——列夫·托尔斯泰（Leo Tolstoy）

其次，父母要积极地寻找机会来信任孩子，并传达自己对他们的信任。例如，你可以考虑召开家庭会议，就符合孩子年龄段的事情征求他们的意见或建议。你可以邀请孩子一起制定家庭规章制度，并相信他们能够贯彻和执行这些规章制度。

在孩子成长的过程中，我的妻子杰里和我一直在努力做的一件事情，就是召开家庭会议。我们会让一个孩子负责规划家庭服务或家庭工作——或者更好的是，让他（她）策划下一次的家庭出游！当然，一开始的几次策划简直是灾难性的，但得益于我们的坚持，孩子们开始对这种信任做出了积极的响应。信任孩子将能够激励他们，充分激发他们身上的潜力。而不信任孩子，则可能让他们感到或怀疑你认为他们不值得信任。

我记得我有一次无意间听到一位父亲责备自己的孩子："你到底有什么毛病？你实在是太不靠谱了。你为什么会做出这样的行为？"

孩子回答他："因为这就是不靠谱的孩子会干的事儿啊，爸爸。"

父子两人显然陷入了一个恶性循环：孩子活在爸爸贴给他的负面标签中。换成是你，你会如何回应呢？

最后，通过与孩子建立个人联系来激励他们。父母要充分展示自己对孩子的爱和关怀，并了解什么东西对孩子来说是最重要的。

我永远不会忘记，在我妹妹凯瑟琳成长的那些年里，父亲带她去看完了所有的《星球大战》系列电影。父亲不是一个科幻小说迷，他对那些科幻电影也不感兴趣，但他知道我妹妹很喜欢这些电影，所以他愿意陪着女儿去看。他去看电影不是因为这些电影对他来说很特别，而是因为它们对女儿来说意味着一切——而对他来说，女儿意味着一切。

父母千万不可跳过与孩子建立个人联系这一步骤。孩子会被什么激励？他们想要如何做出改变？他们相信自己能做到吗？他们如何能够以有意义的方式，为家庭文化做出贡献？父母可以与孩子建立管家式领导协议，让孩子有机会茁壮成长，就像我的父亲在"绿色和清洁"的故事中对我做的那样。

每当我的孩子快拿到驾照时，我和妻子就会坐下来，与他们制定一份管家式领导协议。我们会把它写好，打印出来，甚至要求孩子签字（我们也同样需要签字）。在家里，我们通常不会把管家式领导协议写得那么正式，但是对于驾驶这样生命攸关的事情，我们认为有必要这样做。我们相信，孩子们将会安全驾驶，因为他们已经同意这样做，并且了解不这样做的严重后果。

签字是否就能确保父母与孩子之间的协议不会被违反？绝对不是。这里就有一个反面例子——我的大儿子在16岁时就违反了这个协议。当时，他在每小时限速40公里的区域内，以每小时133公里的速度行驶，因而被拦下！我们事先都同意并共同制定的管家式领导协议发挥了约束作用——执行的过程并不容易，他感到很尴尬，而且还要支付一大笔罚款。但他也因此学会了约束自己的驾驶行为。而且，由于一切都事先规定好了，所以当他在约定的时间内失去开车的特权时，他并没有怨恨我们。

作为父母，你可以在任何事情上使用这个方法：你的孩子需要更好地清洁他们的房间吗？回想一下"绿色和清洁"的故事，跟孩子一起制定和签署一份管家式领导协议。但请记住，这个故事对父母最重要的启示是：培养孩子，而不是草坪。父母应该关注的重点并不是最终的结果，而是孩子的成长。时刻牢记：管理事物、领导人员。没错，你希望孩子能把房间打扫干净，但更重要的是培养孩子讲卫生的良好习惯，而不仅仅是收拾东西的能力。事实上，这不是一个房间是否整洁的问题，而是关系到孩子能否成长。父母应该看到孩子身上的潜力，并发展它，而不是遏制孩子的天性。真正的力量蕴含在种子身上，而不是园丁身上。

## 信任和激励型教师

我想，每个人心中都有一个对自己的人生产生了重大影响的老师。对我而言，这个人就是我的高中历史和心理老师麦凯先生。他不仅使历史学和心理学变得有趣、重要、易懂，还激励了我。我非常尊敬他，希望成为和他一样的人。他教导我如何成为一个优秀的学生，但更重要的是，他教导我如何成为一个优秀的人。

每一天都有像我一样的学生被他们生命中那些不可思议的伟大老师所改变、振奋和激励。也许你就是这些学生中的一员，至今依然能够想起改变了你人生的那位良师。

或许我的观点有些偏颇，因为正如很多人都知道的那样，我的父亲是一名大学教授，且前文也提到过，我的女儿麦金利同样是一名教师。我相信，教师是这个世界上最崇高和最重要的职业之一。整个社会的未来在很大程度上将由那些教育学生的教师们塑造。教师还是学生的终极行为榜样和人生导师。他们不仅仅教授一个具体的科目，还教导学生们如何保持善良、如何付出努力以及如何培养对学习的热爱。他们也教导学生相信自己。他们帮助学生规划了一个光明的和激动人心的未来，在这样的未来里，学生将能够为社会做贡献。

教育行业也因为许多合理的原因，而受到高度监管。维护学生的安全、关注学生的成绩并寻求提高学生表现的方法——这些都是学区和学校关注的重要措施，且也是必要的。然而，许多人也将教育行业描述为典型的指挥和控制型行业。很多时候，规章制度——甚至是一些必要的规章制度——成为整个教育系统的唯一焦点。整个国家都聚焦于学生的考试分数和学习成果，且具体的规章制度在每个学区中都比比皆是。严苛的规定，加上人数过多的班级和资金不足的学校，最终导致教师群体和相关管理人员采取了典型的指挥和控制型风格。

由于教学的涉及面广泛，且被委托管理学生的生活，教育领域的领导者可能会觉得他们需要管控和监督每一个细节。他们必须进行微观管理，因为孩子们太重要了，不容任何闪失——他们必须仔细地审查一切，再谨慎也不为过。

然而，这最终只会导致教师和相关管理人员感到窒息和不知所措。无论教育领导者的意图多么良好，这种指挥和控制型领导风格往往都会导致以下结果：盲从比创造更重要；分数比成长更重要；规则比人更重要。当然，在孩子的教育和保护上采取万分谨慎的态度确实有很大好处，但最终这种严苛的指挥和控制型风格会伤害到教师、相关管理人员和学生。请记住，信任和激励型风格即使在监管最严格的行业中也能发挥作用，因为它并不意味着我们将规则抛之脑后。相反，它能够提高人们遵守相关规则的能力，并同时实现人们的成长。

信任和激励型风格能够并且确实在教育领域产生了良好的效果。我之所以如此肯定，是因为我已经在全美和全世界的许多学校和地区中看到它发挥了积极的作用。

如前所述，最近的调查发现，美国有一半的教师正在积极寻找其他工作，且仅有略多于30%的教师全身心地投入教学活动。这些统计数据之所以如此惨淡，并非因为教师已经失去了教育孩子的兴趣——参与这些研究的所有人都是通过努力才成为光荣的人民教师，所以他们一度对教育行业充满了热情。然而，教师和其他所有行业的从业者一样，需要得到信任和激励。但现实常常相反。试想一下，如果一所学校的管理者率先行动，成为一个信任和激励型领导者，并致力于打造一种信任和激励的校园文化，那么整个学校的教育热情和潜力将得到多么显著的释放！

现实恰好与此相反。教师们经常感到不堪重负、精疲力竭。他们没有时间和精力去创新课程和教学活动，而是成日忙于各种文件工作和会议。大家都知道，教师从事这一行不是为了钱（因为我们都知道教师群体应该获得更高的薪酬），而是因为对学生和教育事业的热爱。他们成为教师，是因为他们关心孩子和国家的未来。但正如调研数据显示的那样，教师群体并没有感到被重视——他们经常得不到足够的经济和情感层面的支持，这最终导致他们逐渐丧失了职业热情，选择离职。教师与所有其他行业的工作者一样，是一个完整的个体，包含了身体、思想、心灵和精神四方面。我们不应该因为教师群体喜欢帮助孩子们成长，就要求他们牺牲自己的心灵和身体健康。相反，他们投身教育事业的热情应该得到滋养和支持。

教师渴望在工作中获得与其他所有人一样的安全感、归属感、自豪感和成就感，而教育管理者有能力帮助他们实现这一目标。教育管理者可以制定有利于教师发展的策略，可以在办公室、学区和学校内创造信任和激励的环境，可以成为改变教育风格的领导者。

对教师有利的事情也对学生有利。信任和激励型教育管理者相信，教师能够最充分地了解和服务他们的学生。信任和激励型教育管理者不仅寻求为教师群体提供最佳的资源，还希望能够激励他们，因为教师们值得这样的付出。

教育管理者同样也面临着巨大的挑战：他们往往也存在工作过度、资金不足的问题。但他们可以成为整个学校、整个学区转变的切入点。想象一下，作为一个校长，如果你决定将学校转变为信任和激励型学校，会发生什么变化？如果你致力于推动学区创造一种信任和激励的文化，会带来哪些可能性和结果？你可能会点燃什么样的创造力、激情和动力？如果你的团队感到被信任和激励，而不是不被欣赏和低估，那么你能在他们身上激发出怎样的目标感？

通常情况下，在教育管理者身上体现的指挥和控制型风格也会延续到课堂上。为了保持课堂的规则和秩序，部分教师甚至觉得这种风格是必要的。尽管这是可以理解的，但这也是最不具激励性的教学方法以及与学生建立联系的方法。

在我女儿麦金利执教的第一年，一位教师前辈告诉她："为了在孩子们心中树立权威的形象，你得告诉他们你的资历，并展示你强硬的态度。你要解释为什么你是所授科目的专家，要让孩子们知道他们需要尊重你。"麦金利尝试之后发现，这种方法几乎没有什么作用。孩子们并不关心她的学历有多高，或者教了多长时间，且绝对不会按照她的要求给予她应有的尊重。

孩子们更关心麦金利如何对待他们，以及她是否愿意在他们身上投入时间和精力。他们并不关心她知道多少，直到他们知道她到底有多关心（他们）。麦金利不可能通过指挥和控制的方式来获得学生的尊重和认可，也绝对不可能以此方式帮助学生们取得优异的成绩。

麦金利及时地纠正了自己的方法，并通过向学生展示真实的自己来赢得信任。她花时间与每个学生相处，尝试了解他们的生活，并建立有意义的联系；她努力帮助学生在她的课堂上获得安全感以及归属感；她通过自己的品格、能力和表里如一赢得了信誉，最重要的是，她以身作则地展现了她希望在学生身上看到的行为。

但这并不意味着她彻底丢掉了教室里的规则。她仍然对学生抱有很高的期望，并要求学生为此负责。但学生们知道了她这些举动背后的原因，知道她制定期望并以此为执行标准不是为了惩罚他们，而是为了促进他们的成长。她这样做并不是因为她很刻薄，而是因为她很关心学生的成长。学生们在理解了她是谁、她有什么意图和目标以及她为什么要这么做之后，就会愿意接受她的想法、规则和安排。

当然，这并不意味着麦金利的教学生涯就此一帆风顺。作为新手教师，她在第一年确实遭遇了一些糟糕的日子和困难的处境。但她与学生们建立的一对一的联系，帮助她渡过了难关。积极的课堂氛围让学生产生了一种归属感，这给她和学生都带来了巨大的好处。学生们更加努力地学习，取得了优异的成绩，远远超越了指挥和控制型风格可能达成的效果。

麦金利没有坐等学校管理者或其他任何超出了自己控制范围的外部力量的帮助。她自己率先成为一名信任和激励型教师，这一行为带来的影响在广泛层面上都可以见到和感受到。事实上，到目前为止，她教授的班级成绩提升幅度是全校最大的，而且她也被学区评为全校最优秀的两位教师之一。

许多教师都可能有过与麦金利类似的经历。有一些教师愿意与学生分享自己的从业动机并始终保持初心，与学生建立一对一的联系并关爱每一个学生，且在课堂上培养团队精神，让每一个学生都找到归属感——这些教师能够促使学生更关心自己的学业表现，并取得更长远的进步。他们的成就将远远超过那些只是教授科目知识，并要求学生顺从和服从的教师。

> 我并不是一个教师，而是一个唤醒者。
>
> ——罗伯特·弗罗斯特（Robert Frost）

这并不意味着你总是能够带领学生取得最高的分数或最好的结果，因为有一些事情超出了教育工作者的控制范围，例如学生的家庭情况和背景。所有这些因素都可能影响学生的考试成绩，以及其他可量化的标准。但有些方面是你一直能控制的：你看待和对待学生的方式、你对学生表达信任的方式以及你陪伴学生的方式。如果你能够持之以恒，就能够带来显著的变化，即使其他人并不一定总是能够看到这些变化。你将从学生对你的回应、对你的信任、为你和为他们自己努力的方式中看到这种变化。

有些学生的人生轨迹可能会因为一个好老师而永远改变。通常，一个老师对待班上最难相处的学生的方式也向其他学生传递了一个信息，即这位老师是如何看待他们每个人的。一般来说，与听话的学生打交道总是更容易，而与调皮捣蛋的学生相处需要付出更多的努力。但你如何对待"问题学生"对其他学生来说意义重大。

信任和激励型教师能够看到每个学生的内在价值，尤其是那些常规意义上的"问题学生"。他们不仅关注学生是否遵守了规则，或学生的成绩是否优异，还关注学生的个体发展。对学生来说，信任和激励型教师的课堂成为他们的避难所，他们可以在这里得到重视，并找到归属感。信任和激励型教师的动力来自这样一个基本信念，即每个人都是伟大的，伟大的力量就蕴含在种子中。每个孩子都有潜力，哪怕这种潜力可能需要一段时间才能显现。但正如我父亲曾说过的那样，"领导力就是向人们传达他们的价值和潜力，使他们在自己身上看到这种价值和潜力"。或许，没有人能够比教师更好地做到这一点——看到他人身上的潜力，并传达这些潜力。

> 你永远无法教会一个人任何东西，而只能帮助他通过自己的内心找到它。
>
> ——伽利略（Galileo）

作家兼思想领袖莱斯·布朗（Les Brown）在他的学生时代就亲身经历了这一点。他在学校的表现很糟糕，甚至一度被诊断为患有智力障碍。令他懊恼的是，他的双胞胎兄弟在学校表现良好，导致莱斯被称为"双胞胎里的蠢货"。这种情况持续了好几年，最终导致他变得非常自卑，患上了抑郁症，并对自己的能力感到绝望。有一天，当莱斯和他的高中老师交谈时，他告诉老师，这一切毫无意义，因为他被诊断为患有智力障碍，根本学不会任何东西。

老师直视着莱斯的眼睛，对他说："以后不要再说这样的话。别人对你的看法不一定要成为你的现实。"

这是莱斯人生的一个转折点，它彻底打开了他的思路，让他对自己有了全新的认识。他第一次看到了自己身上的潜力，并开始努力释放这些潜力。最终，他克服了诸多困难，成为一个著作等身的作家，并成为一名荣获艾美奖的演讲者。所有这一切始于一位教师在他身上看到了远超他自己看到的东西。

现在，你的教室里有没有学生像莱斯一样，需要你向他们传达他们身上具备的价值和潜力？哪些学生需要你帮助他们释放这些潜力？

另一个致力于发掘学生和教师身上隐藏的潜力的代表，来自"自我领导力"培训项目。1999年，北卡罗来纳州罗利市A. B. 寇姆小学的校长穆里尔·萨默斯（Muriel Summers）读了我父亲写的《高效能人士的七个习惯》一书，深受书中内容的启发。当时，她的学校表现得相当糟糕，她正在寻找改变现状的方法。她随后与我父亲进行了交谈。当时，她非常诚恳地问道："我们可否将这些习惯从幼儿园起就教授给年幼的孩子，让他们为生活做好准备？"

我父亲回答道："为什么不可以呢？你不妨尝试一下。"

穆里尔决定开始在学校教授高效能人士的7个习惯，因为她相信每个学生都是领导者，可以学习和实施这些领导原则。她要求全体员工和教师加入进来，请求他们的帮助，并相信他们会帮助她。学生们也给出了积极的回应，并且很快，他们的成绩开始大幅上升。

穆里尔继续深入地推进这个过程，相信每个学生内心都是一个领导者，并帮助他们看到自己的领导潜能。学生和学校都得到了前所未有的蓬勃发展。自改革实施以来，A. B. 寇姆领导力磁石小学被评为"美国第一磁石小学"，甚至两次当选！

穆里尔的工作最终演变为"自我领导力"培训项目，这是一个全校性的项目，现在已被50多个国家的数千所学校采用。这一切都始于她对学生的信念。她看到了每个学生身上的价值，哪怕从统计数据和传统的衡量标准来看，他们都显示出低潜力和低成绩。但她认为，每个孩子只需要相信"我的内心有一个领导者"，就可以实现重大的转变。穆里尔致力于传递这种信念，并使它在每个学生身上体现出来。当她学校的教师也开始学习和传授这7个习惯时，她将这种信任同样传递给了他们。她和她的员工们以身作则，相信学生也有能力做到这一点。

我曾几次到访穆里尔的学校。我无法用言语形容看到这一幕是多么的鼓舞人心——学生们认识到自己蕴含着伟大的潜能，并因此被赋能。事实上，我的好几个孙辈也在这所学校就读，我为此感到骄傲。

当然，你不需要像穆里尔那样创建一个新的项目，才能成为一个高效的教师或教育管理者。她从自己做起，在她的角色中由内而外地努力，发挥了榜样作用。你也可以做到。

教育领域中所有的其他因素，不管是新技术、新课程还是新场所，都不能解决信任和激励缺失的问题。我们需要那些相信自己身边的人，并以这种信念来领导的领导者。这一切始于教师看待学生的方式，以及对教师和学生的基本信念。你能否看到他们身上的潜力？能否发现他们身上的伟大之处？所有这些潜力都等待着释放，而你可以成为那个释放他人潜力的人。就像激励了莱斯的高中老师那样，就像激励了我的麦凯先生那样，就像在我女儿麦金利执教的第一年充分信任她的学校管理者那样，就像充分释放了整个学校学生潜力的穆里尔·萨默斯那样，你也可以成为改变一个学生、一所学校、一个学区、一个社区运作方式的催化剂。

> 我想成为池塘中的一颗小石子，为变革创造涟漪。
>
> ——蒂姆·库克
>
> 苹果公司首席执行官

## 信任和激励型教练

你是否曾经在一场少年棒球联盟比赛中看到过这种人？你知道我说的是哪种人——对球员、教练和裁判大喊大叫的人。在一场球赛中，他（她）总是忍不住告诉10号（通常是他自己的孩子或孙子）："把你的肘部抬起来！不！不要这样！"他（她）还可能是那个与对方球队的家长或裁判发生争吵的人。

可悲的是，这个人可能是教练。

不幸的是，教练可能是现代社会看似可以接受的"尼安德特人"式指挥和控制的"最后堡垒"。这可能是因为我们希望使队员的身体和精神达到极限，以获得最好的结果。然而，这往往表现为极端的吼叫和贬低行为。但长久以来，整个社会都已经接受，有时甚至是欢迎这种行为。

但一定要这样吗？我们必须容忍那个在8岁孩子的棒球比赛中大喊大叫的人吗？一个高效的信任和激励型教练有可能存在吗？

当然可能。信任和激励并不意味着我们不能设定高标准和高期望，或要求人们做到最好，也不意味着我们没必要约束或督促他人。但它要求我们从信任和激励的心态出发，首先建立起信任关系。在已经建立起信任关系的前提下，当你督促和挑战他人时，他们会认为自己和你眼中的他们一样有能力，而且会受到激励！

同样，要形成这个良性循环的完整模式，就需要完成前述的4个步骤：发现、谈论、发展和释放人们内在的潜能。信任和激励型教练必须以这样的方式引导和训练队员。橄榄球教练皮特·卡罗尔（Pete Carroll）和达博·斯温尼（Dabo Swinney）就是这样做的。篮球教练科里·克洛斯（Cori Close）、她的导师约翰·伍登（John Wooden）以及贝基·哈蒙（Becky Hammon）也是如此。除此之外，还有田径教练迪尔吉特·泰勒（Diljeet Taylor）。旧金山49人队（美式橄榄球队）的运动员乔·蒙塔纳（Joe Montana）对他的传奇教练比尔·沃尔什（Bill Walsh）做出了这样的评价："他的人生目标是让我们相信我们自己可以变得伟大，而他做到了，我们也做到了。这就是为什么他是一个如此伟大的领导者。"

> 最有力量的四个字是：我相信你。
>
> ——比尔·沃尔什
> 49人队前名人堂教练

一位美国国家橄榄球联盟（NFL）现役球员在讲述他的运动历程时，强调了信任和激励的重要性。毫不夸张地说，他身材高大魁梧，而且在体育方面很有天赋。早在高中时，他就收到了美式橄榄球一级联赛和篮球赛的邀请。他最终选择了美式橄榄球。他就读大学的篮球队教练并没有气馁，而是找到了他，询问他是否也可以考虑为学校的篮球队效力。后来，他决定同时为两支球队效力。当他踏上球场时，大多数观众都清楚地看到，他就是为篮球而生的。他在大一的时候取得了很大的进步，在篮球方面取得的成就比在美式橄榄球方面更显著。

许多人认为他最终会放弃橄榄球，只专注于篮球。令他们惊讶的是，他最后的表现完全相反。篮球队的教练们以指挥和控制型风格著称，过去曾对球员使用过消极战术。这位运动员后来决定与橄榄球队教练合作，因为他发现橄榄球队教练更值得信任、更鼓舞人心、更有爱心。

几年后，他加入了美国国家橄榄球联盟。当谈到放弃篮球的决定时，他说："你知道吗？我本来很想坚持打篮球的，后来选择离开是因为一个关键的助理教练离开了。没有他，我无法在那种环境下继续打球。如果他留下来，也许我现在就会在美国职业篮球联赛打球，而不是在美国国家橄榄球联盟。"

这位助理教练就是一位信任和激励型领导者。如果他选择留下来，这位年轻人或许就将改变自己的整个职业轨迹。而助理教练离开后，他也选择了离开——因为剩下的教练们采取的控制型风格对他带来了负面影响（记住：人们不会因为组织的问题而离开，只会因为糟糕的上司而离开）。那位离开的助理教练后来成为另一所大学的主教练，并在那里取得了巨大的成功，将球队的成绩提升到了新的高度。他对球员们抱有很高的期望，也会督促他们，但球员们反而因此喜欢他——得益于他对待他们的方式，得益于他看待他们的方式，得益于他相信他们的方式，得益于他信任并激励他们的方式。

如果是你，你愿意为哪个教练打球？

我们都是家长，我们都是教师，我们都是某种形式的教练。你可以通过信任和激励的方式，在任何环境中帮助任何人释放内在的伟大力量。

## 其他类型的工作或角色

在我们的社会中，还有许多其他的角色值得一提，因为它们在社会中同样重要。任何角色的工作都可以通过指挥和控制或信任和激励的方式来完成。例如律师，虽然人们经常拿律师开玩笑，也存在许多相关负面的刻板印象，但律师在社会中扮演着重要的角色，可以为许多人带来正义和仁慈。信任和激励型律师的确存在，并取得了非凡的成就，与指挥和控制型律师相比，他们是如何工作的？

此外，宗教、市政和社区领袖也影响着我们的邻里关系和社区，但他们可能不会经常思考自己与利益相关者——教区居民、选民和公民——的互动方式。对于那些担任领导者角色的人来说，他们的领导风格是否妨碍了他们良好意图的实现？

虽然行业外的人可能会认为军队完全采取了指挥和控制的模式，但了解内情的人也会告诉你，为了确保高效运作，军事单位必须在信任的基础上行动。我曾有幸与美国参谋长联席会议前主席马丁·登普西将军（General Martin Dempsey，已退役）打过交道。他坚信，信任是"伟大军队的秘方"。我先前也提到过空军的多萝西·霍格将军如何将信任扩展到整个团队，作为一种推动所有成员成为创新者的手段。同样，前四星指挥官斯坦利·麦克里斯特尔将军（General Stanley McChrystal）也分享了他的领导团队在战场上经常使用的一句口头禅，即"如果在你抵达战场时发现我们给你的命令是错误的，那么请按照我们本应给你的正确命令执行任务"——这句口头禅表明了将信任扩展到士兵身上的重要性。作为一名军事领导人，你是否既注重执行任务，又注重建立信任关系？

信任和激励还是一种生活方式，无论你在生活中扮演什么不同的角色。它的价值对人类的生存而言至关重要。在本书的各个故事和各种情况所描述的所有角色中，也许最重要的是作为转型人的角色。无论是宏观还是微观层面，转型者都是改变他人生命轨迹的人。

维克多·雨果（Victor Hugo）的《悲惨世界》(Les Misérables)

完美描绘了两个非凡的信任和激励型转型者。冉·阿让（Jean Valjean）因为偷了一块面包给姐姐饱受饥饿折磨的孩子吃，在监狱里服了19年的苦役，最后终于出狱。一个女人看到他试图寻找庇护所，就告诉他可以去教堂。在那里他遇到了迪涅的主教米里哀。

主教仁慈地对待了冉·阿让，不仅让他感受到了尊严，还给了他食物和一个过夜的地方。冉·阿让认为自己别无选择，于是偷了主教的银器，在夜色的笼罩下逃走了。他很快被警察抓获，警察把他送回主教那里接受惩罚。

主教再度表现出惊人的仁慈。他欢迎冉·阿让，并向警察保证，是自己把银器作为礼物送给了冉·阿让，还说他忘了把烛台也带走——这样一来，冉·阿让就不会被逮捕，也不会被送回监狱。两人独处之际，主教向冉·阿让传达了对他身上潜力的信念。即使冉·阿让曾经入狱，主教仍在这个衣衫褴褛的人身上看到了伟大的一面——他看到了种子中的力量，看到了我们希望别人在我们身上看到的东西。

那一刻，主教成为冉·阿让生命中一个强有力的转型者。他对冉·阿让的信念，改变了冉·阿让的人生轨迹。

在主教的启发下，冉·阿让本人成为第二个信任和激励型领导者。接下来发生的事情说明了信任和激励型领导者能够带来的涟漪效应——善意将会在相互联系的人之间传播开来。

冉·阿让成了无数需要帮助的人的施予者，并收养了孤儿珂赛特（Cosette），成为她善良、忠诚的父亲。他后来当上了镇长，并利用自己积累的财富资助孤儿院、医院和学校。冉·阿让成为许多人生命中的转型者，包括芳汀（Fantine）、珂赛特、马吕斯（Marius），甚至是他的死敌沙威（Javert）。

作为人类，我们都希望成为所爱之人生命中的一个转型者。作为领导者，我们都有机会，甚至有责任，成为我们所领导的人生命中的一个转型者。

而成为转型者的关键，是首先成为一个信任和激励型的人。

# 结语

> 这并不关乎你自己，而关乎你为其他人做了什么。
>
> ——印加·比尔
> 伦敦劳合社前首席执行官

2001年5月25日，埃里克·魏亨麦尔（Erik Weihenmayer）成为有史以来登顶珠穆朗玛峰的规模最大的登山队的一员，也是全球第一个成功登顶珠穆朗玛峰的盲人。他的故事令人难以置信，是对人类不屈精神的赞美，也是一个信任和激励的故事。

据统计，在尝试登顶珠穆朗玛峰的所有人中，只有大约29%的人成功了。埃里克从十几岁起就开始爬山，但他从未考虑过攀登珠穆朗玛峰——这对正常人来说都困难重重，更何况他这样的盲人。

他在一个贸易展上遇到了探险队队长帕斯夸里·斯卡图罗（Pasquale Scaturro，昵称"PV"）。当PV询问埃里克是否曾考虑过攀登珠穆朗玛峰时，埃里克感觉到内心深处有什么东西在涌动。他们开始一起为埃里克制定一个登顶计划。PV知道，唯一可行的方法是让埃里克与他自己熟悉和信任的登山者一起攀登。

尽管攀登技能是成功登顶的关键和基础，但团队成员之间的相互信任和友好关系，才能最终使他们完成这一前所未有的壮举。在他们组建团队的过程中以及在漫长的训练过程中，埃里克的兴奋感不断增强。

但是，第一天的攀登就已经让他筋疲力尽、满身是血、伤痕累累，这种兴奋感被粉碎了。团队成员知道，他们需要为埃里克提供更多的帮助，而埃里克也知道，他需要更深入地挖掘自己的信念，相信自己能够完成既定的登顶目标。

随着与团队合作的加深，埃里克的攀登技能开始提高，攀登的过程也开始变得更加顺利。每天晚上，PV都会召开一个帐篷会议，所有成员可以一起讨论他们发现的任何问题或难题。这种频繁的、开放的沟通方式，使大家的期望值变得清晰，并帮助团队通过相互理解建立更加紧密的联系。

埃里克用自己的攀登技术和奉献精神激励了整个团队，他在不到5个小时的时间内从大本营抵达了2号营地，少于大多数视力正常的登山者所需的时间。作为回报，队员们努力为埃里克提供更好的指导。

正是这种人与人之间毫无保留的信任促使登山队实现了令人难以置信的成就，并激励着每个人都围绕着一个伟大的目标奋斗。埃里克后来亲口对我说："在穿越布满裂缝的冰原时，所有的队员都捆绑在一起，这就是终极信任的体现。在攀登的过程中，我的生命常常掌握在队友手中，而他们的生命也同样掌握在我的手中。"

然而，埃里克仍然担心自己可能无法成功登顶，从而拖累队友。因为如果他需要返回，队友们就需要帮助他。但每个人都否决了他的这种想法，他们不断地提醒埃里克，他们只有一个目的：让他登上珠穆朗玛峰的顶峰。

不幸的是，PV随后患上了疟疾，团队登顶的目标遭遇了前所未有的挑战。PV做出了下山的决定，避免拖累整个团队。

几天后，一场暴风雨来袭，这支失去了领导者的队伍必须要决定是继续前行还是回头。记录了攀登全过程的电影制片人迈克尔·布朗（Michael Brown）说："在攀登珠穆朗玛峰的过程中，大多数人都是为了实现自己的目标，表示'我想要登顶……'然而我们团队有一个更崇高的目标，那就是帮助埃里克，确保他能够安全地登上顶峰，然后再安全地返回……团队中的每个人都放下了个人的利益，去支持埃里克登顶。"最后，团队决定顶着暴风雨继续前行。

更多的挑战接踵而来，但整个团队继续勇敢地迎接并战胜了这些挑战。当埃里克成功地踏上珠穆朗玛峰之巅时，他流下了喜悦的泪水。但他并不是唯一一个成功登顶的人，除了队长PV之外，整个探险队的其他19名队员也成功登顶了。这使得他们成为有史以来规模最大的成功登顶的团队，也成为史上最成功的登顶珠峰的探险队之一。当队长PV得知团队成功登顶时，他感到欣喜若狂，觉得所有人为这次探险所花的两年准备时间没有白费。

埃里克取得了非凡的成就，而这一切都得益于一个信任和激励的团队。在整个攀登过程中，团队成员相互依赖，彼此信任，整个团队拧成一股绳，朝着一致的目标前进，共同致力于帮助埃里克完成前所未有的壮举。所有成员对埃里克和对彼此的奉献精神，绝对是激励人心的，这也给他们提供了到达顶峰所需的额外动力。

PV看到了埃里克内在的伟大，以及他能够释放这些伟大的潜力。他们共同完成了人类历史上最不可思议的壮举之一，这完全是因为他们发自内心地相信这一过程，也相信彼此。

团队里没有恐惧。他们相信彼此会成功，因为他们知道，团队中蕴含着伟大的力量。他们不仅看到了团队的伟大，也看到了彼此身上的伟大，包括埃里克身上的伟大。其他人或许会怀疑埃里克登顶的可能性，但所有的团队成员坚定地相信他可以做到；当别人看到埃里克身上的局限性的时候，他们选择了看到埃里克身上的潜力和伟大。埃里克也因此完全信任他们。

团队里没有抱怨。他们互相激励，因为他们知道，攀登带来的不仅仅是身体上的挑战，还有精神上、情绪上和心灵上的挑战。这一段旅程给他们整个人，给他们生命中的每一部分都带来了挑战和快乐。只有外部驱动力是不够的，他们还需要内在激励的作用。由于看到了超越身体条件的潜力，他们最终成就了一段史诗般的旅程。

团队里没有内部争斗。他们将彼此关怀放在了相互竞争之上，因为所有人都知道，一个人的成功，意味着每个人的成功。没有人嫉妒，彼此间的关怀和爱是所有人迎难而上的驱动力。埃里克的成功是团队每个人的成功，每个人都拥有登上顶峰的潜力和机会。

团队里没有心胸狭隘的自私。整个团队对埃里克都有着一种管家式的责任感，想要帮助埃里克登顶——他们彼此之间也同样。这种管家式的服务意识，使团队拥有了如此充分的共享领导力，哪怕队长PV不得不提前下山，整个团队依然可以齐心协力地继续前进。

团队里没有短期思维。埃里克和他的团队首先自己树立了一种长期思维——这是他们产生持久影响力的基础。这种长期思维一直持续至今，并将继续存在。而所有这一切都始于埃里克、PV和其他人以身作则、率先行动，在信念和行动上成为他人的榜样。

所有这些都的确是构成信任和激励型领导者的基本范式，埃里克和他的团队完美地诠释了这一范式的各个要素：

- 每个人的内在都是伟大的……因此身为领导者，我要做的是释放他们的潜能，而非控制他们；
- 每个人都是完整的个体……因此身为领导者，我要做的是激励他们，而不仅仅是驱动他们；
- 每个人都有充足的资源……因此身为领导者，我要做的是强调关怀，而非竞争；
- 领导意味着管家式服务……因此身为领导者，我要做的是将服务他人放在自身利益之上；
- 持久的影响力，必然是由内而外产生的……因此身为领导者，我要做的是以身作则。

无论是作为个人还是集体，埃里克和他的团队在此次登顶的旅程中都表现出了信任和激励型领导者的管家式领导3原则：以身作则、给予信任和激励他人。

他们以身作则地展示了身为领导者的可信度和道德权威，每个人都率先行动，成为他人的榜样。

他们信任彼此，也信任整个团队，甚至信任整个过程。这使他们充分释放了整个团队的潜力，实现了世界上最伟大成就之一。他们还展示了如何通过信任来进行领导。

他们通过彼此之间建立联系，以及将"为什么这很重要"与目标建立联系，最终实现了相互激励。尽管旅途艰辛，但他们挖掘了目

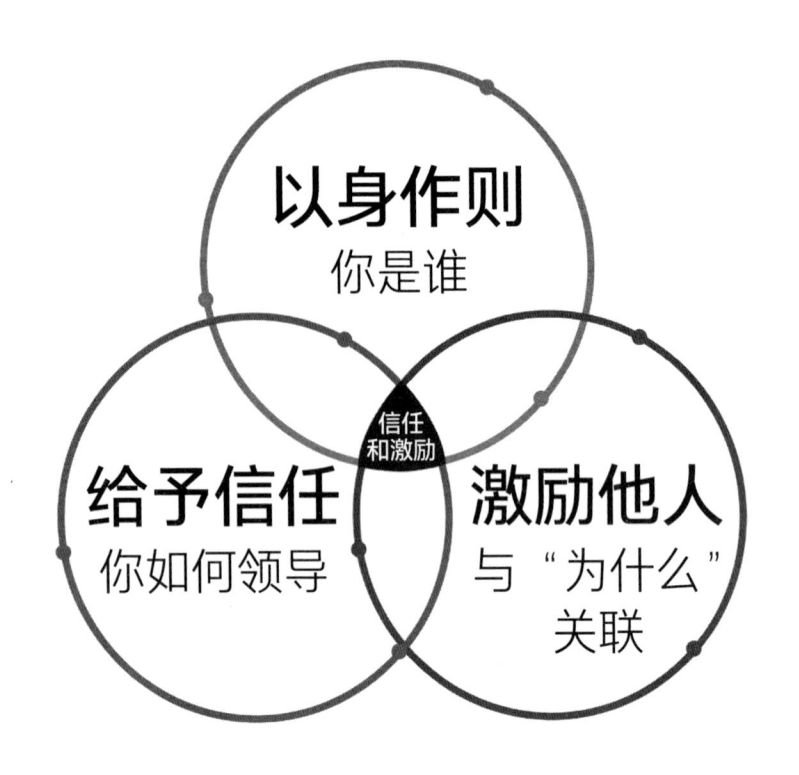

```
         以身作则
          你是谁

          信任
          和激励

给予信任              激励他人
你如何领导            与"为什么"
                      关联
```

标、意义和贡献，由此激励每个人达到了难以置信的高度。

我们可能永远不会尝试登顶珠穆朗玛峰，但我们都可以做伟大的事情。如果到处都是信任和激励型的人和领导者，那么世界就会变得更美好、更崇高。惊人的壮举，以及同样令人敬仰的领导力，都是通过以身作则、给予信任和激励他人实现的。

哪里有伟大、成就和成功，哪里就能找到一个信任和激励型领导者。取得伟大成就的人不是被驱动的，而是被激励的。总有一个值得模仿的榜样，有一个为他人铺路的人，有一个信任他人的人。并且，总有一个激励他人不断进取的人，能够点燃人们内心的火焰——不仅点燃他们自己内心的火焰，还点燃他人内心的火焰。

> 你内在的潜力总是比前行道路上的障碍更强大……我认为，每个人的内心深处，都有着对伟大成就的渴望。
>
> ——埃里克·魏亨麦尔

当我们以身作则时，人们会想，我想成为那个人。

当我们给予信任时，人们会想，我想为这个人而努力。

当我们激励他人时，人们会想，我想和这个人一起做出贡献。

我们可以成为这样的领导者；我们应该成为这样的领导者；我们的同事需要这样的领导者；我们的组织需要这样的领导者；我们的家人和朋友需要这样的领导者；我们的社区需要这样的领导者；我们的社会和世界，也同样需要这样的领导者。

当我们成为期望中的领导者时，我们会发现，生活会因此变得更加美好。

信任和激励：这的确是一种全新的领导方式，也是一种更好的生活方式。

# 致谢

撰写本书需要团队的力量,至少对我来说是这样。

在我的团队中,有无数人为本书的出版提供了助力,在此我要深深感谢他们对本书和我个人生活的付出和贡献。阿尔伯特·爱因斯坦的表述掷地有声,让我感到谦卑:"每一天,我都提醒自己,我的精神和物质生活都建立在他人(包括生者和死者)的劳动基础上,对于我已经得到和正在得到的一切,我必须尽力以相同的程度回报。"

这本书也是如此。如果没有许多人的帮助,这本书就不可能完成,为此我要对提供帮助的人表示感谢。

我想对本书的3位合著者表示特别的谢意,他们分别是大卫·卡斯帕森(David Kasperson)、麦金利·柯维(McKinlee Covey)和加里·T.贾德(Gary T. Judd)。他们不管是作为个人还是整体,都为本书贡献了巨大的价值,因此应该在本书封面上注明他们的合著者身份。

大卫·卡斯帕森最早为本书的内容提供了灵感。彼时,大卫正在帮助我构思演讲的内容,但后来我们发现对话实际上围绕的主题是:世界已经发生了变化,领导风格却仍在原地踏步。随后,我们一起确定并将当今世界需要的全新领导方式定义为:信任和激励。大卫卓越的洞察力、创造力和对领导力的理解,丝毫不逊色于他在演讲方面的能力和他给我提供的帮助——他不仅负责安排我的日程,还帮助我准备演讲的内容,以精确地满足客户的需求。感谢能力出众、热情洋溢的大卫，是你点燃了撰写本书的最初灵感。

麦金利·柯维，我才华横溢的女儿，是最早帮助我把这本书的内容落到纸面上的合著者。对我来说，初稿无疑是最难写的。但麦金利利用她出色的协助能力和超高的工作效率，加速了本书的撰写过程，同时也为本书内容增加了额外的洞察力、智慧、实例和故事。在她的协助下，这本书具有可读性和亲和力。没有她的创造性帮助，这本书或许依然停留在构想阶段。

加里·T. 贾德是我的长期商业伙伴，也是我们信任实践的卓越领导者。关于什么是信任和激励型领导者，以及如何建立信任和激励型文化，他有着无与伦比的理解、智慧和经验。他一次又一次地为本书的内容提供了深刻的见解和实用的操作方法。没有这些真知灼见，本书的效果或许会大打折扣。加里不仅了解人和领导力，还了解领导力的原则以及这些原则的运用方法。但最重要的是，他以身作则地示范了自己信奉的信念。

此外，我还要特别感谢：

- 我杰出的行政助理朱莉·贾德·吉尔曼（Julie Judd Gillman），感谢她奉献的才华、专业知识、创造力和"使之成为现实"的能力。她在这本书的创作中扮演了不可或缺的角色，包括负责设计本书的所有图形和图表。她不仅使我的生活更有成效，还使我的生活变得更美好！
- 道格·费伯（Doug Faber），富兰克林柯维全球信任实践的杰出负责人。他不仅热情地宣传本书的内容，还帮助我们将这些内容转化为学习模块、项目、课程和培训工具，以帮助客户在培养信任和激励型领导者及文化方面取得成功。

- 凯瑟琳·詹金斯（Kathryn Jenkins），她提供了超乎寻常的写作和编辑指导，使本书内容更加通俗易懂、可读性更强。她的重大贡献对我来说是无价之宝，使我在表达自己的意见时更加条理清晰和自信，我非常感谢她的工作。
- 巴里·瑞拉福特，感谢他长期提供的合作、指导和经验。除此之外，巴里还与道格和我们的团队合作，帮助客户将"信任和激励"的内容模块化，使之可操作。
- 格雷格·林克（Greg Link），我多年的、富有远见的老朋友和商业伙伴，感谢他对我、对这本书，以及对我的生活产生的持续的积极影响。
- 我出色的研究助理莫琳·菲茨西蒙斯（Maureen Fitzsimmons）和辛西娅·霍尔（Cynthia Hall），感谢她们的辛勤工作、勤奋和智慧，感谢她们帮助核实内容并为本书提供数据、实例和插图。
- 西蒙与舒斯特的优秀编辑斯蒂芬妮·弗雷里奇，感谢她从一开始就对这本书充满了信心，并一路给予我肯定和结构性指导，帮助我实现本书的目标——相信我的读者。斯蒂芬妮不仅使这本书变得更好，还是一个宝贵的、有创造性的合作者。
- 乔纳森·卡普（Jonathan Karp），我的出版商，他在第一次听我提到本书的创意时，就相信了本书的潜力。他还是一个信任和激励型领导者的典范，使西蒙与舒斯特的团队能够立即看到并理解我在谈论什么。
- 西蒙与舒斯特的整个出版团队，包括埃米丽·西蒙森（Emily

Simonson)、杰基·肖(Jackie Seow)、马丁·卡洛(Martin Karlow)、菲尔·梅特卡夫(Phil Metcalf)等人,感谢他们的宝贵贡献。

● 丽贝卡·梅里尔(Rebecca Merrill),我的长期合作伙伴——和我一起完成过无数项目,以及罗杰·梅里尔(Roger Merrill),我的长期商业伙伴。他们共同为本书提供了巨大的洞察力、智慧和建议。他们对这个项目的参与给这本书和我都带来了变革性的影响。

● 富兰克林柯维团队的其他成员,包括鲍勃·怀特曼(Bob Whitman)、保罗·沃克(Paul Walker)、珍妮弗·科洛西莫(Jennifer Colosimo)、肖恩·柯维(Sean Covey)、亚当·梅里尔(Adam Merrill)、斯科特·米勒(Scott Miller)、苏泽特·布莱克摩尔(Suzette Blakemore)、马特·默多克(Matt Murdock)、安妮·奥斯瓦尔德(Annie Oswald)、扎克·克里斯滕森(Zack Kristensen)、诺兰·马克思(Nolan Marx)、穆里尔·萨默斯、黛布拉·隆德(Debra Lund)、瑞恩·缪尔(Ryan Muir)、吉米·麦克德莫特(Jimmy McDermott)、洛里·诺斯(Lori North)、V.S. 潘迪安,以及许多其他人,感谢他们一直以来的支持、帮助和鼓励。

● 由罗伯·卡希尔(Rob Cahill)领导的整个富兰克林柯维创新和发展团队,他们围绕着信任和激励的内容,开发了学习和培训课程、模块、评估和工具,帮助我们的客户在培养信任和激励型领导者和文化的道路上前进。

● 我们的许多客户,他们为应用和验证信任和激励的方法提供了持续不断的实验平台,并为许多人提供了建议和有益的反馈。

- 其他许多慷慨地抽出时间阅读和检查各个阶段的书稿的人，他们给我们提供了宝贵的反馈——这些反馈具有指导性，但始终肯定了本书的意义。他们是：苏泽特·布莱克摩尔、唐娜·伯内特（Donna Burnette）、玛丽亚·科尔（Maria Cole）、珍妮弗·科洛西莫、大卫·柯维（David Covey）、肖恩·柯维、克雷格·博伊德（Craig Boyd）、苏·达特-道格拉斯（Sue Dathe-Douglas）、卡梅伦·哈勒（Kameron Haller）、约翰·哈丁（John Harding）、胡伦·贾德（Julene Judd）、奥黛丽·卡斯帕森（Audrey Kasperson）、安妮·林克（Annie Link）、克雷格·林克（Greg Link）、黛布拉·隆德、安妮·奥斯瓦尔德、诺兰·马斯思、克雷格·麦基翁（Greg McKeown）、丽贝卡·梅里尔、罗杰·梅里尔、卡梅伦·穆恩（Cameron Moon）、肖恩·穆恩（Shawn Moon）和巴里·瑞拉福特。

我怀着深深的感激之情，感谢我的母亲桑德拉·柯维（Sandra Covey）和父亲史蒂芬·R. 柯维。感谢他们对我的生活和思想产生的深刻影响。为此，我把这本书献给他们。在过去的几年里，随着我对这本书研究的深入，我开始感觉到，我在许多方面延续了并某种程度上完成了我父亲在《高效能人士的第八个习惯》（*The 8th Habit*）一书中的理念。

感谢我伟大的妻子杰里，感谢她在这一过程中不断给予的爱、支持、鼓励和帮助。她使我的生活充满冒险和乐趣！她是我真正意义上的人生和灵魂伴侣，没有她，这本书就不可能完成。

还要感谢我的孩子们,史蒂芬、麦金利、克里斯蒂安、布雷顿和雅顿,以及我的儿媳妇埃米丽、埃马利和利亚,感谢他们的鼓励和支持。我长时间全身心地投入到这个项目中,忽略了与他们的互动,而他们给予了我包容!现在,全书完工,我终于可以开始玩耍了!

## 史蒂芬·M. R. 柯维

史蒂芬·M. R. 柯维是柯维林克国际公司和富兰克林柯维全球信任实践的联合创始人。作为一名广受欢迎的主题演讲者和顾问，他就信任、激励、领导力、道德伦理和合作方面向世界各地的听众发表演讲。他还是《纽约时报》和《华尔街日报》(*Wall Street Journal*)排名第一的畅销书《信任的速度》的作者。《信任的速度》是一本开创性的、转变范式的书，它挑战了一个历史悠久的假设，即信任只是一种非强制性的社会美德。他认为，信任是一种高效的经济驱动力。《信任的速度》已被翻译成22种语言，在全球范围内售出超过200万本，并已在全球数千个组织中得到应用和实施。

史蒂芬还是《信任的速度实践版：可以改版一切的五种行为》(*Smart Trust: The Defining Skill That Transforms Managers into Leaders*)一书的合著者。他断言，信任已经成为当今世界的新货币。拥有与所有利益相关者建立、扩展和恢复信任的能力，是当今世界最需要的领导能力。他热情地传达了这一信息，并致力于使个人和组织都能够在全球范围内收获高度信任带来的红利。全球各地的听众和组织都与他提出的切实可行的信任方式产生了共鸣。

史蒂芬是柯维领导力中心的前首席执行官。在他的领导下，柯维领导力中心成为世界上最大的领导力开发机构。据《CEO》杂志(*CEO Magazine*)称，他亲自领导的战略推动了他父亲史蒂芬·R. 柯维博士的《高效能人士的七个习惯》成为20世纪最具影响力的两本商业图书之一。史蒂芬获得了哈佛大学工商管理硕士学位，以客户开发人员的身份加入了柯维领导力中心，后来成为该公司的全国销售经理，最后担任总裁兼首席执行官。

在史蒂芬的领导下，公司发展迅速且盈利，最后跻身美国500强公司。作为总裁兼首席执行官，他使公司的收入几乎翻了一番，利润增加了12倍。在此期间，客户和员工的信任度皆创新高，公司的业务扩展到全球40多个国家，这大大增加了公司品牌和公司本身的价值。在被任命为首席执行官的3年内，史蒂芬选择将柯维领导力中心与当时的富兰克林时间规划公司合并，成立了富兰克林柯维公司，股东价值也因此增加了67倍。

对《财富》500强公司的高管和领导者，以及一些接受过史蒂芬咨询服务的中小型私营企业和公共组织部门来说，史蒂芬已经成为一名受人尊敬的知己和影响力人物。

史蒂芬在多个委员会任职——包括政府领导力咨询委员会，并获得了倡导组织"遍布美国的信任/遍布世界的信任"颁发的"信任领域的顶级思想领袖"终身成就奖。目前，史蒂芬与妻子和孩子住在落基山脉。

## 大卫·卡斯帕森

作为业务发展总监，在过去超过15年的时间里，大卫·卡斯帕森为富兰克林柯维全球信任实践的客户建立了高度信任的合作伙伴关系，并为他们开发了创新和协作的解决方案。作为信任领域的专家，他曾为20多个国家的领导者、《财富》杂志500强组织及其他组织提供咨询和介绍。他还管理圣丹斯高管研讨会，这是富兰克林柯维公司提供的最顶级的"以信任的速度领导"项目。大卫以优异的成绩毕业于犹他谷州立大学，获得传播学理论与实践学士学位。

## 麦金利·柯维

从小，麦金利·柯维最大的愿望就是帮助他人发挥潜能。后来，她成为一名教育家和体育教练，并在哈佛大学教育研究生院获得人类发展与心理学硕士学位。自2011年以来，麦金利一直在中学和高中任教，一路影响着成千上万名学生的生活。她帮助学生和运动员茁壮成长的激情赢得了学校和社区的认可。她最大的快乐就是看到学生取得成功。

## 加里·T. 贾德

加里·T. 贾德热衷于与他人合作，以提高团队信任度和组织绩效。在成为富兰克林柯维全球信任实践的负责人之前，他是柯维林克国际公司的联合创始人、一家金融服务公司的首席执行官以及一家世界500强公司的总裁兼首席运营官，并领导着柯维领导力中心的时间管理部门。作为众多领先企业的执行顾问，他为客户带来了罕见的商业头脑和成熟视角。加里引人入胜的演讲风格，使他成为一个受欢迎的演讲者和推动者。目前，加里和妻子住在津巴布韦的哈拉雷。

## 关于柯维林克国际公司和富兰克林柯维全球信任实践

富兰克林柯维全球信任实践专注于使全球个人和组织以激发信任的方式——信任和激励——领导，以提高他们的表现和影响力。

我们的目的是发现、谈论、发展和释放信任和激励型领导力及文化。在这一过程中，正如萧伯纳所说，我们寻求的是"生命为自己认为崇高的目标所用"。

在柯维林克国际公司的许可下，富兰克林柯维全球信任实践为全球个人和组织提供获取额外资源的途径，以增强信任并建立信任和激励型文化，包括开放注册研讨会、主题演讲、现场项目、线上活动、网络研讨会、培训师认证、个人和组织的评估与测量、应用工具、咨询服务和定制咨询等。

如需咨询史蒂芬·M. R. 柯维或富兰克林柯维全球信任实践的主题演讲、研讨会、培训、指导或咨询服务，或个人联系史蒂芬·M. R. 柯维，请发送电子邮件至david@speedoftrust.com或访问我们的网站（trustandinspire.com）。

## 了解更多史蒂芬·M. R.柯维在演讲方面的成就

史蒂芬的思想领导力、真实性和充满活力的演讲风格，使他成为一个备受追捧的演讲者。他在世界各地发表关于信任和领导力的主题演讲，并举办相关研讨会，将他的理念传递给各个高管团队，以及超过20 000名观众与听众。

# FranklinCovey

## 品 牌 故 事

三十多年前,当史蒂芬·R. 柯维(Stephen R. Covey)和希鲁姆·W. 史密斯(Hyrum W. Smith)在各自领域开展研究以帮助个人和组织提升绩效时,他们都注意到一个核心问题——人的因素。专研领导力发展的柯维博士发现,志向远大的个人往往违背其渴望成功所依托的根本性原则,却期望改变环境、结果或合作伙伴,而非改变自我。专研生产力的希鲁姆先生发现,制订重要目标时,人们对实现目标所需的原则、专业知识、流程和工具所知甚少。

柯维博士和希鲁姆先生都意识到,解决问题的根源在于帮助人们改变行为模式。经过多年的测试、研究和经验积累,他们同时发现,持续性的行为变革不仅仅需要培训内容,还需要个人和组织采取全新的思维方式,掌握和实践更好的全新行为模式,直至习惯养成为止。柯维博士在其经典著作《高效能人士的七个习惯》中公布了其研究结果,该书现已成为世界上最具影响力的图书之一。在富兰克林规划系统(Franklin Planning System)的基础上,希鲁姆先生创建了一种基于结果的规划方法,该方法风靡全球,并从根本上改变了个人和组织增加生产力的方式。他们还分别创建了「柯维领导力中心」和「Franklin Quest公司」,旨在扩大其全球影响力。1997年,上述两个组织合并,由此诞生了如今的富兰克林柯维公司(FranklinCovey, NYSE: FC)。

如今,富兰克林柯维公司已成为全球值得信赖的领导力公司,帮助组织提升绩效的前沿领导者。富兰克林柯维与您合作,在影响组织持续成功的四个关键领域(领导力、个人效能、文化和业务成果)中实现大规模的行为改变。我们结合基于数十年研发的强大内容、专家顾问和讲师,以及支持和强化能够持续发生行为改变的创新技术来实现这一目标。我们独特的方法始于人类效能的永恒原则。通过与我们合作,您将为组织中每个地区、每个层级的员工提供他们所需的思维方式、技能和工具,辅导他们完成影响之旅——一次变革性的学习体验。我们提供达成突破性成果的公式——内容+人+技术——富兰克林柯维完美整合了这三个方面,帮助领导者和团队达到新的绩效水平并更好地协同工作,从而带来卓越的业务成果。

富兰克林柯维公司足迹遍布全球160多个国家,拥有超过2000名员工,超过10万个企业内部认证讲师,共同致力于同一个使命:帮助世界各地的员工和组织成就卓越。本着坚定不移的原则,基于业已验证的实践基础,我们为客户提供知识、工具、方法、培训和思维领导力。富兰克林柯维公司每年服务超过15000家客户,包括90%的财富100强公司、75%以上的财富500强公司,以及数千家中小型企业和诸多政府机构和教育机构。

富兰克林柯维公司的备受赞誉的知识体系和学习经验充分体现在一系列的培训咨询产品中,并且可以根据组织和个人的需求定制。富兰克林柯维公司拥有经验丰富的顾问和讲师团队,能够将我们的产品内容和服务定制化,以多元化的交付方式满足您的人才、文化及业务需求。

富兰克林柯维公司自1996年进入中国,目前在北京、上海、广州、深圳设有分公司。
www.franklincovey.com.cn

更多详细信息请联系我们:

**北京** 朝阳区光华路1号北京嘉里中心写字楼南楼24层2418&2430室
电话:(8610)8529 6928 邮箱:marketingbj@franklincoveychina.cn

**上海** 黄浦区淮海中路381号上海中环广场28楼2825室
电话:(8621)6391 5888 邮箱:marketingsh@franklincoveychina.cn

**广州** 天河区华夏路26号雅居乐中心31楼F08室
电话:(8620)8558 1860 邮箱:marketinggz@franklincoveychina.cn

**深圳** 福田区福华三路与金田路交汇处鼎和大厦21层C02室
电话:(86755)8337 3806 邮箱:marketingsz@franklincoveychina.cn

柯维公众号
柯维视频号
柯维+

# 富兰克林柯维中国数字化解决方案：

「柯维+」（Coveyplus）是富兰克林柯维中国公司从2020年开始投资开发的数字化内容和学习管理平台，面向企业客户，以音频、视频和文字的形式传播富兰克林柯维独家版权的原创精品内容，覆盖富兰克林柯维公司全系列产品内容。

「柯维+」数字化内容的交付轻盈便捷，让客户能用有限的预算将知识普及到最大的范围，是一种借助数字技术创造的高性价比交付方式。

如果您有兴趣评估「柯维+」的适用性，请添加微信coveyplus，联系柯维数字化学习团队的专员以获得体验账号。

# 富兰克林柯维公司在中国提供的解决方案包括：

## I. 领导力发展：

| 课程 | 标识 | 说明 |
|---|---|---|
| 高效能人士的七个习惯®（标准版）<br>The 7 Habits of Highly Effective People® | THE 7 HABITS of Highly Effective People® SIGNATURE EDITION 4.0 | 提高个体的生产力及影响力，培养更加高效且有责任感的成年人。 |
| 高效能人士的七个习惯®（基础版）<br>The 7 Habits of Highly Effective People® Foundations | THE 7 HABITS of Highly Effective People® FOUNDATIONS | 提高整体员工效能及个人成长以走向更加成熟和高绩效表现。 |
| 高效能经理的七个习惯®<br>The 7 Habits® for Manager | THE 7 HABITS FOR Managers ESSENTIAL SKILLS AND TOOLS FOR LEADING TEAMS | 领导团队与他人一起实现可持续成果的基本技能和工具。 |
| 领导者实践七个习惯®<br>The 7 Habits® Leader Implementation | THE 7 HABITS® Leader Implementation COACHING YOUR TEAM TO HIGHER PERFORMANCE | 基于七个习惯的理论工具辅导团队成员实现高绩效表现。 |
| 卓越领导4大天职™<br>The 4 Essential Roles of Leadership™ | The 4 Essential Roles of LEADERSHIP | 卓越的领导者有意识地领导自己和团队与这些角色保持一致。 |
| 领导团队6关键™<br>The 6 Critical Practices for Leading a Team™ | THE 6 CRIRICAL PRACTICES FOR LEADING A TEAM™ | 提供有效领导他人的关键角色所需的思维方式、技能和工具。 |
| 乘法领导者®<br>Multipliers® | LIZ WISEMAN'S MULTIPLIERS HOW THE BEST LEADERS IGNITE EVERYONE'S INTELLIGENCE | 卓越的领导者需要激发每一个人的智慧以取得优秀的绩效结果。 |
| 无意识偏见™<br>Unconscious Bias™ | UNCONSCIOUS BIAS™ | 帮助领导者和团队成员解决无意识偏见从而提高组织的绩效。 |
| 找到原因™：成功创新的关键<br>Find Out Why™: The Key to Successful Innovation | Find Out WHY™ THE KEY TO SUCCESSFUL INNOVATION | 深入了解客户所期望的体验，利用这些知识来推动成功的创新。 |
| 变革管理™<br>Change Management™ | CHANGE How to Turn Uncertainty Into Opportunity | 学习可预测的变化模式并驾驭它以便有意识地确定如何前进。 |

| 培养商业敏感度™<br>Building Business Acumen™ | Building Business Acumen | 提升员工专业化，看到组织运作方式和他们如何影响最终盈利。 |

## II. 战略共识落地：

| 高效执行四原则®<br>The 4 Disciplines of Execution® | The 4 Disciplines of Execution | 为组织和领导者提供创建高绩效文化及战略目标落地的系统。 |

## III. 个人效能精进：

| 激发个人效能的五个选择®<br>The 5 Choices to Extraordinary Productivity® | THE 5 CHOICES to extraordinary productivity | 将原则与神经科学相结合，更好地管理决策力、专注力和精力。 |
| 项目管理精华™<br>Project Management Essentials for the Unofficial Project Manager™ | PROJECT MANAGEMENT ESSENTIALS For the Unofficial Project Manager | 项目管理协会与富兰克林柯维联合研发以成功完成每类项目。 |
| 高级商务演示®<br>Presentation Advantage® | Presentation Advantage TOOLS FOR HIGHLY EFFECTIVE COMMUNICATION | 学习科学演讲技能以便在知识时代更好地影响和说服他人。 |
| 高级商务写作®<br>Writing Advantage® | Writing Advantage TOOLS FOR HIGHLY EFFECTIVE COMMUNICATION | 专业技能提高生产力，促进解决问题，减少沟通失败，建立信誉。 |
| 高级商务会议®<br>Meeting Advantage® | Meeting Advantage TOOLS FOR HIGHLY EFFECTIVE COMMUNICATION | 高效会议促使参与者投入、负责并有助于提高人际技能和产能。 |

## IV. 信任：

| 信任的速度™（经理版）<br>Leading at the Speed of Trust™ | Leading at the SPEED OF TRUST | 引领团队充满活力和参与度，更有效地协作以取得可持续成果。 |
| 信任的速度®（基础版）<br>Speed of Trust®: Foundations | SPEED OF TRUST FOUNDATIONS | 建立信任是一项可学习的技能以提升沟通，创造力和参与度。 |

## V. 顾问式销售：

| 帮助客户成功®<br>Helping Clients Succeed® | HELPING CLIENTS SUCCEED | 运用世界顶级的思维方式和技能来完成更多的有效销售。 |

## VI. 客户忠诚度：

| 引领客户忠诚度™<br>Leading Customer Loyalty™ | LEADING CUSTOMER LOYALTY | 学习如何自下而上地引领员工和客户成为组织的衷心推动者。 |

# 助力组织和个人成就卓越

## 富兰克林柯维管理经典著作

《高效能人士的七个习惯》
（30周年纪念版）（2020新版）
书号：9787515360430
定价：79.00元

《高效能家庭的7个习惯》
书号：9787500652946
定价：59.00元

《高效能人士的第八个习惯》
书号：9787500660958
定价：59.00元

《要事第一》（升级版）
书号：9787515363998
定价：79.00元

《高效执行4原则2.0》
书号：9787515366708
定价：69.90元

《高效能人士的领导准则》
书号：9787515342597
定价：59.00元

《信任的速度》
书号：9787500682875
定价：59.00元

《项目管理精华》
书号：9787515341132
定价：33.00元

《信任和激励》
书号：9787515368825
定价：59.90元

《人生算法》
书号：9787515346588
定价：49.00元

《领导团队6关键》
书号：9787515365916
定价：59.90元

《无意识偏见》
书号：9787515365800
定价：59.90元

《从管理混乱到领导成功》
书号：9787515360386
定价：69.00元

《富兰克林柯维销售法》
书号：9787515366388
定价：49.00元

《实践7个习惯》
书号：9787500655404
定价：59.00元

《生命中最重要的》
书号：9787500654032
定价：59.00元

《释放天赋》
书号：9787515350653
定价：69.00元

《管理精要》
书号：9787515306063
定价：39.00元

《执行精要》
书号：9787515306605
定价：39.00元

《领导力精要》
书号：9787515306704
定价：39.00元

《杰出青少年的7个习惯》（精英版）
书号：9787515342672
定价：39.00元

《杰出青少年的7个习惯》（成长版）
书号：9787515335155
定价：29.00元

《杰出青少年的6个决定》（领袖版）
书号：9787515342658
定价：49.90元

《7个习惯教出优秀学生》（第2版）
书号：9787515342573
定价：39.90元

《如何让员工成为企业的竞争优势》

书号：9787515333519

定价：39.00元

《如何管理时间》

书号：9787515344485

定价：29.80元

《如何管理自己》

书号：9787515342795

定价：29.80元

《激发个人效能的五个选择》

书号：9787515332222

定价：29.00元

《高效能人士的时间和个人管理法则》

书号：9787515319452

定价：49.00元

《释放潜能》

书号：9787515332895

定价：39.00元

《公司在下一盘很大的棋，机会留给靠谱的人》

书号：9787515334790

定价：29.80元

《柯维的智慧》

书号：9787515316871

定价：79.00元

《高效能人士的七个习惯·每周挑战并激励自己的52张卡片：30周年纪念卡片》

书号：9787515367064

定价：299.00元